Michael Wehrheim

Einkommensteuer und Steuerwirkungslehre

Michael Wehrheim

Einkommensteuer und Steuerwirkungslehre

3., vollständig überarbeitete Auflage

GABLER

Bibliografische Information der Deutschen Nationalbibliothek
Die Deutsche Nationalbibliothek verzeichnet diese Publikation in der
Deutschen Nationalbibliografie; detaillierte bibliografische Daten sind im Internet über
<http://dnb.d-nb.de> abrufbar.

Professor Dr. Michael Wehrheim ist Inhaber des Lehrstuhls für BWL, insbesondere Betriebswirtschaftliche Steuerlehre und Externes Rechnungswesen, an der Justus-Liebig-Universität Gießen.

1. Auflage 2001
2. Auflage 2004
3. Auflage 2009

Alle Rechte vorbehalten
© Gabler | GWV Fachverlage GmbH, Wiesbaden 2009

Lektorat: Jutta Hauser-Fahr | Renate Schilling

Gabler ist Teil der Fachverlagsgruppe Springer Science+Business Media.
www.gabler.de

Umschlaggestaltung: Ulrike Weigel, www.CorporateDesignGroup.de
Druck und buchbinderische Verarbeitung: Krips b.v., Meppel
Gedruckt auf säurefreiem und chlorfrei gebleichtem Papier

ISBN 978-3-8349-1013-4

Vorwort zur dritten Auflage

Mit der vorliegenden Auflage wird das Lehrbuch auf den neuesten Gesetzesstand gebracht, was insbesondere heißt, dass die zahlreichen Änderungen der Unternehmensteuerreform 2008 eingearbeitet wurden. Ebenso berücksichtigt wurden Änderungen durch das Jahressteuergesetz 2008 und durch das Jahressteuergesetz 2009, das aktuell als Regierungsentwurf vorliegt.

Einen wesentlichen Bestandteil der Unternehmensteuerreform 2008 stellt die Abgeltungsteuer dar, die ab dem Jahr 2009 nicht nur auf Einkünfte aus Kapitalvermögen, sondern auch auf entsprechende private Veräußerungsgeschäfte erhoben wird.

Um die internationale Wettbewerbsfähigkeit deutscher Unternehmen zu sichern, wurde der Körperschaftsteuersatz von 25 % auf 15 % gesenkt. Ebenso sollte die steuerliche Belastung von Personenunternehmen durch die Einführung der Thesaurierungsbegünstigung des § 34a EStG angeglichen werden.

In einem quantitativen Belastungsvergleich werden in einem abschließenden Kapitel die steuerlichen Auswirkungen auf ausgewählte Rechtsformen dargestellt.

Bedanken möchte ich mich an dieser Stelle insbesondere bei meiner Mitarbeiterin Frau StB Dipl.-Kffr. Katrin Haußmann. Weiterer Dank gilt Herrn Dipl.-Kfm. Lennart Peitsch und Herrn Dipl.-Kfm. Dominik Rupp für ihre tatkräftige Unterstützung.

Gießen, im Juli 2008   Michael Wehrheim

Vorwort zur ersten Auflage

Das vorliegende Lehrbuch soll einen systematischen Überblick über das Einkommensteuerrecht geben. Das Hauptaugenmerk liegt dabei auf der dritten Einkunftsart „Einkünfte aus Gewerbebetrieb", da insbesondere im Bereich „Besteuerung von Personengesellschaften" in den letzten Jahren eine völlig neue Betrachtungsweise in der Rechtsprechung eingesetzt hat („Neues Steuerrecht der Personengesellschaft").

Da bei wachsender Steuerbelastung steuerliche Entscheidungskriterien insbesondere bei der Rechtsformwahl eine immer dominantere Rolle spielen, werden auch die in der Praxis gängigsten Mischformen (GmbH & Co. KG, GmbH & Still, Betriebsaufspaltung) einer Steuerwirkungsanalyse unterzogen.

Das Manuskript wurde im Dezember 2000 abgeschlossen, sodass die umfangreichen Änderungen des Steuersenkungsgesetzes und des Steuersenkungsergänzungsgesetzes berücksichtigt werden konnten.

Mein besonderer Dank an dieser Stelle gilt Frau Dipl.-Kffr. Dipl.-Betriebsw. (FH) Anette Blümm und Frau Dipl.-Kffr. Anja Marquardt für die zahlreichen Diskussionen über die Konzeption des Buches.

Kritische Anmerkungen und Verbesserungsvorschläge sind stets willkommen.

Marburg, im Dezember 2000   Michael Wehrheim

Inhaltsverzeichnis

Abbildungsverzeichnis

Abkürzungsverzeichnis

a.a.O.	am angegebenen Ort
Abs.	Absatz
AG	Aktiengesellschaft
AIG	Auslandsinvestitionsgesetz
AktG	Aktiengesetz
AO	Abgabenordnung
AStG	Außensteuergesetz
Aufl.	Auflage
BAföG	Bundesausbildungsförderungsgesetz
BewG	Bewertungsgesetz
BFH	Bundesfinanzhof
BFH/NV	Sammlung amtlich nicht veröffentlichter Entscheidungen des Bundesfinanzhofs (Zeitschrift)
BFN	Bundesfinanznachrichten
BGB	Bürgerliches Gesetzbuch
BGH	Bundesgerichtshof
BGHZ	Entscheidungen des Bundesgerichtshofs in Zivilsachen
BiRiLiG	Bilanzrichtliniengesetz
BMF	Bundesminister(ium) der Finanzen
bspw.	beispielsweise
BStBl.	Bundessteuerblatt (Zeitschrift)
BVerfG	Bundesverfassungsgericht
BVerfGE	Entscheidungssammlung des Bundesverfassungsgerichts (Zeitschrift)
bzw.	beziehungsweise
ca.	circa
d.h.	das heißt

DB	Der Betrieb (Zeitschrift)
DStR	Deutsches Steuerrecht (Zeitschrift)
EFG	Entscheidungen der Finanzgerichte (Zeitschrift)
EigZulG	Eigenheimzulagengesetz
EStDV	Einkommensteuer-Durchführungsverordnung
EStG	Einkommensteuergesetz
EStR	Einkommensteuer-Richtlinien
etc.	et cetera
f.	folgende (Seite)
ff.	fortfolgende (Seiten)
FG	Finanzgericht
FM	Finanzministerium
FN	Fachnachrichten Institut der Wirtschaftsprüfer in Deutschland e.V.
FördG	Fördergebietsgesetz
FR	Finanz-Rundschau (Zeitschrift)
GbR	Gesellschaft bürgerlichen Rechts
GewSt	Gewerbesteuer
GewStG	Gewerbesteuergesetz
GewStR	Gewerbesteuer-Richtlinien
ggf.	gegebenenfalls
GmbH	Gesellschaft mit beschränkter Haftung
GmbHG	Gesetz betreffend die Gesellschaft mit beschränkter Haftung
GrS	Großer Senat
H	Hinweis
h.M.	herrschende Meinung

HFR	Höchstrichterliche Finanzrechtsprechung
HGB	Handelsgesetzbuch
i.d.R.	in der Regel
i.e.S.	im engeren Sinne
i.H.v.	in Höhe von
inkl.	inklusive
InsO	Insolvenzordnung
InvZ	Investitionszulagen
i.S.d.	im Sinne der (des, dieser)
i.S.e.	im Sinne eines(r)
i.S.v.	im Sinne von
i.V.m.	in Verbindung mit
JStG	Jahressteuergesetz
Kap.	Kapital
KapCoRiLiG	Kapitalgesellschaften und Co-Richtlinie-Gesetz
KapGes	Kapitalgesellschaft(en)
KG	Kommanditgesellschaft
KGaA	Kommanditgesellschaft auf Aktien
KSt	Körperschaftsteuer
KStG	Körperschaftsteuergesetz
KStR	Körperschaftsteuer-Richtlinien
LStDV	Lohnsteuerdurchführungsverordnung
m.E.	meines Erachtens
MitbestG	Mitbestimmungsgesetz
o.ä.	oder ähnliches
OFH	Oberster Finanzgerichtshof
OHG	Offene Handelsgesellschaft
OLG	Oberlandesgericht

PersGes	Personengesellschaft(en)
R	Richtlinie
RAO	Reichsabgabenordnung
RFH	Reichsfinanzhof
RFHE	Entscheidungssammlung des Reichsfinanzhofs
RGZ	Entscheidungssammlung des Reichsgerichts in Zivilsachen
RStBl.	Reichssteuerblatt
SBV	Sonderbetriebsvermögen
S.	Seite(n)/Satz (Sätze)
sog.	so genannt (es) (en)
Soli/SolZ	Solidaritätszuschlag
StSenkG	Steuersenkungsgesetz
StuW	Steuer und Wirtschaft (Zeitschrift)
StVergAbG	Gesetz zum Abbau von Steuervergünstigungen und Ausnahmeregelungen
u.a.	unter anderem/und andere
u.s.w.	und so weiter
UStG	Umsatzsteuergesetz
v.	von
vgl.	vergleiche
z.B.	zum Beispiel
zvE	zu versteuerndes Einkommen

1 Einleitung

Der Einkommensteuer fällt im Rahmen des deutschen Steuersystems eine besondere Bedeutung zu, da durch sie sowohl nahezu alle Haushalte als auch eine Vielzahl der deutschen Unternehmen erfasst werden. Die Einkommensteuer hat außerdem weitreichende Auswirkungen auf andere Bereiche des Steuersystems, da einkommensteuerliche Wertungen und Bemessungsgrundlagen, beispielsweise der Gewinn aus Gewerbebetrieb, von anderen Steuerarten, wie Körperschaftsteuer oder Gewerbesteuer, teilweise übernommen werden. Auch ist die festzusetzende Einkommensteuer selbst Bemessungsgrundlage für sogenannte Zuschlagsteuern; in der Bundesrepublik Deutschland werden derzeit die Kirchensteuer und der Solidaritätszuschlag dergestalt erhoben. Aufgrund der folglich großen Relevanz, welche der Einkommensteuer zufällt, ist es ratsam, diese nicht nur bezüglich ihrer rechtlichen Einzelregelungen, sondern auch hinsichtlich ihres Gesamtaufbaus und ihrer Stellung im deutschen Steuersystem hinreichend zu erfassen.

Die Einkommensteuer berücksichtigt stärker als dies bei anderen Steuerarten üblich ist die Gesichtspunkte der Steuergerechtigkeit. Aus diesem Grund erfordert die Veranlagung der Einkommensteuer einen größeren Verwaltungsaufwand und umfangreichere Mitwirkungspflichten des Steuerpflichtigen bei der Ermittlung der Besteuerungsgrundlagen.

Daher werden im ersten Abschnitt Begriffe erläutert, die zum grundlegenden Verständnis der Besteuerung notwendig sind. Daraufhin erfolgt eine grundlegende Charakterisierung der Einkommensteuer. In den weiteren Abschnitten schließen sich detaillierte Ausführungen zu deren Ermittlung unter Berücksichtigung ihrer persönlichen und sachlichen Komponenten an.

1.1 Definition grundlegender Begriffe

Das Abgabensystem der Bundesrepublik Deutschland kennt sowohl Gebühren und Beiträge als auch Steuern, einschließlich deren Nebenleistungen, und Sonderabgaben. **Gebühren** werden dabei als Abgaben verstanden, die für freiwillig oder erzwungenermaßen in Anspruch genommene besondere Einzelleistungen der öffentlichen Hand erhoben werden, z.B. Pass-, Zollabfertigungs-, Müllabfuhr- oder Kanalanschlussgebühren. Gebühren ähneln insofern Marktpreisen, da bei Nichtzahlung die entsprechende Leistung nicht in Anspruch genommen werden kann; der Nutzer wird also von der Inanspruchnahme der jeweiligen Leistung ausgeschlossen.

Steuern hingegen sind definiert als Geldleistungen, die nicht eine Gegenleistung für eine besondere Leistung darstellen und von einem öffentlich-rechtlichen Gemeinwesen zur Erzielung von Einnahmen allen auferlegt werden, bei denen der Tatbestand zutrifft, an den das Gesetz die Leistungspflicht knüpft; die Erzielung von Einnahmen kann Nebenzweck sein. Zölle und Abschöpfungen sind Steuern im Sinne dieses Gesetzes, § 3 Abs. 1 AO. Diese juristisch geprägte Definition von Steuern lässt sich auf eine einfachere ökonomische Ebene bringen: Demnach sind Steuern eine öffentliche Abgabe ohne rechtlichen Anspruch auf Gegenleistung.

Beiträge sind Abgaben, die von jedem erhoben werden, dem ein dauernder Vorteil aus einer öffentlichen Einrichtung geboten wird, unabhängig von dem Ausmaß der Inanspruchnahme des Vorteils, so z.B. Straßenanlieger-, Krankenkassen-, IHK-Beiträge oder Kurtaxen. Sie betreffen also nur eine bestimmte Gruppe von Wirtschaftssubjekten, die ausschließlich als Nutzer der öffentlichen Maßnahme angesehen werden können. Beiträge stehen zwischen den marktnahen Gebühren und den marktfernen Steuern. Anders als bei den Gebühren entsteht die Beitragspflicht nicht nur bei Inanspruchnahme der öffentlichen Leistung, sondern schon durch die bloße Möglichkeit der Inanspruchnahme.

Eine besondere Stellung nehmen die **Sonderabgaben** ein. Hierbei handelt es sich um eine im deutschen Verfassungsrecht entwickelte steuerähnliche Abgabeform, die durch die Besonderheit gekennzeichnet ist, dass sie eine spezielle Gruppe von Steuerpflichtigen belasten soll und zugleich eine Zweckbindung des Abgabenaufkommens für eine spezielle Gruppe vorsieht. Sie hat für deutsche Umweltabgaben eine besondere Bedeutung (z.B. Abwasserabgabe, Abgas-Zertifikate). Als problematisch ist hierbei jedoch anzusehen, dass Sonderabgaben gegen das Nonaffektationsprinzip verstoßen. Dies besagt, dass einzelne Einnahmen der Gebietskörperschaften nicht im Wege einer Zweckbindung für bestimmte Ausgaben reserviert werden sollen (Verbot einer Zweckbindung). Sie werden aber als zulässig anerkannt, wenn sie von einer homogenen Gruppe Abgabenpflichtiger unter deren Mitverantwortung grundsätzlich gruppennützig erhoben werden. Sie ähneln sowohl Gebühren oder Beiträgen aber auch Steuern. Was sie aber von diesen unterscheidet, ist, dass sie außerhalb der Finanzverfassung stehen.

Unter dem **Steuersystem** ist, abweichend von dem Abgabensystem, welches alle oben genannten Abgaben umfasst, die Gesamtheit der einzelnen Steuern eines Staates einschließlich ihrer gegenseitigen Beziehungen sowie der angewandten Besteuerungsprinzipien anzusehen. Dabei ergibt sich ein Nebeneinander von Ertrag-, Verkehr-/Verbrauch- und Substanzsteuern, welche sich primär durch die ihnen zugrundeliegenden Bemessungsgrundlagen unterscheiden. Das Steuersystem der Bundesrepublik setzt sich aus ca. 40 verschiedenen Steuerarten zusammen, wobei die Einkommensteuer inkl. Lohnsteuer und Kapitalertragsteuer, gefolgt von der Umsatzsteuer, den vom Aufkommen her wichtigsten Bestandteil ausmacht.

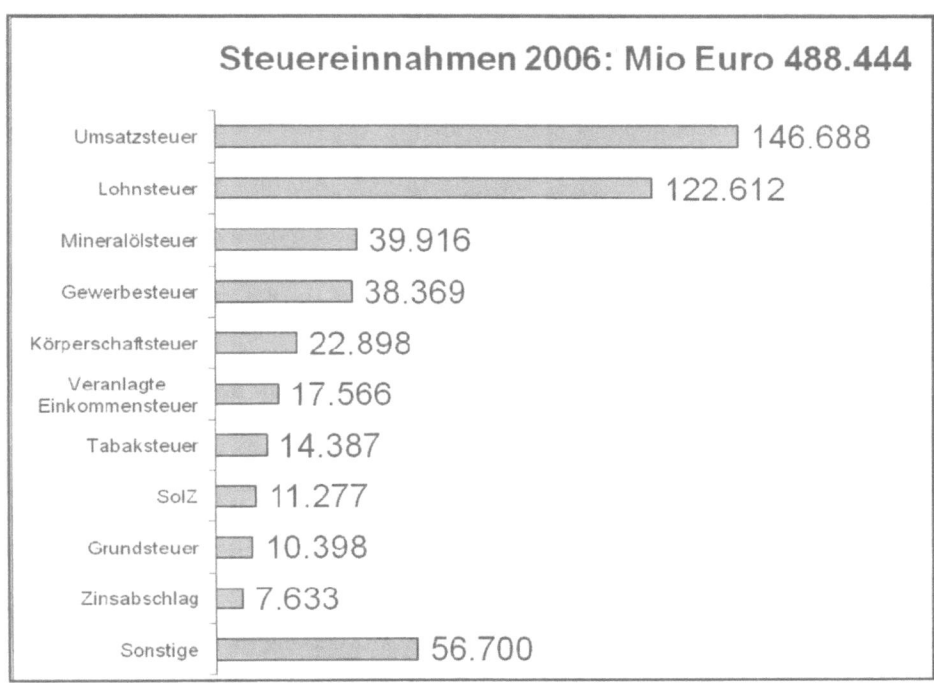

Abb. 1: Steuereinnahmen 2006

Besteuerungsprinzipien sind Grundsätze, die der Ausgestaltung und Beurteilung von Steuersystemen dienen.

Bei der Betrachtung einer jeden Steuer innerhalb des Steuersystems trägt es erheblich zum Verständnis bei, weitere Begrifflichkeiten exakt zuordnen zu können:

Unter dem **Steuersubjekt** (= Steuerpflichtiger) versteht man jeden, der eine durch die Steuergesetze auferlegte Verpflichtung zu erfüllen hat. **Steuerschuldner** hingegen ist derjenige, der den Tatbestand verwirklicht, an den das Gesetz die Leistungspflicht knüpft, §§ 37, 38 und 43 AO. Der **Steuerzahler** (= Steuerentrichtungspflichtiger) ist die natürliche oder juristische Person, die nach dem jeweiligen Steuergesetz die Steuer an den Fiskus zu zahlen (zu entrichten) hat. Der **Steuergläubiger** ist dabei das öffentlich-rechtliche Gemeinwesen, dem die Steuer zufließt. Im föderativen System der Bundesrepublik Deutschland kommen hierbei Bund, Länder, Gemeinden sowie einige Parafiski in Frage.

Steuerdestinatar ist derjenige, der nach dem Willen des Gesetzgebers die Steuer wirtschaftlich tragen soll. Der Steuerdestinatar ist aber nicht zu verwechseln mit dem

Steuerträger, der die ökonomische Last einer Steuer nach Abschluss aller Überwälzungsvorgänge letztendlich wirtschaftlich trägt (zum Beispiel ist der Endverbraucher der Steuerdestinatar der Umsatzsteuer; wenn das Unternehmen die Umsatzsteuer jedoch nicht vollständig auf den Endverbraucher überwälzen kann, trägt das Unternehmen letztendlich einen Teil der Steuer).

Unter dem Begriff des **Steuerobjektes** (= Steuergegenstand) wird die Sache, die Geldsumme, die wirtschaftliche Handlung oder die rechtlich-ökonomische Transaktion verstanden, an die die Besteuerung im konkreten Falle anknüpft. Die **Bemessungsgrundlage** stellt dabei die Wert- oder Mengengröße dar, die das Steuerobjekt quantifiziert. Der **Steuertarif** ist die gesetzlich festgelegte funktionale Beziehung zwischen Steuerbemessungsgrundlage und der Steuerschuld. Der Tarif kann als Steuersatztarif oder Steuerbetragstarif ausgestaltet werden. Dabei wird beim **Steuerbetragstarif** die Steuerschuld in absoluten Geldbeträgen auf die Besteuerungseinheit bezogen; dem Steuerbetragstarif fällt im Rahmen der Einkommensbesteuerung jedoch keine Bedeutung zu. Der **Steuersatz** hingegen ist der als prozentuale Größe ausgedrückte Betrag, der auf eine Einheit der Steuerbemessungsgrundlage entfällt. Der Tarifverlauf kann dabei proportional, progressiv oder regressiv sein. Bei progressivem Tarif steigt die Steuerschuld mit wachsender Bemessungsgrundlage überproportional, bei regressivem Tarif unterproportional und bei proportionalem Tarif proportional an. Die **Steuerschuld** ist folglich der Betrag, der sich bei Anwendung des Steuertarifs auf die Bemessungsgrundlage ergibt und an das Finanzamt abzuführen ist.

Bei einem **Freibetrag** handelt es sich um einen Betrag, der bei der Ermittlung der Bemessungsgrundlage abgezogen wird und stets steuerfrei bleibt. Folglich mindern Freibeträge die Steuerschuld. Sie können entweder offen die Bemessungsgrundlage mindern (z.B. Sparer-Freibetrag/ab 2009: Sparer-Pauschbetrag bei der Einkommensteuer) und in Höhe des Grenzsteuersatzes zu einer Entlastung führen, oder sie können in den Tarif eingearbeitet sein (Grundfreibetrag bei der Einkommensteuer) und folglich die Steuerschuld einkommensunabhängig mindern. Nicht zu verwechseln mit dem Freibetrag ist der Begriff der **Freigrenze**. Hierbei bleibt zunächst ein Teil der Bemessungsgrundlage steuerfrei, bei dessen Überschreiten wird jedoch die volle Bemessungsgrundlage versteuert (z.B. Freigrenze bei privaten Veräußerungsgeschäften i.H.v. 512 €, ab 2009: 600 €). Bezieher höherer Einkommen haben folglich meist keinen steuerlichen Vorteil durch Freigrenzen. Die Wirkungsweise von Grundfreibeträgen und Freigrenzen wird auch als indirekte Progression bezeichnet, da die Steuerbelastung selbst bei proportionalem Tarifverlauf mit steigendem Einkommen überproportional steigt.

Von besonderem betriebswirtschaftlichem Interesse ist die Unterscheidung zwischen Durchschnittssteuersatz, Grenzsteuersatz und Differenzsteuersatz. Der **Durchschnittssteuersatz** ergibt sich durch Division der Steuerschuld durch die Bemessungsgrundlage. Er gibt an, in welcher Höhe die steuerliche Bemessungsgrundlage im Durchschnitt belastet ist:

$$\text{Durchschnittssteuersatz} = \frac{\text{Steuerschuld}}{\text{Bemessungsgrundlage}}.$$

Der **Grenzsteuersatz** hingegen gibt an, welche zusätzliche Steuerschuld aus einer Erhöhung der Bemessungsgrundlage um eine infinitesimal kleine Einheit resultiert:

$$\text{Grenzsteuersatz} = \frac{\text{Veränderung der Steuerschuld}}{\text{Veränderung Bemessungsgrundlage um eine Einheit}}.$$

Eine dem Grenzsteuersatz ähnliche Angabe macht der **Differenzsteuersatz**, wobei dieser sich bei der Veränderung der Bemessungsgrundlage auf einen beliebigen Differenzbetrag bezieht. Die daraus resultierende Veränderung der Steuerschuld wird ebenfalls auf die Veränderung der Bemessungsgrundlage bezogen:

$$\text{Differenzsteuersatz} = \frac{\text{Veränderung der Steuerschuld}}{\text{Veränderung Bemessungsgrundlage (Differenz)}}.$$

Dem Differenzsteuersatz fällt besonders im Rahmen von Investitionsentscheidungen unter Berücksichtigung steuerlicher Aspekte Bedeutung zu. Von einem Grenzsteuersatz kann man hingegen nur bei einer infinitesimal kleinen Veränderung der Bemessungsgrundlage sprechen. Nur bei proportionalem Tarif ohne Freigrenzen stimmen bei jeder Bemessungsgrundlage Durchschnitts-, Grenz- und Differenzsteuersatz überein. Sie entsprechen dann dem konstanten Steuersatz.

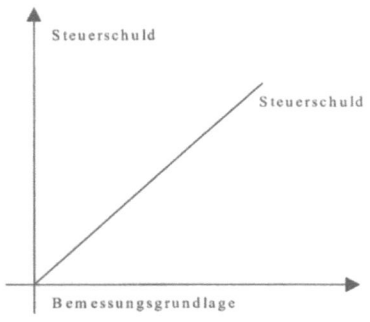

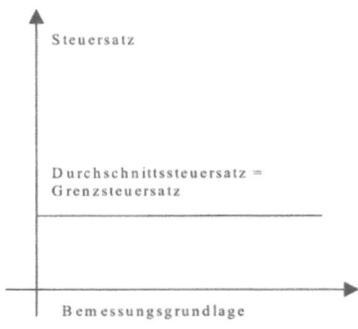

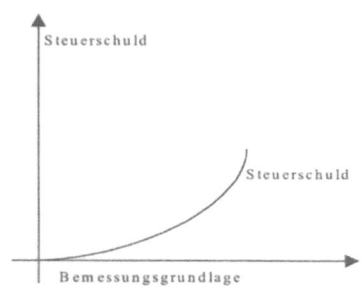

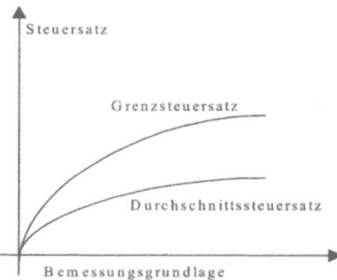

Abb. 3: Darstellung eines direkt progressiven Tarifverlaufs

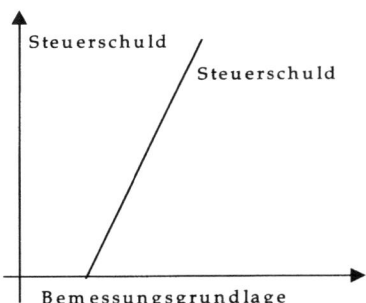
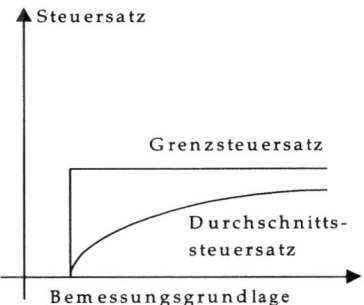

Abb. 4: Darstellung des Tarifverlaufs bei proportionalem Steuersatz mit (Grund-)Freibetrag (indirekte Progression)

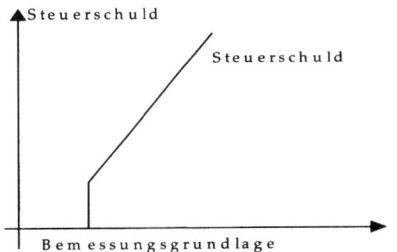
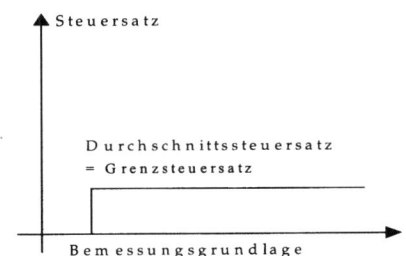

Abb. 5: Darstellung des Tarifverlaufs bei proportionalem Steuersatz mit Freigrenze (indirekte Progression)

1.2 Wesensmerkmale der Einkommensteuer

Bei einer Klassifizierung der verschiedenen Steuerarten nach der Besteuerungsbasis ist die Einkommensteuer den **Ertragsteuern** zuzuordnen, da sie das finanzielle Ergebnis bzw. den erwirtschafteten Vermögenszuwachs als Bemessungsgrundlage umfasst. Bei der Einkommensteuer handelt es sich innerhalb der Ertragsbesteuerung um eine Personensteuer, welche grundsätzlich natürliche oder juristische Personen als Steuersubjekt haben, wobei die Einkommensteuer ausschließlich auf die Besteuerung natürlicher Personen abzielt.[1] Bei der Einkommensteuer handelt es sich um eine periodisch anfal-

---

1 Zur Eingrenzung des steuerpflichtigen Personenkreises vgl. Kapitel 1.3.

lende Steuer, die am Gesamteinkommen natürlicher Personen festgemacht wird. Die Einkommensteuer knüpft unmittelbar im volkswirtschaftlichen Kreislaufschema an der Entstehungsseite an, d.h. dort, wo dem Bürger das Einkommen aus den verschiedenen Quellen zufließt.

Die Besteuerung der steuerpflichtigen natürlichen Personen unterliegt im Rahmen der Einkommensteuer dem **Fundamentalprinzip** der **Steuergerechtigkeit**. Die **formelle** Steuergerechtigkeit zielt auf die **Gleichmäßigkeit der Besteuerung** ab, wofür die Gesetzmäßigkeit, die Rechtssicherheit und die Wettbewerbsneutralität gewahrt werden müssen. Die **materielle** Steuergerechtigkeit hingegen besagt, dass die Einkommensteuer, anders als einige andere Abgabenarten, nach der individuellen wirtschaftlichen **Leistungsfähigkeit** besteuert, § 3 AO. Grundgedanke ist, dass jeder Steuerpflichtige ein relativ gleiches Opfer zu erbringen hat. Aus der wirtschaftlichen Leistungsfähigkeit lässt sich unmittelbar die Fähigkeit zur Befriedigung privater Bedürfnisse ableiten, sodass in diesem Zusammenhang mit der Einkommensteuer das Ziel verfolgt wird, den Staat an der möglichen Lebenshaltung teilnehmen zu lassen. Hierbei ist zwischen der persönlichen und sachlichen Leistungsfähigkeit zu unterscheiden.

Als Indikatoren der finanziellen (**sachlichen**) Leistungsfähigkeit kommen grundsätzlich das Vermögen, das Einkommen oder der Konsum in Betracht; einige Autoren plädieren dafür, die Freizeit als Indikator der Leistungsfähigkeit zu wählen, was aber aufgrund einer praktikablen Erfassung dieser Bemessungsgrundlage scheitert.

Die Einkommensteuer bemisst jedoch die Leistungsfähigkeit einer Person ausschließlich anhand der Einkommenserzielung. Trotz dieser Eingrenzung ist der Begriff des Einkommens noch nicht hinreichend konkretisiert. Den richtigen Einkommensbegriff gibt es nicht, er ist jedoch konsequenterweise am Leistungsfähigkeitsprinzip auszurichten. Gemäß der auf Schanz zurückgehenden **Reinvermögenszugangstheorie** fallen unter das Einkommen alle realisierten Vermögensmehrungen bzw. –minderungen, die einer Person innerhalb eines Zeitabschnittes zufallen, gleichgültig, ob sie regelmäßig oder unregelmäßig anfallen. Diese Bestimmung von Einkommen ist weit gefasst. In Deutschland ist die Reinvermögenszugangstheorie vielmehr auf das Markteinkommen zugeschnitten. Demnach sollen nur solche Vermögenszuwächse der Einkommensteuer unterliegen, die am Markt erwirtschaftet worden sind (Markteinkommenstheorie). Vermögen lässt sich dabei auf mannigfaltige Weise ermitteln: Z.B. wäre die Bestimmung des Vermögens möglich, indem die Veränderung des Unternehmensertragswertes im Rahmen eines Gesamtvermögensvergleichs bestimmt wird, ein Einzelvermögensvergleich vorgenommen wird oder ein Kassenvermögensvergleich angestellt wird, bei welchem der finanzwirtschaftliche Zahlungsüberschuss, also die Differenz zwischen Ein- und Auszahlungen, als Vermögenszuwachs anzusehen ist. In diesem Zusammenhang fällt auch einer Cash-flow-Besteuerung Relevanz zu. Die Einkommensteuer orientiert sich derzeitig am Einzelvermögensvergleich, bei welchem die Werte einzelner Wirtschaftsgüter bzw. deren Wertveränderungen unter Zuhilfenahme der Steuerbilanz bei der Einkommensermittlung Berücksichtigung finden.

Unter Zugrundelegung der **Quellentheorie**, welche u.a. auf Ausführungen von Fuisting beruht, beschränkt sich das Einkommen hingegen auf diejenigen Werte, die dem Steuersubjekt aus bestimmten Quellen mit erkennbarer Regelmäßigkeit zufließen. Im Rahmen der Quellentheorie ist zu unterscheiden zwischen den als Einkommen zu qualifizierenden laufenden Einkünften und solchen, die durch Wertveränderungen am sog. Stammvermögen nicht zum Einkommen zählen. Namentlich sind dies beispielsweise Veräußerungsgewinne. Hierbei wird jedoch eine Ungleichbehandlung unterschiedlicher Einkünfte deutlich, die in der Auslassung bestimmter zufließender Mittel aus dem Einkommensbegriff liegt.

Von den beiden Theorien zur Bestimmung des Einkommens hat die Reinvermögenszugangstheorie die größte Resonanz gefunden, da bei ihr im Gegensatz zur Quellentheorie eine vollständige Erfassung der Leistungsfähigkeit gegeben ist. Es ist nicht ersichtlich, warum unregelmäßig fließende Einkünfte nicht die persönliche Leistungsfähigkeit erhöhen. Ein Grund hierfür könnte darin liegen, dass die Quellentheorie, angewandt in einer Modellwelt unter Sicherheit, dazu führt, dass auch die unregelmäßig fließenden Einkünfte der Besteuerung unterliegen, da ex ante der gesamte Lebenskonsum des Individuums bekannt ist. In einer Welt unter Unsicherheit muss dann folgerichtig zur Bemessung des Einkommens auf die unregelmäßig fließenden Einkunftsquellen zurückgegriffen werden.

Trotz der Unterschiedlichkeit der geschilderten Definitionen finden innerhalb der derzeitigen Einkommensteuer beide Theorien Anwendung. Bei einer genaueren Analyse der Einkommensteuer wird deutlich, dass die Einkünfte aus Land- und Forstwirtschaft, die Einkünfte aus Gewerbebetrieb und die Einkünfte aus selbständiger Arbeit gemäß der Reinvermögenszugangstheorie, die Einkünfte aus nichtselbständiger Arbeit, aus Kapitalvermögen, aus Vermietung und Verpachtung sowie die sonstigen Einkünfte hingegen gemäß der Quellentheorie der Besteuerung unterliegen (durch die Abgeltungsteuer wird dieses System ab 2009 im Bereich der Kapitaleinkünfte durchbrochen). Hieraus resultiert die Bezeichnung der nach der Reinvermögenszugangstheorie besteuerten Einkünfte als Gewinneinkünfte, wohingegen die unter die Quellentheorie fallenden Einkünfte als Überschusseinkünfte bezeichnet werden. An diese Unterscheidung sind einige weitere Begrifflichkeiten der Einkommensteuer geknüpft. So wird bei den Gewinneinkunftsarten die Differenz zwischen Betriebseinnahmen und Betriebsausgaben der Besteuerung unterworfen, bei den Überschusseinkunftsarten hingegen sind die Einnahmen abzüglich der Werbungskosten (= Aufwendungen zur Erwerbung, Sicherung und Erhaltung der Einnahmen, § 9 Abs. 1 S. 1 EStG) zu versteuern.

So unterschiedlich die der Einkommensteuer zugrundeliegenden Definitionen des Einkommens auch sind, so haben sie doch gemein, dass bei der Besteuerung das **Nettoprinzip** Berücksichtigung findet. Dies lässt sich in ein objektives und ein subjektives differenzieren. Das **objektive Nettoprinzip** besagt, dass Ausgaben, die in wirtschaftlichem Zusammenhang mit steuerpflichtigen Einnahmen stehen, unabhängig von ihrer Titulierung abzugsfähig sind, soweit sie betrieblich bzw. beruflich veranlasst sind. Das ergibt sich daraus, dass die Ausgaben nicht zur privaten Bedürfnisbefriedigung zur Verfügung stehen und somit auch keinen Zuwachs an wirtschaftlicher Leistungsfähigkeit darstellen. Ausgaben, die der privaten Lebensführung zuzurechnen sind, mindern demzufolge grundsätzlich nicht die Bemessungsgrundlage. Steuerliche Einzelregelungen stehen zwar einigen Prinzipien entgegen, weswegen diese jedoch nicht grundlegend als Leitlinie abzulehnen sind (vgl. z.B. die aktuelle Diskussion über die Pendler-Pauschale). Das **subjektive Nettoprinzip** postuliert eine Schonung des Existenzminimums und eine Berücksichtigung persönlicher Umstände, die sich negativ auf das persönliche Einkommen ausgewirkt haben, wie bspw. Krankheitskosten, Unterhaltsverpflichtungen und ähnliches.

Ein weiteres Prinzip der einkommensteuerlichen Einkunftsermittlung ist die **Trennung von Einkommenserzielung und -verwendung**. Für die Ermittlung der Bemessungsgrundlage ist folglich irrelevant, welchem Verwendungszweck der Steuerpflichtige seine Einkünfte zuführt. Eine Ausnahme bilden dabei z.B. außergewöhnliche Belastungen, welche im Rahmen der persönlichen Leistungsfähigkeit bei der Ermittlung der Bemessungsgrundlage Berücksichtigung finden. Hier wird allerdings angenommen, dass bestimmte Ausgaben nicht freiwillig, sondern aufgrund widriger äußerer Umstände getätigt werden, durch welche die Leistungsfähigkeit des Steuerpflichtigen eingeschränkt wird. Für freiwillig getätigte Ausgaben gilt hingegen uneingeschränkt die **Nichtabzugsfähigkeit der Kosten der privaten Lebensführung**.

Ebenfalls gemein ist allen Einkunftsarten das **Prinzip der Abschnittsbesteuerung**. Da es sich bei der Einkommensteuer um eine Jahressteuer handelt (§ 2 Abs. 7 EStG), sind grundsätzlich die in einem Kalenderjahr erzielten Einkünfte der Einkommensteuer zu unterwerfen. Andere außerhalb des Veranlagungszeitraums eintretende Sachverhalte bleiben bei der Ermittlung der Einkünfte des laufenden Jahres unberücksichtigt.[2]

Auch relevant ist im Rahmen der Einkommensteuer die **Einkunftserzielungsabsicht**, also die Frage, ob eine Handlung zum Ziel hatte, Einkünfte zu erwirtschaften. Wird folglich ein Betrieb nicht nach betriebswirtschaftlichen Grundsätzen geführt und ist er somit nicht in der Lage, auf Dauer Gewinne zu erzielen, so sind aufgrund der mangelnden Gewinnerzielungsabsicht die mit dem Betrieb zusammenhängenden Verluste nicht abzugsfähig, sondern der Liebhaberei und damit der Gewinnverwendung zuzurechnen. Typischerweise fallen unter diese nicht steuerbaren Einkünfte das Halten einer Segelyacht, eines Flugzeugs oder eines Reitpferds, auch wenn damit in geringem Umfang Einnahmen erzielt werden, soweit diese nicht den sieben Einkunftsarten gem. § 2 Abs. 1 EStG zugerechnet werden können. Um die Einkunftserzielungsabsicht beurteilen zu können, bedarf es jedoch einer längerfristigen Betrachtung und einer Progno-

---

[2] Eine Ausnahme stellt dabei der Verlustabzug dar.

se zukünftiger Einnahmen und Ausgaben. Ob Einkünfteerzielungsabsicht oder Liebhaberei vorliegt, ist in der Regel eine Einzelfallentscheidung. Entscheidend ist in sem Zusammenhang die Erzielung eines Totalgewinns von Gründung des Unternmens bis zu dessen Aufgabe oder Liquidation. Ist dieses Indiz nicht gegeben, liegt indes keine Liebhaberei vor, wenn die Tätigkeit **nicht** aus persönlichen Gründen oder Neigungen vorgenommen wird.

Die bislang betrachtete sachliche Komponente des Leistungsfähigkeitsprinzips reicht allerdings nicht aus, um daraus - zumindest theoretisch - das zu versteuernde Einkommen im Sinne des Einkommensteuergesetzes abzuleiten. Vielmehr helfen diese Grundsätze, die Summe der Einkünfte, nicht jedoch die einkommensteuerliche Bemessungsgrundlage als solche zu ermitteln. Zusätzlich umfasst die Einkommensteuer Komponenten, die direkt mit dem Steuersubjekt, der zu besteuernden Person, zusammenhängen, wie z.B. Familienstand, Alter, Anzahl der Kinder oder sonstige soziale Belastungen. Die **persönliche Leistungsfähigkeit** findet Ausdruck in der Abzugsfähigkeit von Sonderausgaben und außergewöhnlichen Belastungen, der Berücksichtigung des Familienstandes usw. bei der Ermittlung der festzusetzenden Einkommensteuer. Besonders deutlich wird die Relevanz beider Komponenten des Leistungsfähigkeitsprinzips anhand des Schemas zur Ermittlung der Einkommensteuer, § 2 EStG i.V.m. R 2 EStR, welches auch im weiteren Vorgehen helfen wird, einzelne steuerlich relevante Sachverhalte ordnungsgemäß zuordnen zu können.

Ermittlung der festzusetzenden Einkommensteuer:

Einkünfte aus Land- und Forstwirtschaft

Ermittlung: i.d.R. Gewinn nach Durchschnittssätzen, § 13a EStG

+ Einkünfte aus Gewerbebetrieb

Ermittlung: i.d.R. Gewinnermittlung durch Betriebsvermögensvergleich, § 5 EStG

+ Einkünfte aus selbständiger Arbeit

Ermittlung: i.d.R. Gewinn als Überschuss der Betriebseinnahmen über die Betriebsausgaben, § 4 Abs. 3 EStG

+ Einkünfte aus nichtselbständiger Arbeit

Ermittlung: Arbeitslohn abzüglich Versorgungsfreibetrag und Werbungskosten oder Arbeitnehmerpauschbetrag, §§ 8-9a EStG

+ Einkünfte aus Kapitalvermögen

Ermittlung: Kapitalerträge abzüglich Werbungskosten oder Werbungskostenpauschbetrag und Sparerfreibetrag, §§ 8-9a EStG

+ Einkünfte aus Vermietung und Verpachtung

Ermittlung: Überschuss der Einnahmen über die Werbungskosten, §§ 8-9a EStG

+   sonstige Einkünfte i.S.d. § 22 EStG

      Ermittlung: Überschuss der Einnahmen über die Werbungskosten (ggf. Werbungskostenpauschbetrag), §§ 8-9a EStG

=   Summe der Einkünfte aus den Einkunftsarten, § 2 Abs. 1 EStG

+   Hinzurechnungsbetrag, § 52 Abs. 3 Satz 3 EStG, § 8 Abs. 5 Satz 2 AIG

=   Summe der Einkünfte, § 2 Abs. 2 EStG

-    Altersentlastungsbetrag, § 24a EStG

-    Entlastungsbetrag für Alleinerziehende, § 24b EStG

-    Freibetrag für Land- und Forstwirte, § 13 Abs. 3 EStG

=   Gesamtbetrag der Einkünfte, § 2 Abs. 3 EStG

-    Verlustabzug, § 10d EStG

-    Sonderausgaben, §§ 10, 10a, 10b, 10c EStG

-    außergewöhnliche Belastungen, §§ 33 bis 33b EStG

-    Steuerbegünstigung der zu Wohnzwecken genutzten Wohnungen, Gebäude und Baudenkmale sowie der schutzwürdigen Kulturgüter, §§ 10e bis 10i EStG, § 52 Abs. 21 S. 6 EStG i.d.F. vom 16.04.1997 und § 7 FördG

+   zuzurechnendes Einkommen gemäß § 15 Abs. 1 AStG

=   Einkommen, § 2 Abs. 4 EStG

-    Freibeträge für Kinder, §§ 31, 32 Abs. 6 EStG

-    Härteausgleich nach § 46 Abs. 3 EStG, § 70 EStDV

=   zu versteuerndes Einkommen, § 2 Abs. 5 EStG

x   Steuertarif

=   tarifliche Einkommensteuer, § 32a Abs. 1, 5 EStG

-    Minderungsbetrag nach Punkt 11 Ziffer 2 des Schlussprotokolls zu Artikel 23 DBA Belgien

-    ausländische Steuern nach § 34c Abs. 1, 6 EStG, § 12 AStG

-    Steuerermäßigung nach § 35 EStG

-    Steuerermäßigung für Steuerpflichtige mit Kindern bei Inanspruchnahme erhöhter Absetzungen für Wohngebäude oder der Steuerbegünstigungen für eigengenutztes Wohneigentum, § 34f Abs. 1, 2 EStG

-    Steuerermäßigung bei Zuwendungen an politische Parteien und unabhängige Wählervereinigungen, § 34g EStG

- Steuerermäßigung nach § 34f Abs. 3 EStG

- Steuerermäßigung nach § 35a EStG

+ Steuern nach § 34c Abs. 5 EStG

+ Nachsteuer nach § 10 Abs. 5 EStG i.V.m. § 30 EStDV

+ Zuschlag nach § 3 Abs. 4 S. 2 Forstschäden-Ausgleichsgesetz

+ Anspruch auf Zulage für Altersvorsorge nach § 10a Abs. 2 EStG

+ Kindergeld oder vergleichbare Leistungen, soweit in den Fällen des § 31 EStG das Einkommen um Freibeträge für Kinder gemindert wurde

= festzusetzende Einkommensteuer, § 2 Abs. 6 EStG.

Neben dem Fundamentalprinzip der Steuergerechtigkeit existieren noch weitere Besteuerungsprinzipien, wie auch die Forderung nach der **Praktikabilität der Besteuerung**. Hier werden sowohl die Einfachheit der Gesetzeslage als auch die Wirtschaftlichkeit der Steuererhebung gefordert. Während letzterer Punkt auf die Erhebungs- und Entrichtungsbilligkeit einer Steuer abzielt, soll die Einfachheit der Gesetzeslage zumindest theoretisch den Beruf des Steuerberaters nahezu überflüssig machen. Als Gründe für die mangelnde praktische Umsetzung dieser Forderung können die Fehlbarkeit des Gesetzgebers sowie die daraus resultierenden Steuervermeidungsversuche angesehen werden. Komplexitätsfördernd wirken aber auch die Einbeziehung **außerfiskalischer Ziele**, welche eine Vielzahl von Einzelregelungen zur Folge haben. Zudem soll das Steuerrecht auf der einen Seite die Besorgung staatlicher Einnahmen regeln, auf der anderen Seite werden aber mit der Besteuerung verschiedene Ziele verfolgt. Neben dem abgeleiteten fiskalischen Ziel kommen dabei vor allem wirtschafts- und sozialpolitische Zielsetzungen in Betracht sowie der Versuch, das Verhalten der Steuersubjekte im Sinne des Gesetzgebers zu lenken (Lenkungszweck). Ebenfalls ist hier eine Einbeziehung umweltpolitischer Fragen in die Besteuerung denkbar; diesem Aspekt fällt jedoch bei einer reinen Betrachtung der Einkommensteuer bislang nahezu noch keine Bedeutung zu. Letztlich bleibt festzustellen, dass Steuergerechtigkeit nur über ein differenziertes Recht zu erreichen ist, wobei übermäßige Differenzierungen zu einer Auflösung der Steuergerechtigkeit führen und die Praktikabilität der Rechtsanwendung erheblich einschränken.

Nicht zu verwechseln mit dem Begriff der Leistungsfähigkeit ist die Steuerpflicht, welche ebenfalls eine persönliche und eine sachliche Ausprägung innehat.

1.3 Die persönliche Steuerpflicht

Die persönliche Steuerpflicht der Einkommensteuer umfasst gemäß § 1 EStG ausschließlich **natürliche Personen**. In Abgrenzung hierzu werden juristische Personen nach dem Körperschaftsteuergesetz besteuert. Einzelunternehmen und Personengesellschaften unterliegen, wie eingangs bereits erwähnt, der Einkommensteuer, obwohl sie keine natürlichen Personen darstellen. Anders als bei den Kapitalgesellschaften werden hier die Gewinne direkt den Gesellschaftern zugerechnet und bei diesen versteuert, sog. Transparenzprinzip.

In Anknüpfung an die zivilrechtliche Rechtsfähigkeit, § 1 BGB, beginnt die Einkommensteuerpflicht jeder natürlichen Person mit der Geburt und endet mit dem Tode. Das Bestehen der Einkommensteuerpflicht ist zunächst unabhängig von der Geschäftsfähigkeit, Staatsangehörigkeit und Wohnsitz/gewöhnlichem Aufenthalt. Die Kriterien Wohnsitz/gewöhnlicher Aufenthalt und Staatsangehörigkeit sind jedoch maßgeblich für die Art der Einkommensteuerpflicht. In Anknüpfung an das **Wohnsitzprinzip**, also in Abhängigkeit davon, ob eine natürliche Person im Inland einen Wohnsitz oder gewöhnlichen Aufenthalt hat oder nicht, wird zwischen unbeschränkter und beschränkter Einkommensteuerpflicht unterschieden, § 1 Abs. 1, 4 EStG.

1.3.1 Die unbeschränkte Steuerpflicht

Hat eine natürliche Person ihren Wohnsitz oder gewöhnlichen Aufenthalt im Inland, so ist sie unbeschränkt einkommensteuerpflichtig und zwar unabhängig davon, ob im Inland Einkünfte erzielt werden oder nicht (§ 1 Abs. 1 EStG i.V.m. §§ 8, 9 AO). Ohne Bedeutung für die unbeschränkte Einkommensteuerpflicht sind Beschränkungen in der Ausübung von Rechten, wie bspw. durch Vormundschaft oder Betreuung. Ebenfalls grundsätzlich unerheblich ist die Staatsangehörigkeit.

Die Steuerpflicht endet mit dem Tod der natürlichen Person. Eine bis zum Tode der Person entstandene Steuerschuld geht auf die Erben über. Der Erbe schuldet die Steuer als Nachlassverbindlichkeit. Die Einkünfte des Erblassers sind beim Erben als eigene Einkünfte zu erfassen, auch wenn der Erblasser sie erwirtschaftet hat. Die unbeschränkte Steuerpflichtet endet auch bei Verschollenen, die in einem Aufgebotsverfahren für Tod erklärt werden.

Gemäß § 8 AO hat eine natürliche Person ihren **Wohnsitz** dort, wo sie eine Wohnung unter den Umständen innehat, die darauf schließen lassen, dass sie die Wohnung beibehalten und benutzen wird. Für das Innehaben der Wohnung ist es entscheidend, dass die Person tatsächlich und rechtlich über sie verfügen und bestimmen kann, ob und wie sie die Wohnung nutzen möchte. Die Person muss die Wohnung nicht zwingend selbst innehaben, grundsätzlich ist es bei Verheirateten möglich, dass die Wohnung der Ehegatte innehat. Ehegatten haben in der Regel ihren Wohnsitz dort, wo die

Familie ihren Wohnsitz hat, auch wenn der Ehegatte nicht dauernd dort lebt. Eine Ausnahme von dieser Regel gibt es, wenn die Wohnung nur auf die übrige dort lebende Familie zugeschnitten ist. Bei einer Wohnung handelt es sich um Räumlichkeiten, die auf Dauer zum Wohnen geeignet sind. Auf Dauer zum Wohnen geeignet sind solche Räumlichkeiten, wenn sie eine gewisse Mindestgröße haben und nicht nur zum Schlafen dienen, sondern so beschaffen sind, dass man sich dort auch zurückziehen kann. Es ist möglich, dass eine natürliche Person aufgrund mehrerer Wohnsitze in mehreren Staaten unbeschränkt steuerpflichtig ist. Die Mehrfachbesteuerung wird jedoch meist durch internationale Doppelbesteuerungsabkommen vermieden.

Der Begriff des **gewöhnlichen Aufenthalts** ist neben dem Wohnsitz ein alternatives Anknüpfungsmerkmal, um die unbeschränkte Steuerpflicht festzustellen. Er ist noch weiter gefasst als der des Wohnsitzes. Gem. § 9 AO hat seinen gewöhnlichen Aufenthalt jemand dort, wo er sich unter Umständen aufhält, die erkennen lassen, dass es sich nicht nur um einen vorübergehenden Aufenthalt handelt. Unter einem Aufenthalt ist die körperliche Anwesenheit einer Person an einem Ort oder in einem Gebiet zu verstehen. Dieser Aufenthalt darf nicht nur vorübergehend sein, sondern muss sich über einen längeren Zeitraum erstrecken. Dabei ist ein zeitlich zusammenhängender Aufenthalt von mehr als sechs Monaten stets als gewöhnlicher Aufenthalt anzusehen, kurzfristige Unterbrechungen bleiben jedoch unberücksichtigt, § 9 S. 2 AO. Unerheblich ist für die Berechnung der Sechs-Monatsfrist, ob diese in einem Kalenderjahr liegt oder nicht. Erfolgt der Aufenthalt zu ausschließlich privaten Zwecken, wie Kur-, Erholungs- oder Sportzwecken, verlängert sich die Sechs-Monatsfrist auf eine Jahresfrist, § 9 Satz 3 AO. Die Begleitumstände des Aufenthaltes müssen erkennen lassen, dass es sich nicht nur um einen vorübergehenden Aufenthalt handelt. Mithin können z.B. längere Gefängnisaufenthalte die unbeschränkte Einkommensteuerpflicht zur Folge haben. Ausländische Grenzpendler, die täglich zu ihrem Familienwohnsitz im Ausland zurückkehren, begründen im Inland keinen gewöhnlichen Aufenthalt. Zur Begründung wird angeführt, dass in solchen Fällen die inländische Tätigkeit von einer im Inland belegenen Wohnung ausgeübt werden muss. Übernachtet der ausländische Grenzpendler dagegen wöchentäglich im Inland, so begründet dies einen gewöhnlichen Aufenthalt. Im Gegensatz zum Wohnsitz kann ein Steuerpflichtiger nur **einen** gewöhnlichen Aufenthalt im Inland haben.

Gem. § 1 Abs. 1 S. 1 EStG muss der Wohnsitz oder der gewöhnliche Aufenthalt im Inland belegen sein. Der Begriff des Inlands ist im EStG nicht definiert. Inland umfasst das Gebiet der Bundesrepublik Deutschland. Dieses bestimmt sich der höchstrichterlichen Rechtsprechung zu Folge nach den hoheitlichen Grenzen der Bundesrepublik Deutschland. Der Inlandsbegriff wird in § 1 Abs. 1 S. 2 EStG um den Festlandssockel erweitert, soweit dort Naturschätze des Meeresgrundes und des Meeresuntergrundes erforscht oder ausgebeutet werden. Für die Begründung einer unbeschränkten Steuerpflicht hat diese Vorschrift nur eine geringe Bedeutung, weil die Begründung eines Wohnsitzes oder gewöhnlichen Aufenthaltes nicht in einem unmittelbaren Zusammenhang mit einer Forschungs- oder Ausbeutungstätigkeit steht. Praktisch relevant ist sie jedoch bei der beschränkten Steuerpflicht.

Die **Staatsangehörigkeit** ist bei einer natürlichen Person **grundsätzlich irrelevant**. Eine Ausnahme gilt für deutsche Staatsangehörige, die im Inland weder einen Wohnsitz noch ihren gewöhnlichen Aufenthalt haben und zu einer inländischen Person des öffentlichen Rechts in einem Dienstverhältnis stehen und dafür Arbeitslohn aus einer inländischen öffentlichen Kasse beziehen, § 1 Abs. 2 EStG; hierbei handelt es sich um die erweiterte unbeschränkte Steuerpflicht. Relevanz hat diese Regelung insbesondere für Diplomaten und Konsularbeamte, sowie die zu deren Haushalt gehörenden Angehörigen, soweit diese die deutsche Staatsangehörigkeit besitzen.

Als unbeschränkt einkommensteuerpflichtig können des weiteren auch solche natürlichen, bislang beschränkt einkommensteuerpflichtigen Personen auf Antrag behandelt werden, die Einkünfte im Sinne des § 49 EStG beziehen und weder einen Wohnsitz, noch ihren gewöhnlichen Aufenthalt im Inland haben. Dieses Wahlrecht kann jedoch nur ausgeübt werden, soweit die Einkünfte der natürlichen Personen im relevanten Kalenderjahr zu mindestens 90 % der deutschen Einkommensteuer unterliegen oder die nicht der deutschen Einkommensteuer unterliegenden Einkünfte den Grundfreibetrag nach § 32a Abs. 1 S. 2 Nr. 1 EStG (7.664 €) nicht übersteigen, § 1 Abs. 3 EStG. Ziel dieser vor allem Grenzpendler betreffenden Regelung ist es, ihre Leistungsfähigkeit stärker zu berücksichtigen (z.B. durch den Ansatz von Sonderausgaben und außergewöhnlichen Belastungen), soweit der beschränkt Steuerpflichtige nicht auch im Ausland in den Genuss der persönlichen und familienbezogenen Entlastungen gelangt.

Der Steuerpflichtige unterliegt jedoch nicht nur mit seinen im Inland erzielten Einkünften der Einkommensteuer, sondern mit seinem gesamten Welteinkommen, welches auch die im Ausland erzielten Gewinne umfasst (Universalprinzip). Die Herkunft der Einkünfte spielt folglich für deren Besteuerung grundsätzlich keine Rolle. Das **Welteinkommensprinzip** scheint vor dem Hintergrund der Gefahr einer internationalen Doppelbesteuerung fragwürdig, findet jedoch seine Begründung im sachlichen Leistungsfähigkeitsprinzip, da es für die Konsumfähigkeit eines Steuerpflichtigen unerheblich ist, aus welchem Land seine Einkünfte stammen. Ausnahmen des Universalprinzips können sich allerdings aus Doppelbesteuerungsabkommen ergeben, welche eine internationale Doppelbesteuerung vermeiden sollen. Die Existenz von Doppelbesteuerungsabkommen sowie deren Inhalte sind somit bei der Besteuerung ausländischer Einkünfte zu überprüfen. Durchbrochen wird das Welteinkommensprinzip teilweise durch die eingeschränkte Berücksichtigung von negativen Einkünften mit Auslandsbezug, § 2a EStG.

1.3.2 Die beschränkte Steuerpflicht

Beschränkt einkommensteuerpflichtig sind natürliche Personen, die im Inland weder einen Wohnsitz noch ihren gewöhnlichen Aufenthalt haben (persönliches Merkmal), und Einkünfte im Sinne des § 49 EStG beziehen, § 1 Abs. 4 EStG. Somit unterliegen bei beschränkt einkommensteuerpflichtigen Personen die im Inland erzielten Einkünfte (sachliches Merkmal) einem Steuerabzug unter Beachtung der Kriterien des § 49 EStG. Der Umfang der beschränkten Einkommensteuerpflicht ist auf die im Inland erzielten Einkünfte begrenzt. Hier gilt folglich das **Territorial-** und nicht das **Welteinkommensprinzip**. Anknüpfungspunkt der Besteuerung ist hier nicht die Person des Einkommensbeziehers, sondern die Quelle, aus der die Einkünfte fließen. Die Frage der Einkünfteermittlung richtet sich grundsätzlich nach dem Anwendungsbereich der allgemeinen Vorschriften über die Gewinnermittlung. Liegt bspw. der Fall vor, dass für einen beschränkt steuerpflichtigen Gewerbetreibenden weder eine gesetzliche noch eine freiwillige Buchführungs- bzw. Abschlusspflicht vorliegt, so erfolgt die Gewinnermittlung nach § 4 Abs. 3 EStG.

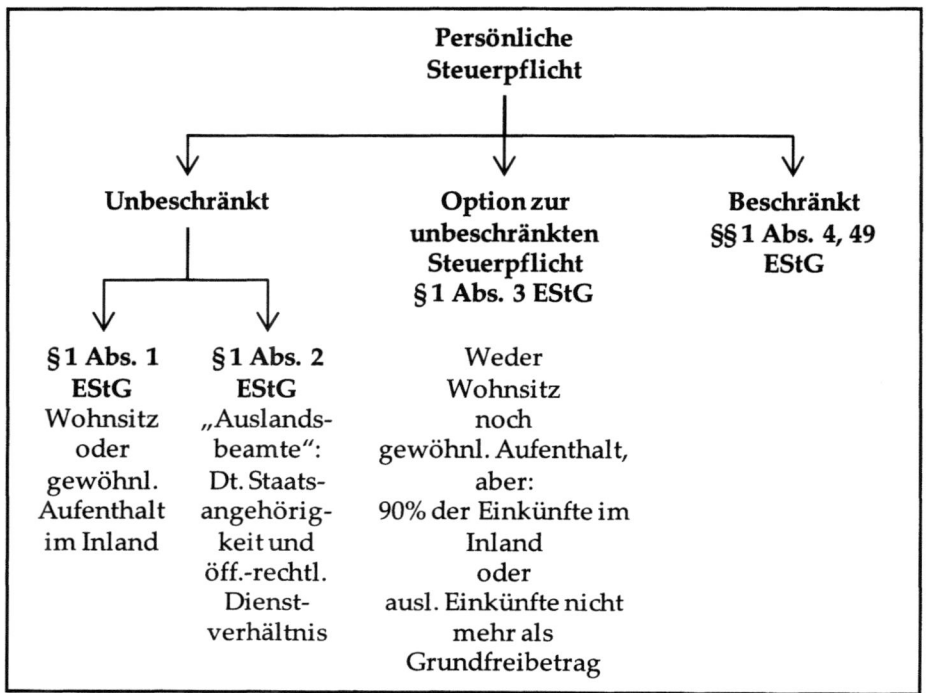

Abb. 6: Persönliche Steuerpflicht

2 Grundlagen der Einkommenser-
mittlung

2.1 Bedeutung der Einkunftsarten des Einkommen-
steuerrechts

Die Summe der Einkünfte aus sieben speziell definierten und genau gegeneinander abgegrenzten Einkunftsarten bildet das Steuerobjekt der Einkommensteuer. Die sieben Einkunftsarten sind gemäß § 2 Abs. 1 EStG:

- Einkünfte aus Land- und Forstwirtschaft,

- Einkünfte aus Gewerbebetrieb,

- Einkünfte aus selbständiger Arbeit,

- Einkünfte aus nichtselbständiger Arbeit,

- Einkünfte aus Kapitalvermögen,

- Einkünfte aus Vermietung und Verpachtung und

- sonstige Einkünfte im Sinne des § 22 EStG.

Obwohl die verschiedenen Einkünfte bei der Ermittlung der Summe der Einkünfte aus den Einkunftsarten zusammengefasst werden, ist die richtige Zuordnung von Einkünften zu den sieben Einkunftsarten in vielerlei Hinsicht bedeutsam:

- Erfüllen Einkünfte keines der gesetzlich formulierten Merkmale der sieben Einkunftsarten und können sie ihnen folglich nicht zugeordnet werden, so bilden sie keinen Bestandteil der einkommensteuerlichen Bemessungsgrundlage. Denn ein wirtschaftlicher Sachverhalt besitzt nur dann einkommensteuerliche Relevanz, wenn die Kriterien einer der sieben Einkunftsarten erfüllt sind, andere Einkünfte sind nicht steuerbar und bleiben im Rahmen der Einkommensteuer steuerlich unberücksichtigt, so z.B. Lotteriegewinne, Spielbankgewinne oder Erbschaften.

- In zahlreichen Fällen können steuerliche Begünstigungen nur in Anspruch genommen werden, wenn eine bestimmte Einkunftsart vorliegt. Beispiele hierfür sind der Sparer-Freibetrag bei den Einkünften aus Kapitalvermögen gemäß § 20 Abs. 4 EStG (ab 2009: Sparer-Pauschbetrag gem. § 20 Abs. 9 EStG), Werbungskostenpauschbeträge gemäß § 9a EStG sowie die Anrechnung der Gewerbesteuer auf die Einkommensteuer, § 35 EStG. Wegen der unterschiedlichen Behandlung der Einkunftsarten weist die Einkommensteuer Ansätze einer Schedulensteuer auf.

- Aufgrund des Fehlens einer einheitlichen Leitlinie finden unterschiedliche Gewinnbegriffe Anwendung. So werden bei den Gewinneinkunftsarten gemäß der Reinvermögenszugangstheorie sowohl laufende Einkünfte als auch Wertsteigerungen und -verluste am Vermögen steuerlich erfasst, wohingegen die der Quellentheorie unterliegenden Überschusseinkunftsarten ausschließlich die periodisch anfallenden Erträge umfassen (im Rahmen der Kapitaleinkünfte wird dieses System durch die Einführung der Abgeltungsteuer ab 2009 durchbrochen). Die Einkunftsart bestimmt folglich die Methode der steuerlichen Gewinnermittlung.

- In Abhängigkeit von der Einkunftsart können die Gewinnermittlungszeiträume voneinander abweichen. So sind regelmäßig die Einkünfte für das Kalenderjahr zu ermitteln, bei Land- und Forstwirten sowie bei bestimmten Gewerbetreibenden kann bzw. muss jedoch das Wirtschaftsjahr als Gewinnermittlungszeitraum herangezogen werden, § 4a EStG.

- Auch der Besteuerungszeitpunkt kann je nach Einkunftsart variieren. Bei buchführungspflichtigen Gewerbetreibenden gelten die handelsrechtlichen Grundsätze ordnungsmäßiger Buchführung. Folglich richtet sich die zeitliche Erfassung von Betriebseinnahmen und Betriebsausgaben nach dem Realisations- und Imparitätsprinzip der §§ 252 Abs. 1 Nr. 4 HGB, 5 Abs. 1 EStG, wohingegen bei der Gewinnermittlung nach § 4 Abs. 3 EStG und der Überschussrechnung nach §§ 8-9a EStG das Zufluss- und Abflussprinzip des § 11 EStG zur Anwendung kommt. Demnach gelten Einnahmen in dem Kalenderjahr bezogen, indem sie dem Steuerpflichtigen zugeflossen sind. Regelmäßig wiederkehrende Einnahmen des Steuerpflichtigen, die kurze Zeit vor Beginn oder Beendigung des Kalenderjahres, zu dem sie wirtschaftlich gehören, dem Steuerpflichtigen zugeflossen sind, gelten als in diesem Kalenderjahr bezogen. Kurze Zeit ist nach ständiger Rechtsprechung ein Zeitraum von zehn Tagen (siehe auch H 11 EStR).

- Ebenfalls abhängig von der Einkunftsart ist die Möglichkeit, negative Einkünfte gegen positive aufzurechnen (Verlustausgleich) oder in einen anderen Veranlagungszeitraum zu übertragen (Verlustabzug/Verlustvor- oder –rücktrag), begrenzt. Die Verlustberücksichtigung ist bei bestimmten Einkunftsarten ausgeschlossen oder beschränkt, § 2a Abs. 1 und 2, § 2b, § 3c, § 15 Abs. 4, § 15a, § 15b, § 22 Nr. 3, ab 2009: § 20 Abs. 6 EStG, § 23 Abs. 3 EStG.

- Die Methode der Steuererhebung und der -veranlagung wird von der Einkunftsart bestimmt. So unterliegen z.B. Einkünfte aus nichtselbständiger Arbeit dem Lohnsteuerabzug und bei bestimmten Einkünften aus Kapitalvermögen wird Kapitalertragsteuer (einschließlich Zinsabschlagsteuer) bzw. ab 2009 die Abgeltungsteuer erhoben. Auch gelten bei der Veranlagung von Einkünften aus nichtselbständiger Arbeit Besonderheiten, § 46 EStG.

- Einige andere Steuerarten knüpfen an die Einkünfte aus bestimmten Einkunftsarten sowie die dabei vorgenommenen Wertungen in ihren Bemessungsgrundlagen an. Im Rahmen der Gewerbesteuer gilt der Gewinn aus Gewerbebetrieb als Basisgröße der Besteuerung. Die Klassifizierung von Einkünften als solche aus nichtselbständiger Arbeit impliziert, dass die umsatzsteuerliche Unternehmerschaft verneint wird und so keine Umsatzsteuer erhoben werden darf, §§ 2 Abs. 2 Nr. 1 UStG, 1 Abs. 3 LStDV.

2.2 Ermittlung der Einkünfte

2.2.1 Methoden der Einkunftsermittlung

Bei der Einkunftsermittlung ist zwischen den bereits angesprochenen Gewinn- und Überschusseinkunftsarten zu unterscheiden.

Für die **Gewinneinkunftsarten** beschreibt § 4 Abs. 1 S. 1 EStG allgemein den steuerpflichtigen Gewinn als Unterschiedsbetrag zwischen dem Betriebsvermögen am Schluss des Wirtschaftsjahres und dem Betriebsvermögen am Schluss des vorangegangenen Wirtschaftsjahres, vermehrt um den Wert der Entnahmen und vermindert um den Wert der Einlagen.

Bei den **Überschusseinkunftsarten** hingegen ist der Überschuss der Einnahmen über die Werbungskosten für die Besteuerung maßgeblich.

2.2.2 Gewinnermittlungsmethoden

Innerhalb der Gewinneinkunftsarten sind sechs verschiedene Verfahren der Gewinnermittlung mit unterschiedlichen Geltungsbereichen gesetzlich vorgesehen:

- Gewinnermittlung durch Überschussrechnung gemäß § 4 Abs. 3 EStG,

- Gewinnermittlung durch „unvollständigen" Vermögensvergleich gemäß § 4 Abs. 1 EStG,

- Gewinnermittlung durch „vollständigen" Vermögensvergleich gemäß § 5 EStG,

- Gewinnermittlung bei Handelsschiffen im internationalen Verkehr gemäß § 5a EStG,

- Gewinnermittlung nach Durchschnittssätzen gemäß § 13a EStG und

- Gewinnermittlung durch Richtsatzschätzung gemäß § 162 AO.

2.2.2.1 Überschuss der Betriebseinnahmen über die Betriebsausgaben gemäß § 4 Abs. 3 EStG

Der bereits oben angesprochene Gewinnbegriff als Gegenüberstellung von **Betriebseinnahmen und -ausgaben** findet sich in **§ 4 Abs. 3 EStG** wieder. Steuerpflichtige, die nicht aufgrund gesetzlicher Vorschriften verpflichtet sind, Bücher zu führen, und dies auch nicht freiwillig tun, können ihren Gewinn als Veränderung des Geldvermögens ermitteln. Grundsätzlich ist bei der Überschussrechnung nach § 4 Abs. 3 EStG der **Zeitpunkt des Zu- bzw. Abflusses** und nicht der Zeitpunkt der Verursachung entscheidend. Der Gewinn bestimmt sich folglich anhand von Zahlungsvorgängen gemäß § 11 EStG:

> Summe der Betriebseinnahmen
>
> - Summe der Betriebsausgaben
>
> ———————————————————————————
>
> = Gewinn des Wirtschaftsjahres
> - steuerfreie Betriebseinnahmen
> + nicht abzugsfähige Betriebsausgaben
>
> ———————————————————————————
>
> = steuerpflichtiger Gewinn.

Das **Zufluss- und Abflussprinzip** und damit die direkte Erfolgswirksamkeit wird jedoch bei der Gewinnermittlung nach § 4 Abs. 3 EStG **teilweise durchbrochen**:

- Betriebseinnahmen und Betriebsausgaben, die im Namen und für Rechnung eines anderen vereinnahmt und verausgabt werden (durchlaufende Posten), fließen nicht in die Gewinnermittlung ein, § 4 Abs. 3 S. 2 EStG.

- Die Anschaffungs- oder Herstellungskosten der abnutzbaren Wirtschaftsgüter des Anlagevermögens sind nicht im Zeitpunkt ihrer Anschaffung oder Herstellung zu berücksichtigen, sondern gemäß den Vorschriften für geringwertige Wirtschaftsgüter und über die Absetzung für Abnutzung oder Substanzverringerung zu behandeln, § 4 Abs. 3 S. 3 EStG. Eine Teilwertabschreibung ist im Rahmen der Überschussrechnung nicht erlaubt; außergewöhnliche Absetzungen für Abnutzungen nach § 7 Abs. 1 S. 7 EStG und Leistungsabschreibungen nach § 7 Abs. 1 S. 6 EStG sind möglich.

- Die Anschaffungs- oder Herstellungskosten für nicht abnutzbare Wirtschaftsgüter des Anlagevermögens, für Anteile an Kapitalgesellschaften, für Wertpapiere und vergleichbare nicht verbriefte Forderungen und Rechte, für Grund und Boden sowie Gebäude des Umlaufvermögens sind erst im Zeitpunkt der Veräußerung oder Entnahme dieser Wirtschaftsgüter als Betriebsausgaben zu berücksichtigen, § 4 Abs. 3 S. 4 EStG. Ebenso gelten Einzahlungen aus der Aufnahme eines Darlehens sowie dessen Rückzahlung nicht als Betriebseinnahmen bzw. -ausgaben, H 4.5 Abs. 2 EStR. Ein Disagio ist allerdings erfolgswirksam zu behandeln.

Der Unterschied der Gewinnermittlung durch Berechnung des Überschusses der Betriebseinnahmen über die Betriebsausgaben und dem Betriebsvermögensvergleich besteht im Gewinnrealisierungszeitpunkt, da beim Betriebsvermögensvergleich eine periodengenaue Gewinnabgrenzung erfolgt. Der Totalgewinn beider Gewinnermittlungsmethoden bleibt über die Perioden hinweg jedoch gleich, da sich Zeitdifferenzen in späteren Veranlagungszeiträumen, spätestens jedoch bei Aufgabe oder Veräußerung des Betriebes oder beim Wechsel der Gewinnermittlungsmethode ausgleichen. Wohl aber kommt es bedingt durch die Periodisierungen im Rahmen des Betriebsvermögensvergleichs trotz Totalgewinngleichheit zu Zinseffekten. Die insgesamt zu entrichtenden Steuerbeträge können vor allem durch Progression und Tarifänderungen abweichen. Hier können aufgrund der Periodisierung bei Anwendung des Betriebsvermögensvergleichs je nach Situation höhere oder niedrige Steuerbelastungen induziert werden. Ein Vorteil der Überschussrechnung im Vergleich zum Betriebsvermögensvergleich ist es, dass jährliche Bestandsaufnahmen, wie beim Betriebsvermögensvergleich üblich, entfallen; sie ist mithin eine vereinfachte Gewinnermittlung, was auch dadurch zum Ausdruck kommt, dass Bewertungsprobleme, wie sie bei Rückstellungen oder im Rahmen der Vorratsbewertung zu konstatieren sind, nicht auftreten. Die Überschussrechnung genügt mithin dem Anspruch an eine objektivierte Gewinnermittlung, da sie kaum einen Anhaltspunkt für eine Beeinflussung des Gewinnes gibt, weil auf Kassenbewegungen abgestellt wird.

2.2.2.2 Betriebsvermögensvergleich

2.2.2.2.1 „Unvollständiger" Betriebsvermögensvergleich gemäß § 4 Abs. 1 EStG

§ 4 Abs. 1 S. 1 EStG nennt neben § 4 Abs. 3 S. 1 EStG einen anderen Gewinnbegriff; danach geht es um einen Vermögens- bzw. Bestandsvergleich i.S.e. **Reinvermögensmehrung,** wobei das Eigenkapital das Betriebsreinvermögen (Betriebsvermögen i.S.d § 4 Abs. 1 EStG) darstellt. Einlagen und Entnahmen gelten - wie auch bei der Gewinnermittlung nach § 4 Abs. 3 EStG - nicht als Bestandteil des Gewinns. Steuerlich erfasst werden nur solche Vermögensmehrungen, die auf betrieblichen Vorgängen beruhen und für die keine Steuerbefreiungen gelten oder der Abzug von Ausgaben versagt wird:

    Betriebs(rein)vermögen am Schluss des Wirtschaftsjahres

-    Betriebs(rein)vermögen am Schluss des vorangegangenen Wirtschaftsjahres

=   Veränderung des Eigenkapitals

+   Wert der Entnahmen

- Wert der Einlagen

= Gewinn des Wirtschaftsjahres nach § 4 Abs. 1 EStG

- steuerfreie Betriebseinnahmen

+ nicht abzugsfähige Betriebsausgaben

= steuerpflichtiger Gewinn.

Die Betriebsvermögen am Schluss der Wirtschaftsjahre werden dabei den Bilanzen entnommen, deren Aufstellung nach den steuerlichen Gewinnermittlungsvorschriften der §§ 4-7k EStG erfolgt ist; daher werden diese Bilanzen als **„originäre Steuerbilanzen"** bezeichnet. Folglich ist für eine Gewinnermittlung nach § 4 Abs. 1 EStG die Führung von Büchern unerlässlich. In Frage kommt ein „unvollständiger" Vermögensvergleich für buchführungspflichtige Land- und Forstwirte, für nicht-buchführungspflichtige Land- und Forstwirte, die freiwillig Bücher führen (auf Antrag), sowie freiwillig Bücher führende Freiberufler.

2.2.2.2.2 „Vollständiger" Betriebsvermögensvergleich gemäß § 5 EStG

In Abgrenzung zum „unvollständigen" Betriebsvermögensvergleich gemäß § 4 Abs. 1 EStG ist bei der Gewinnermittlung nach § 5 EStG das Betriebsvermögen aufgrund der handelsrechtlichen Grundsätze ordnungsmäßiger Buchführung zu ermitteln. Normadressaten sind Gewerbetreibende, die aufgrund der Vorschriften der §§ 140, 141 AO gesetzlich verpflichtet sind, Bücher zu führen bzw. freiwillig Bücher führen. Die zugrundezulegende Steuerbilanz ist gemäß des sog. **Maßgeblichkeitsprinzips** aus der Handelsbilanz abzuleiten und beruht somit nicht nur auf rein steuerlichen Bilanzierungsvorschriften, sondern auch auf handelsrechtlichen Bilanzierungs- und Bewertungsregeln, die grundsätzlich anzuwenden sind, sofern ihnen keine zwingende steuerliche Vorschrift entgegensteht. Es handelt sich somit um eine **„derivative Steuerbilanz"**.

Im Gegensatz zur Handelsbilanz dient die Steuerbilanz jedoch lediglich als Bemessungsgrundlage für die Ertragsteuerbelastung eines Unternehmens; ein Informationszweck sowie eine Ausschüttungsbemessungsfunktion sind ihr fremd.

Handelsrechtliche Bilanznormen, die primär auf den Gläubigerschutz und damit das Vorsichtsprinzip abgestellt sind, scheinen deshalb zur Ermittlung der steuerlichen Leistungsfähigkeit eines Unternehmens unbrauchbar.

Die Vermutung, dass Bilanzansatz und -bewertung in Handels- und Steuerbilanz wegen unterschiedlicher Zielsetzung der beiden Rechnungslegungssysteme völlig voneinander abweichen, wird jedoch durch den Verweis auf handelsrechtliche Grundsätze ordnungsmäßiger Buchführung in § 5 Abs. 1 S. 1 EStG nicht bestätigt. In der Praxis weichen folglich die aus den unterschiedlichen Formen des Betriebsvermögensvergleichs resultierenden Gewinne nur gering voneinander ab - Tendenz allerdings zunehmend -, da die für die handelsrechtliche Gewinnermittlung geltenden Grundsätze in vielen Fällen auch für die Steuerbilanz (noch) Gültigkeit besitzen.

Begründet wird das Maßgeblichkeitsprinzip zum einen über die sog. Gleichstellungs- bzw. Teilhaberthese, die besagt, dass Gewinnansprüche des Fiskus nicht anders behandelt werden dürfen als Ansprüche anderer Gesellschafter. Ein anderes Argument für die Verknüpfung beider Rechenwerke ist die Praktikabilität, da bei vollständiger Geltung der Maßgeblichkeit nur ein Jahresabschluss für handels- und steuerliche Zwecke erstellt werden müsste. Auch wird dem Maßgeblichkeitsprinzip eine Schutzfunktion vor dem Fiskus zugesprochen. Aus dem juristischen Bereich wird zudem die Einheit der Rechtsordnung betont. Diese besagt, dass das Ergebnis der zivilrechtlichen Wertung eines Sachverhaltes nicht anders sein kann als die steuerliche Wertung. Um eine Erleichterung der Rechtsanwendung herzustellen, sollen mithin im Handels- und Steuerrecht einheitliche Regelungen anzuwenden sein.

2.2.2.3 Gewinnermittlung nach Durchschnittssätzen gemäß § 13a EStG

Obwohl die Gewinnermittlung nach Durchschnittssätzen eine **pauschalierte Gewinnermittlungsmethode** darstellt, findet sie für kleinere land- und forstwirtschaftliche Betriebe Anwendung, § 13a EStG. Dabei wird von einem am steuerlichen Einheitswert orientierten Grundbetrag ausgegangen. Der Durchschnittssatzgewinn bemisst sich gemäß § 13a Abs. 3 EStG aus:

Grundbetrag, der sich bei landwirtschaftlicher Nutzung ohne Sonderkulturen nach dem Hektarwert (§ 40 Abs. 1 S. 3 BewG) der selbstbewirtschafteten Fläche richtet, § 13a Abs. 4 EStG

- + Zuschläge für Sondernutzung, § 13a Abs. 5 EStG

- + Gewinne aus der forstwirtschaftlichen Nutzung, § 13a Abs. 6 S. 1 Nr. 1 EStG

- + Gewinne aus der Veräußerung oder Entnahme von Grund, Boden und Gebäuden sowie von übrigen Wirtschaftsgütern des Anlagevermögens unter den Voraussetzungen des § 13a Abs. 6 S. 1 Nr. 2 EStG

- + Dienstleistungen, § 13a Abs. 6 S. 1 Nr. 3 EStG

- + Gewinne aus der Auflösung von Rücklagen nach § 6c EStG und von Rücklagen für Ersatzbeschaffung, § 13a Abs. 6 S. 1 Nr. 4 EStG

- + vereinnahmte Miet- und Pachtzinsen, § 13a Abs. 3 S. 1 Nr. 4 EStG

- + vereinnahmte Kapitalerträge, die sich aus der Anlage von Veräußerungserlösen i.S.d. § 13a Abs. 6 S. 1 Nr. 2 EStG ergeben

- - verausgabte Pachtzinsen, § 13a Abs. 3 S. 2 EStG

- Schuldzinsen und dauernde Lasten, die Betriebsausgaben sind, § 13a Abs. 3 S. 2 EStG

= Durchschnittssatzgewinn.

2.2.2.4 Richtsatzschätzung nach § 162 AO

Die Schätzung von Besteuerungsgrundlagen findet Anwendung, wenn die Finanzbehörde diese nicht ermitteln oder berechnen kann. Dies ist insbesondere dann der Fall, wenn der Steuerpflichtige Bücher oder Aufzeichnungen, die er nach den Steuergesetzen zu führen hat, nicht vorlegen kann oder der Steuerpflichtige über seine Angaben keine ausreichenden Aufklärungen zu geben vermag, § 162 AO.

Bei der Richtsatzschätzung handelt es sich methodisch nicht um eine eigene Gewinnermittlungsmethode, da die Grundsätze der Gewinnermittlung zugrunde gelegt werden, die bei einer ordnungsmäßigen Erfüllung der Rechnungslegungspflichten Anwendung gefunden hätten. Der Unterschied besteht lediglich darin, dass die einzelnen Bestandteile der Bemessungsgrundlage geschätzt werden. Als Basisgrößen gelten dabei die von den Finanzbehörden festgelegten Richtwerte, die den Gewinn als Prozentsatz des Umsatzes vorgeben. Somit handelt es sich faktisch doch um eine eigene Gewinnermittlungsmethode.

2.2.2.5 Anwendungsbereich der Gewinnermittlungsmethoden

In Abhängigkeit von der Einkunftsart, welcher die Gewinne zugerechnet werden und der Führung von Büchern, variieren die anzuwendenden Gewinnermittlungsmethoden. Im einzelnen ist daher zu differenzieren:

Land- und Forstwirte

- Gewinnermittlung nach Durchschnittssätzen:

    - Voraussetzungen des § 13a Abs. 1 EStG sind erfüllt

    - keine andere Gewinnermittlungsmethode wurde gewählt

- Überschussrechnung nach § 4 Abs. 3 EStG:

    - Überschreiten der in § 13a Abs. 1 EStG genannten Grenzen und Gewinnermittlung nicht durch Betriebsvermögensvergleich nach § 4 Abs. 1 EStG

    - Ausübung des Wahlrechts nach § 13a Abs. 2 EStG

- Betriebsvermögensvergleich nach § 4 Abs. 1 EStG:

    - steuerliche Buchführungspflicht nach § 141 AO

    - freiwillig buchführend aufgrund des Wahlrechts nach § 13a Abs. 2 EStG

Gewerbetreibende

- Betriebsvermögensvergleich nach § 5 EStG

    - derivative steuerliche Buchführungspflicht nach § 140 AO

    - originäre steuerliche Buchführungspflicht nach § 141 AO

    - freiwillig buchführend

- Überschussrechnung nach § 4 Abs. 3 EStG:

    - weder steuerliche Buchführungspflicht noch freiwillig Bücher führend

Selbständig Tätige

- Überschussrechnung nach § 4 Abs. 3 EStG:

    - Regelfall

- Betriebsvermögensvergleich nach § 4 Abs. 1 EStG:

    - freiwillig buchführend.

Es wird deutlich, dass die Anwendung der Gewinnermittlungsmethoden stark von der Führung von Büchern abhängig ist. Unterschieden wird dabei zwischen Steuerpflichtigen, die freiwillig Bücher führen oder gemäß der Abgabenordnung dazu verpflichtet sind. Die Buchführungspflicht kann derivativer Natur sein, indem Steuerpflichtige, die nach anderen Gesetzen als den Steuergesetzen (z.B. HGB) Bücher und Aufzeichnungen zu führen haben, diese Verpflichtung auch für die Besteuerung zu erfüllen haben, § 140 AO. Eine originäre steuerliche Buchführungspflicht besteht gemäß § 141 AO für gewerbliche Unternehmer sowie Land- und Forstwirte, wenn bestimmte Umsatz-, Flächen- oder Gewinngrenzwerte überschritten werden.

2.2.2.6 Gewinnermittlungszeitraum

Bei Land- und Forstwirten ist der Gewinn nach dem Wirtschaftsjahr zu ermitteln, das sich im Regelfall auf den Zeitraum vom 1. Juli bis 30. Juni erstreckt, wobei Besonderheiten für die verschiedenen Formen land- und forstwirtschaftlicher Tätigkeit in § 8c EStDV geregelt sind.

Bei Gewerbetreibenden ist der Gewinn ebenfalls nach dem Wirtschaftsjahr zu ermitteln, welches mit dem Kalenderjahr übereinstimmt. Weicht der für die Erstellung des handelsrechtlichen Jahresabschlusses zugrundezulegende Zeitraum vom Kalenderjahr ab, so kann dieser Zeitraum für die steuerliche Gewinnermittlung als Wirtschaftsjahr übernommen werden.

Für die Gewinnermittlung bei selbständig Tätigen ist grundsätzlich das Kalenderjahr maßgeblich.

Weicht der Gewinnermittlungszeitraum vom Kalenderjahr ab, welches gemäß § 2 Abs. 7 EStG dem Veranlagungszeitraum der Einkommensteuer entspricht, so ist zu klären, welchem Veranlagungszeitraum die erzielten Gewinne zugerechnet werden. Bei Land- und Forstwirten ist der Gewinn hälftig auf die vom Wirtschaftsjahr berührten Kalenderjahre aufzuteilen. Weicht bei Gewerbetreibenden das Wirtschaftsjahr vom Kalenderjahr ab, so wird der Gewinn dem Kalenderjahr zugerechnet, in dem das Wirtschaftsjahr endet, § 4a Abs. 2 Nr. 2 EStG.

2.2.2.7 Wechsel der Gewinnermittlungsmethode

Bei einem Wechsel der Gewinnermittlungsmethode von einem Betriebsvermögensvergleich zur Überschussrechnung nach § 4 Abs. 3 EStG und umgekehrt ist zu beachten, dass trotz der unterschiedlichen Periodenabgrenzung, also der abweichenden zeitlichen Erfassung steuerlicher Vorgänge, der Totalgewinn gleich bleibt. Folglich sind Korrekturen erforderlich, um Doppelbesteuerungen und Nichtbelastungen zu vermeiden, welche in R 4.6 EStR und Anlage zu R 4.6 zu den Einkommensteuerrichtlinien erläutert werden. Ein Wechsel von einer Überschussrechnung zu einem Betriebsvermögensvergleich kommt grundsätzlich dann in Betracht, wenn der Steuerpflichtige diese Gewinnermittlungsart nicht mehr anwenden darf, weil er bspw. verpflichtet ist, Bücher zu führen, oder aber, weil er wegen einer Betriebsaufgabe oder Veräußerung den Aufgabegewinn gemäß dem Betriebsvermögensvergleich ermitteln muss. Durch den Wechsel der Gewinnermittlungsmethode entsteht in der Regel ein Übergangsgewinn, der zu außergewöhnlich hohen Steuern führen kann. Um für den Steuerpflichtigen die daraus resultierenden Härten zu vermeiden, können auf Antrag die Zurechnungsbeträge gleichmäßig auf das folgende oder die beiden Folgejahre verteilt werden (R 4.6 Abs. 1 EStR). Eine Ausnahme bildet in diesem Zusammenhang die Betriebsveräußerung, bei der die Verteilung des Aufgabegewinns über das folgende oder die beiden folgenden Wirtschaftsjahre nicht greift.

2.2.3 Überschuss der Einnahmen über die Werbungskosten

Bei den Überschusseinkunftsarten ist abweichend von den Gewinneinkunftsarten nicht der Gewinn durch Gegenüberstellung von Betriebseinnahmen und Betriebsausgaben, sondern sind die Einkünfte als **Differenz aus Einnahmen und Werbungskosten** zu ermitteln, § 2 Abs. 2 Nr. 2 EStG i.V.m. §§ 8 bis 9a EStG.

Eine Besonderheit stellen dabei solche Einkünfte dar, die durch das Steuersenkungsgesetz im Rahmen des sog. Halbeinkünfteverfahrens nur zur Hälfte (ab 2009 Teileinkünfteverfahren – nur zu 60%) der Besteuerung unterliegen und folglich die Werbungskosten auch nur hälftig (zu 60 %) zu berücksichtigen sind, § 3 Nr. 40 i.V.m. § 3c Abs. 2 EStG.

Sind keine Werbungskosten angefallen oder können diese nicht nachgewiesen werden, so kann bei Einkünften aus nichtselbständiger Arbeit ein Werbungskostenpauschbetrag von 920 € pro Arbeitnehmer, bei Einkünften aus Kapitalvermögen ein Pauschbetrag von 51 € (102 € bei Zusammenveranlagten; ab 2009 geht dieser Pauschbetrag im Sparer-Pauschbetrag des § 20 Abs. 9 EStG auf) von den Einnahmen abgezogen werden, § 9a S. 1 Nr. 1 und 2 EStG. Bei Einnahmen im Sinne des § 22 Nr. 1, 1a und 5 EStG können pauschal 102 € Werbungskosten geltend gemacht werden, § 9a S. 1 Nr. 3 EStG. Werbungskostenpauschbeträge dürfen jedoch nur insoweit abgezogen werden, als sie zu keinen negativen Einkünften führen, § 9a S. 2 EStG.

Für Einnahmen und Werbungskosten gilt grundsätzlich das Zu- und Abflussprinzip des § 11 EStG, welches jedoch insbesondere bedingt durch zwei Ausnahmen durchbrochen wird:

Für Einkünfte aus privaten Veräußerungsgeschäften gem. § 23 EStG gilt als Überschusseinkunftsart grundsätzlich das Zu- und Abflussprinzip des § 11 EStG; die Einnahmen sind demnach im Jahr des Zuflusses zu erfassen. Davon werden die Werbungskosten jedoch auch insoweit abgezogen, als sie im Jahr vor oder nach der Veräußerung abgeflossen sind, H 23 EStR.

§ 9 Abs. 1 S. 3 Nr. 7 EStG schreibt darüber hinaus für langlebige Wirtschaftsgüter (Nutzungsdauer > 1 Jahr) eine zeitanteilige Berücksichtigung in Form von Abschreibungen vor.

2.2.4 Abgrenzung von Betriebseinnahmen und -ausgaben, Einnahmen, Werbungskosten und Kosten der privaten Lebensführung

In den vorherigen Abschnitten wurde deutlich, dass bei einer Gewinnermittlung Betriebsausgaben von den Betriebseinnahmen abgezogen werden und bei der Einkunftsermittlung im Rahmen der Überschusseinkunftsarten der Saldo aus Einnahmen und Werbungskosten gebildet wird. Bislang ist jedoch keine genaue Abgrenzung von Betriebseinnahmen und Einnahmen und der Unterschied von Werbungskosten sowie abzugsfähigen und nicht abzugsfähigen Betriebsausgaben bzw. Kosten der privaten Lebensführung erfolgt.

Wie bereits erläutert, sind als betriebliche Erträge all jene Vermögenszuwächse anzusehen, die dem Gewinnbegriff der Reinvermögenszugangstheorie entsprechen. Steuerlich relevant sind nicht nur Einkünfte aus wiederkehrenden Quellen wie z.B. Lieferungen und Leistungen, sondern auch (einmalige) Wertänderungen am betrieblichen Vermögen. Einnahmen im Rahmen der Überschusseinkunftsarten hingegen sind alle Güter, die in Geld oder Geldeswert bestehen und dem Steuerpflichtigen aus einer laufenden Einnahmequelle zufließen, § 8 Abs. 1 EStG. Betriebseinnahmen und Einnahmen erhöhen jedoch nur dann die steuerlich relevanten Einkünfte, wenn sie nicht nach Maßgabe des Einkommensteuergesetzes oder anderer Gesetze als steuerfrei gelten.[3]

Der Umfang der einzubeziehenden betrieblichen Aufwendungen stimmt mit dem der relevanten Betriebseinnahmen überein. So definiert § 4 Abs. 4 EStG Betriebsausgaben als „Aufwendungen, die durch den Betrieb veranlasst sind". Folglich sind solche Aufwendungen als Betriebsausgaben abzugsfähig, die der (langfristigen) Erzielung von Einnahmen bzw. der Förderung der Geschäftstätigkeit eines Unternehmens dienen. Nahezu analog sind Werbungskosten „Aufwendungen zur Erwerbung, Sicherung und Erhaltung der Einnahmen", § 9 Abs. 1 EStG. Dabei liegt das Augenmerk jedoch nur auf der betrieblichen bzw. beruflichen Veranlassung, nicht auf der Zweckmäßigkeit der vorgenommenen Maßnahmen. Auch bei ausbleibendem Erfolg sind die Ausgaben als Betriebsausgabe bzw. Werbungskosten abzugsfähig. Unerheblich ist ebenfalls, ob die Ausgaben vor Aufnahme der betrieblichen bzw. beruflichen Tätigkeit, im Rahmen eines laufenden Geschäftsbetriebes oder erst nach Einstellung der Geschäftstätigkeit erfolgt sind.

Eine gesonderte Stellung nehmen die in § 9 Abs. 1 S. 3 EStG beispielhaft und nicht abschließend aufgezählten sogenannten „Katalogwerbungskosten" ein, welche ohne eine weitere Prüfung abzugsfähig sind:

- Schuldzinsen und auf besonderen Verpflichtungen beruhende Renten und dauernde Lasten, § 9 Abs. 1 S. 3 Nr. 1 EStG,

- Steuern vom Grundbesitz, sonstige öffentliche Abgaben und Versicherungsbeiträge, soweit diese sich auf Gebäude oder Gegenstände beziehen, die der Einnahmeerzielung dienen, § 9 Abs. 1 S. 3 Nr. 2 EStG,

- Beiträge zu Berufsständen und sonstigen Berufsverbänden, soweit diese keine eigenen wirtschaftlichen Zwecke verfolgen, § 9 Abs. 1 S. 3 Nr. 3 EStG,

- Mehraufwendungen aufgrund einer beruflich begründeten doppelten Haushaltsführung, § 9 Abs. 1 S. 3 Nr. 5 EStG,

- Aufwendungen für Arbeitsmittel wie berufstypische Kleidung und Werkzeug, § 9 Abs. 1 S. 3 Nr. 6 EStG,

- Absetzungen für Abnutzung und für Substanzverringerung sowie erhöhte Absetzungen; Anschaffungs- oder Herstellungskosten bis zu 410 € können sofort als Werbungskosten abgesetzt werden, § 9 Abs. 1 S. 3 Nr. 7 EStG.

Aufwendungen des Arbeitnehmers für Fahrten zwischen Wohnung und Arbeitsstätte können nicht mehr als Werbungskosten abgesetzt werden, § 9 Abs. 2 EStG. Demnach gilt nicht mehr das Haustür-, sondern das Werkstorprinzip. Dieses besagt, dass die Aufwendungen bis zum Werkstor grundsätzlich privat veranlasst sind

---

[3] Vgl. zu dieser Problematik Gliederungspunkt 4.8.1.

(§ 12 Nr. 1 EStG). Zur Abgeltung bei Härtefällen ist ab dem 21. Entfernungskilometer eine Entfernungspauschale von 0,30 € pro vollem Entfernungskilometer wie Werbungskosten anzusetzen. Der BFH hält diese Neuregelung für verfassungswidrig. Nach seiner Auffassung sind Aufwendungen des Arbeitnehmers für die Wege zwischen Wohnung und regelmäßiger Arbeitsstätte Erwerbsaufwendungen und deshalb zu berücksichtigen (Beschl. v. 10.01.2008, VI R 17/07). Der BFH hat bezüglich der Frage, ob § 9 Abs. 2 S. 1 EStG i.d.F. des StÄndG 2007 insoweit mit dem GG vereinbar ist, das BVerfG angerufen.

Eine Besonderheit stellen ebenfalls die nicht abzugsfähigen Betriebsausgaben und Werbungskosten dar. Sie wirken sich zwar als Vermögensminderung aus, führen aber nicht zu einer Verringerung der einkommensteuerlichen Bemessungsgrundlage. Ausgaben dürfen gemäß § 3c EStG nicht als Betriebsausgaben oder Werbungskosten abgezogen werden, soweit sie mit steuerfreien Einnahmen in unmittelbarem wirtschaftlichen Zusammenhang stehen. Bedingt wird dies indirekt auch durch das Nettoprinzip, welches besagt, dass Ausgaben, die im Zusammenhang mit Einnahmen stehen, abzugsfähig sind. Weitere Abzugsverbote ergeben sich aus § 4 Abs. 5 bis 7 EStG und § 12 EStG, welche nicht nur für Betriebsausgaben, sondern indirekt auch für Werbungskosten Gültigkeit besitzen:

- Aufwendungen für Geschenke an Nicht-Arbeitnehmer, soweit deren Summe den Wert von 35 € übersteigen, § 4 Abs. 5 Nr. 1 EStG,

- Aufwendungen für eine geschäftlich bedingte Bewirtung, soweit diese 70 % der nach allgemeiner Auffassung angemessenen Kosten übersteigen, § 4 Abs. 5 Nr. 2 EStG,

- Aufwendungen für die Unterhaltung von Gästehäusern, soweit sich diese außerhalb des Orts des Betriebes befinden, sowie von Segelbooten und ähnlichen Zwecken, § 4 Abs. 5 Nr. 3 und 4 EStG,

- Mehraufwendungen für die Verpflegung des Steuerpflichtigen im Zusammenhang mit Dienstreisen, soweit keine Regelungen des § 4 Abs. 5 Nr. 5 EStG dem entgegenstehen,

- Aufwendungen für ein häusliches Arbeitszimmer sowie die Kosten der Ausstattung in bestimmten Fällen, § 4 Abs. 5 Nr. 6b EStG,

- Aufwendungen, die die Lebensführung des Steuerpflichtigen oder anderer Personen berühren, soweit sie nach allgemeiner Verkehrsauffassung als unangemessen gelten, § 4 Abs. 5 Nr. 7 EStG,

- Ausgleichszahlungen, die an außenstehende Anteilseigner geleistet werden, § 4 Abs. 5 Nr. 9 EStG,

- Geldbußen, Ordnungsgelder, Verwarnungsgelder und Zinsen auf hinterzogene Steuern sowie Bestechungs- und Schmiergelder, § 4 Abs. 5 Nr. 8, 8a und 10 EStG,

- Aufwendungen zur Förderung staatspolitischer Zwecke i.S.d. § 10b Abs. 2 EStG, § 4 Abs. 6 EStG,

- Zuwendungen an unterhaltsberechtigte Personen, § 12 Nr. 2 EStG,

- Zahlungen der Steuern vom Einkommen und sonstiger Personensteuern sowie der Umsatzsteuer auf den Eigenverbrauch, § 12 Nr. 3 EStG,

- Geldstrafen und ähnliche Aufwendungen, § 12 Nr. 4 EStG.

Im Umkehrschluss zu der geforderten betrieblichen bzw. beruflichen Veranlassung von abzugsfähigen Ausgaben mindern Kosten, welche durch die private Lebenshaltung entstehen, nicht die steuerliche Bemessungsgrundlage, § 12 Nr. 1 EStG. Ist eine Ausgabe teils beruflich/betrieblich und teils privat veranlasst (gemischte Aufwendungen) ist diese grundsätzlich in vollem Umfang nicht abzugsfähig (Aufteilungs- und Abzugsverbot des § 12 Nr. 1 S. 2 EStG). Nicht abzugsfähig sind bspw. Aufwendungen einer Musiklehrerin für Konzertbesuche (BFH 8.2.1971, BStBl. II 1971, S. 368) sowie Kleidung und Schuhe, selbst wenn der Stpfl. sie ausschließlich bei der Berufsausübung trägt, mit Ausnahme von typischer Berufskleidung (BFH vom 18.4.1991, BStBl. II 1991, S. 751).

Von diesem Grundsatz gibt es zwei Ausnahmen (R 12.1 EStR):

- Trennung anhand objektiver Merkmale

  Ist eine Trennung der in die verschiedenen Sphären fallenden Aufwendungen nachprüfbar möglich, wie bspw. über ein Fahrtenbuch bei einem Kfz, so sind die beruflich/betrieblich bedingten Ausgaben anteilig abzugsfähig.

- Private Mitveranlassung ist von untergeordneter Bedeutung

  Ist die private Veranlassung von untergeordneter Bedeutung (Unschädlichkeitsgrenze bei ca. 10 %), kann diese vernachlässigt werden. Die Aufwendungen sind voll abzugsfähig, wie bspw. bei einer privaten Mitbenutzung eines Personalcomputers (BFH vom 19.02.2004, BStBl. II 2004, S. 958).

Entnahmen gelten aufgrund ihrer mangelnden betrieblichen Veranlassung als privat veranlasst, § 4 Abs. 1 S. 2 EStG, damit nicht als Betriebsausgabe und sind folglich dem Betriebsergebnis wieder hinzuzurechnen.

3 Exkurs: Die Steuerbilanz

3.1 Das Maßgeblichkeitsprinzip

Innerhalb des Maßgeblichkeitsprinzips ist zwischen einer formellen, einer materiellen und einer umgekehrten Maßgeblichkeit zu unterscheiden:

Unter der **formellen Maßgeblichkeit** versteht man die Maßgeblichkeit der konkreten Handelsbilanz für die Steuerbilanz. Der Steuerpflichtige ist bei der Ausübung einkommensteuerlicher Wahlrechte hinsichtlich Ansatz und Bewertung an den konkret gewählten Ansatz in der Handelsbilanz gebunden, soweit dieser steuerlich zulässig ist.

Die **materielle Maßgeblichkeit** hingegen ist die Maßgeblichkeit des **Handels**-(bilanz)-**rechts** für die Gewinnermittlung in der Steuerbilanz. Demnach ist steuerlich zu aktivieren/passivieren, was handelsrechtlich aktiviert/passiviert wird.

Die **umgekehrte Maßgeblichkeit** besagt, dass steuerliche Wahlrechte bei der Gewinnermittlung in Übereinstimmung mit der handelsrechtlichen Jahresbilanz auszuüben sind. Erreicht wird dies in der Handelsbilanz durch die sog. Öffnungsklauseln im HGB, wie die §§ 247 Abs. 3, 254, 273, 279 Abs. 2, 281 HGB. Die umgekehrte Maßgeblichkeit ist zu kritisieren. Die Hauptargumente gegen diese sind, dass sie zu einer Verzerrung der handelsrechtlichen Gewinnermittlung führt, da rein steuerliche und damit zum Teil nicht den Grundsätzen ordnungsmäßiger Buchführung konforme Bilanzansätze Eingang in die Handelsbilanz finden und so die Ausschüttungen der Anteilseigner beschneiden. Mithin sieht sich die deutsche Handelsbilanz dem Vorwurf ausgesetzt, „tax driven" zu sein, weil mit Blick auf ein möglichst steuerlich niedriges Ergebnis bilanziert wird.[4]

3.2 Ansatzvorschriften

Dem Großen Senat des BFH im Urteil vom 03.02.1969 zufolge hat sich der Bilanzierende in der Steuerbilanz an folgenden Maßgaben zu orientieren:

- Aus einem handelsrechtlichen Aktivierungs**gebot** wird ein steuerrechtliches Aktivierungs**gebot**.

---

[4] Das Bilanzrechtsmodernisierungsgesetz, das aktuell als Regierungsentwurf vom 23.05.2008 vorliegt, sieht vor, den Grundsatz der umgekehrten Maßgeblichkeit und damit auch die formelle Maßgeblichkeit aufzuheben. Damit sollen auch die handelsrechtlichen Öffnungsklauseln aufgehoben werden.

- Ein handelsrechtliches Aktivierungs**wahlrecht** führt steuerrechtlich zu einem Aktivierungs**gebot**.

- Ein handelsrechtliches Passivierungs**gebot** bedingt ein steuerrechtliches Passivierungs**gebot**.

- Ein handelsrechtliches Passivierungs**wahlrecht** führt zu einem steuerrechtlichen Passivierungs**verbot**.

Gültigkeit besitzt diese Regelung jedoch nicht für handelsrechtliche Bilanzierungshilfen, wie z.B. aktivische latente Steuern, da es sich bei ihnen um kein Wirtschaftsgut handelt.

In Abgrenzung zur handelsrechtlichen Rechnungslegung, indes vor dem Hintergrund des (umgekehrten) Maßgeblichkeitsprinzips, gilt es, die steuerliche Bilanzierungskonzeption des § 5 EStG mit Hilfe der Gegenüberstellung einiger Begrifflichkeiten zu verdeutlichen.

3.2.1 Gegenüberstellung von Vermögensgegenstand und Wirtschaftsgut

Während das Handelsrecht von „**Vermögensgegenständen**" spricht, wie z.B. in den §§ 252, 253 HGB, bezeichnet das Steuerrecht einzelne Bilanzpositionen als „**Wirtschaftsgüter**", wie bspw. in den §§ 5 Abs. 2, 6 Abs. 1 EStG. Dieser unterschiedliche Sprachgebrauch ist historisch begründet: Im Sinne einer eher statischen Bilanzauffassung, die - anlehnend an das Vorsichtsprinzip - nach dem „Schuldendeckungspotenzial" des Unternehmens fragt, orientiert sich der Begriff „Vermögensgegenstand" zunächst an einer rein rechtlichen Betrachtungsweise. Er umfasst mithin nur Sachen, Rechte bzw. Schulden im bürgerlich-rechtlichen Sinne, Gegenstände also, auf die die Gläubiger im Konkurs-/Insolvenzfall auf jeden Fall zurückgreifen können.

Ganz anders war lange der Ansatzpunkt der Steuerbilanz, bei der nicht das Vorsichtsprinzip, sondern als Ziel **eine periodengerechte Gewinnermittlung** im Vordergrund steht. Anlehnend an die dynamische Bilanzauffassung galt es demnach, alle Ausgaben, welche auch in späteren Perioden Nutzen versprechen, nicht nur im Jahr der Zahlung als Betriebsausgabe zu erfassen, sondern durch Aktivierung über den Zeitraum der wirtschaftlichen Nutzungsdauer zu verteilen. Dementsprechend waren in der Steuerbilanz nicht nur körperliche Rechte und Sachen, sondern auch wirtschaftliche Vorteile und Möglichkeiten zu aktivieren bzw. wirtschaftliche Lasten zu passivieren.

So einleuchtend diese Denkweise i.S.e. periodengerechten Gewinnermittlung erscheint, so verständlich ist es doch, dass die Rechtsprechung sich Ende der 60er/Anfang der 70er Jahre des 20. Jahrhunderts von dieser dynamischen Betrachtungsweise abkehrte, da diese dazu führte, dass alles, was in späteren Jahren ggf. für das Unternehmen von Nutzen hätte sein können, als Wirtschaftsgut aktiviert wurde, wie z.B. der Reklamefeldzug.

Heute sind die Begriffe Wirtschaftsgut und Vermögensgegenstand inhaltlich nahezu gleichzusetzen, soweit nicht zwingende steuerrechtliche Vorschriften Abweichendes regeln, wie z.B. § 5 Abs. 3 EStG. In der Entscheidung vom 07.08.2000 zur Frage der phasenkongruenten Aktivierung von Dividendenansprüchen hat der BFH zwar die Deckungsgleichheit der Begriffe „Wirtschaftsgut" und „Vermögensgegenstand" betont, im Kern aber führt die Entscheidung dazu, dass handelsrechtlich ein Dividendenanspruch unter bestimmten Voraussetzungen aktiviert werden darf; steuerlich ist dies nunmehr durch die eben genannte BFH-Entscheidung verboten worden, was der BFH damit begründet, dass es sich handelsrechtlich nur um eine Bilanzierungshilfe handele.

Der handelsrechtliche Begriff „Vermögensgegenstand" geht jedoch nach der BFH-Rechtsprechung über den des bürgerlich-rechtlichen Gegenstandes hinaus. Im Sinne einer objektivierten Fortführungsstatik fragt der BFH heute danach, was ein fiktiver Erwerber des Unternehmens als Vor- bzw. Nachteil bei der Kaufpreisbemessung berücksichtigen würde.

Diese eher wirtschaftliche Betrachtungsweise bringt den BFH dazu, ein Aktivum als **„vermögenswerten Vorteil"** anzusehen, sofern dieser entsprechend nachfolgender als kumulativ anzusehender Objektivierungskriterien[5] konkretisiert ist:

- **Einmalige Ausgabe**

  Der vermögenswerte Vorteil muss feststellbar und nachweisbar sein, d.h. er muss abgrenzbar von **laufenden** Aufwendungen des Unternehmens sein und dabei gleichzeitig von nicht geringer Bedeutung.

- **Entgeltlicher Erwerb**

  Dieses Objektivierungskriterium beinhaltet zwei Aspekte: Zum einen muss der Markt eine Ausgabe bestätigt haben; zum anderen bedarf es des Verhältnisses Leistung/Gegenleistung.

- **Greifbarkeit**

  Der vermögenswerte Vorteil muss feststellbar, nachweisbar und übertragbar sein. D.h., bei einer Gesamtbetriebsveräußerung muss das Wirtschaftsgut als Einzelheit ins Gewicht fallen und darf sich nicht im Geschäftswert verflüchtigen. Einseitige Erwartungen scheitern an diesem Objektivierungskriterium, denn nur **vertragliche Vorteilseinräumungen** werden als vermögenswerter Vorteil zugelassen.

---

5 Objektivierungskriterien dienen dem Interessenschutz und beschränken Ermessensspielräume des Bilanzierenden.

- **Selbständige Bewertbarkeit**

  Die selbständige Bewertbarkeit wird durch einen Nutzungs- oder Funktionszusammenhang bestimmt. Es ist von Bedeutung, ob das Objekt vollständig erscheint. Mithin ist zu fordern, dass die Anschaffungs- bzw. Herstellungskosten dem vermögenswerten Vorteil zurechenbar sein müssen. Neben den Anschaffungs- und Herstellungskosten müssen ebenso die Folgewerte eindeutig zugeordnet werden können, denn ein vermögenswerter Vorteil verflüchtigt sich unter Umständen in einen allgemeinen Geschäftswert.

Wirtschaftsgüter lassen sich unterscheiden in materielle und immaterielle, abnutzbare und nicht-abnutzbare sowie in bewegliche und unbewegliche Wirtschaftsgüter. Gerade letztere Qualifikation ist wesentlich für die Inanspruchnahme von (Sonder-) Abschreibungen.

Analog definiert der BFH Passiva als „**wirtschaftliche Lasten**". Ähnlich wie auf der Aktivseite der Bilanz bedarf es auch auf der Passivseite bestimmter Objektivierungsrestriktionen, damit nicht alles, was der Kaufmann subjektiv als Belastung empfindet, den Gewinn schmälert:

- **Außenverpflichtung**

  Dabei kann es sich um eine privatrechtliche (z.B. betriebliche Pensionszusage), eine öffentlich-rechtliche (z.B. gesetzliche Rekultivierungsverpflichtung) oder aber auch um eine rechtlich nicht einklagbare, rein wirtschaftliche Verpflichtung (z.B. Gewährleistung ohne rechtlichen Anspruch) handeln.

  Eine Ausnahme hiervon stellt eine unterlassene Instandhaltung, die innerhalb von drei Monaten des Folgejahres nachgeholt wird, dar. Diese führt auch steuerlich zu einer Passivierungspflicht, obwohl eine reine **Innenverpflichtung**, d.h. betriebswirtschaftliche Verpflichtung des Kaufmanns gegenüber sich selbst, vorliegt. Dies wurde entgegen der BFH-Rechtsprechung vom 01.04.1981 durch das BiRiLiG in das HGB, § 249 Abs. 1 S. 2 Nr. 1 HGB, aufgenommen und besitzt über das Maßgeblichkeitsprinzip auch Relevanz für die Steuerbilanz.

- **Rechtliche Vollentstehung bzw. wirtschaftliche Verursachung**

  Rechtliche Vollentstehung bedeutet, dass die Verpflichtung gegenüber einem Dritten am Bilanzstichtag rechtlich bereits entstanden ist, z.B. ein Ausgleichsanspruch des ausscheidenden Handelsvertreters gemäß § 89b HGB.

  Wirtschaftliche Verursachung hingegen liegt vor, wenn der Tatbestand, dessen Rechtsfolge die Verbindlichkeit ist, am Bilanzstichtag bereits im wesentlichen verwirklicht ist, z.B. Kosten der Jahresabschlussprüfung durch den Wirtschaftsprüfer/vereidigten Buchprüfer. Mithin sind Aufwendungen dann anzusetzen, wenn die dazugehörigen Erträge realisiert sind (Alimentationsthese). Diese zugegebenermaßen strittige Auffassung begründet sich aus dem Zusammenhang des Gesetzes. In § 252 Abs. 1 Nr. 4 HGB wird das Realisationsprinzip geregelt, in dessen Wortlaut nicht auf Erträge, sondern auf Gewinne abgestellt wird. Diese beinhalten neben den Erträgen auch Aufwendungen. Ein solches Beispiel sind Garantieverpflichtungen, für die nach § 249 Abs. 1 S. 1 HGB Rückstellungen gebildet werden müssen. Der Ertrag ist bereits durch die Erbringung der Leistung realisiert, die künftigen Aufwendungen durch eine gegebenenfalls zu erbringende Garantieleistung können diesem unproblematisch zugeordnet werden.

Bei einem Auseinanderfallen von wirtschaftlicher Verursachung und rechtlicher Vollentstehung ist der frühere der beiden Zeitpunkte des Eintritts maßgebend.

Während die Rechtsprechung lange Jahre unter Bezugnahme auf das Vollständigkeitsgebot des § 246 Abs. 1 HGB an dem Kriterium der rechtlichen Vollentstehung festhielt, wandte sich insbesondere Moxter gegen diese formalrechtliche Betrachtungsweise. Mit Urteil vom 04.02.1999 stellt erstmals auch der BFH alleine auf die wirtschaftliche Verursachung ab; danach sind die Ausgleichszahlungen für den Handelsvertreter nach § 89b HGB abhängig von zukünftigen Erträgen und damit ist nach wirtschaftlicher Betrachtungsweise orientiert am Realisationsprinzip eine Rückstellungsbildung nicht möglich.

- **Hinreichende Konkretisierung**

  Die wirtschaftliche Last muss gemäß objektiver Wahrscheinlichkeit eintreten, d.h. es muss ernsthaft mit ihr zu rechnen sein. Bloße subjektive pessimistische Beurteilungen des Kaufmanns genügen nicht.

- **Unkompensierte Last**

  Grundsätzlich gilt, dass sich bei beidseitig schwebenden Geschäften Leistung und Gegenleistung ausgeglichen gegenüberstehen, d.h. es besteht bei Vertragsabschluss die Vermutung, dass wirtschaftliche Last und vermögenswerter Vorteil gleichwertig sind. Nur wenn dieses Gleichgewicht kippt, d.h. aus Sicht des bilanzierenden Unternehmens ein Verlust **droht** (Imparitätsprinzip), kommt es zur Bildung einer Rückstellung für drohende Verluste aus schwebenden Geschäften. Diese darf jedoch in der Steuerbilanz gemäß § 5 Abs. 4a EStG seit 1997 nicht mehr gebildet werden.

3.2.2 Abgrenzung von Betriebs- und Privatvermögen

§ 5 EStG fordert unter Verweis auf § 4 Abs. 1 EStG den Ansatz des Betriebsvermögens, ohne dass dieser Begriff im EStG gesetzlich definiert ist.

Eine Abgrenzung zwischen Betriebs- und Privatvermögen ist indes insbesondere aus zwei Gründen notwendig:

- Der Werteverzehr kann i.d.R. steuerlich nur dann als Betriebsausgabe geltend gemacht werden, wenn das zugrundeliegende Wirtschaftsgut zum Betriebsvermögen gehört und

- die Besteuerung von Veräußerungsgewinnen greift nur bei Wirtschaftsgütern, die zum Betriebsvermögen gehören (Ausnahme: Private Veräußerungsgeschäfte i.S.d. § 23 EStG, Veräußerungsgewinne im Privatvermögen bei „wesentlicher" Beteiligung an Kapitalgesellschaften i.S.d. § 17 EStG, ab 2009: Veräußerungsgewinne von Kapitalvermögen im Privatvermögen gem. § 20 Abs. 2 EStG).

Gemäß Rechtsprechung bzw. Finanzverwaltung gilt es, die „Abstufungen" vorzunehmen:

- **Notwendiges Betriebsvermögen**

  Bei „Notwendigem Betriebsvermögen" handelt es sich um eindeutig dem Betrieb zuzurechnende Wirtschaftsgüter, die in objektiver Beziehung zum Unternehmen stehen. Neben die objektive Beziehung zum Unternehmen muss gemäß BFH-Urteil vom 06.03.1991 jedoch noch eine subjektive Komponente i.S.e. Funktionszuweisung (Zweckbestimmung) durch den Steuerpflichtigen treten. Praktikabler ist jedoch eine prozentuale Quantifizierung i.S.v. R 4.2 Abs. 1 S. 4 EStR. Notwendiges Betriebsvermögen liegt demnach bei einer betrieblichen Nutzung von mehr als 50 % vor. Eine private (Mit-)Nutzung durch den Gesellschafter ändert an der Zuordnung des gesamten Wirtschaftsgutes zum (notwendigen) Betriebsvermögen nichts; eine Zerlegung des Wirtschaftsgutes ist nicht möglich (Ausnahme: Grundstücke und Gebäude, R 4.2 Abs. 3 EStR). Eine derartige Konstellation bedingt lediglich, dass die laufenden Aufwendungen, die auf die private Nutzung entfallen, als Kosten der privaten Lebensführung **nicht** abzugsfähig sind. Ein etwaig anfallender Veräußerungsgewinn ist allerdings auch bei teilweise privater Nutzung in seiner gesamten Höhe steuerpflichtig.

- **Notwendiges Privatvermögen**

  Unter „Notwendiges Privatvermögen" fallen gemäß der Rechtsprechung Gegenstände, die ihrer Natur nach nur privat genutzt werden können. Eine Lösung bietet R 4.2 Abs. 1 S. 5 EStR, wonach notwendiges Privatvermögen bei einer betrieblichen Nutzung von weniger als 10 % vorliegen soll. Auch hier gilt grundsätzlich ein Aufteilungsverbot für das Wirtschaftsgut bei betrieblicher Mitnutzung. Aufwendungen, die durch die betriebliche Nutzung entstehen, obwohl das Wirtschaftsgut zum notwendigen Privatvermögen zählt, sind indes als Betriebsausgaben abzugsfähig.

- **Gewillkürtes Betriebsvermögen**

  Hierbei handelt es sich nicht zwangsläufig um gemischt genutzte Wirtschaftsgüter, im allgemeinen liegt „Gewillkürtes Betriebsvermögen" jedoch bei einer betrieblichen Nutzung zwischen 10 und 50 % vor, R 4.2 Abs. 1 S. 6 EStR. Wirtschaftsgüter, die weder notwendiges Betriebs- noch notwendiges Privatvermögen darstellen, können durch einen Ausweis in den Betriebsbüchern des Steuerpflichtigen zum (gewillkürten) Betriebsvermögen werden. Zum gewillkürten Betriebsvermögen zählen entweder solche Wirtschaftsgüter, deren endgültiger Einsatz im Unternehmen noch fraglich ist oder solche, die eine neutrale Zweckbestimmung innehaben. Folglich kommt es gemäß BFH-Urteil vom 22.09.1993 ganz entscheidend auf die Deklaration durch den Steuerpflichtigen an, Wirtschaftsgüter, die ebenso dem Privatvermögen zugeschlagen werden könnten, durch buchmäßige Erfassung dem (gewillkürten) Betriebsvermögen zuzuordnen.

Aufgrund der Gefahr der Verschiebung drohender Veräußerungsverluste ins Betriebsvermögen durch Umdeklarierung von privatem in betriebliches Vermögen, fordert der BFH mit Urteil vom 27.03.1968, dass Wirtschaftsgüter, „die weder notwendiges Betriebs- noch notwendiges Privatvermögen sind, jedoch in einem gewissen objektiven Zusammenhang mit dem Betrieb stehen, d.h. objektiv dem Betrieb des Kaufmanns zu dienen geeignet sind und subjektiv ihn zu fördern bestimmt sind", zum gewillkürten Betriebsvermögen zählen.

3.3 Steuerliche Bewertungskonzeptionen

Die steuerrechtliche Bewertungskonzeption orientiert sich am Vorsichtsprinzip, genauer an seinen beiden Ausprägungen Realisations- und Imparitätsprinzip, § 252 Abs. 1 Nr. 4 HGB i.V.m. § 5 Abs. 1 EStG. Grundsätzlich gilt dementsprechend sowohl der Anschaffungs- als auch der Herstellungsvorgang als **erfolgsneutrale Vermögensumschichtung**.

Im einzelnen kennt das Steuerrecht drei Bewertungsmaßstäbe:

- die Anschaffungskosten,

- die Herstellungskosten und

- den Teilwert.

Im Einkommensteuergesetz fehlt eine Definition von **Anschaffungskosten**. R 6.2 EStR i.V.m. H 6.2 EStR verweist zur Definition der Anschaffungskosten auf § 255 Abs. 1 HGB. Dort sind diese definiert als „Aufwendungen, die geleistet werden, um einen Vermögensgegenstand zu erwerben und ihn in einen betriebsbereiten Zustand zu versetzen, soweit sie dem Vermögensgegenstand einzeln zugeordnet werden können." Deutlich wird hierbei, dass nur Einzelkosten in die Bewertung einbezogen werden dürfen.

Analog zum Handelsrecht setzen sich somit auch steuerrechtlich die Anschaffungskosten wie folgt zusammen:

Anschaffungspreis

\+   Anschaffungsnebenkosten

\+   nachträgliche Anschaffungskosten

\-   Anschaffungspreisminderungen (z.B. Skonti oder Boni)

=   Anschaffungskosten.

Auch bei dem Versuch der Definition von **Herstellungskosten** schlägt der Rückgriff auf eine steuerliche Legaldefinition fehl. Lediglich § 255 Abs. 2 S. 1 HGB bezeichnet Herstellungskosten als „Aufwendungen, die durch den Verbrauch von Gütern und die Inanspruchnahme von Diensten, für die Herstellung eines Vermögensgegenstands, seine Erweiterung oder für eine über seinen ursprünglichen Zustand hinausgehende wesentliche Verbesserung entstehen." Darauf aufbauende steuerliche Vorschriften befinden sich in R 6.3 EStR.

Die Bewertung von selbsterstellten Wirtschaftsgütern bzw. Vermögensgegenständen besteht sowohl handels- als auch steuerrechtlich aus Pflicht- und Wahlbestandteilen, wobei die Bewertungsobergrenze in beiden Rechnungslegungssystemen übereinstimmt. Gemäß BFH-Urteil vom 21.10.1993 und der Finanzverwaltung, R 6.3 EStR, gilt steuerlich allerdings eine andere Bewertungsuntergrenze als handelsrechtlich:

Materialeinzelkosten

\+   Fertigungseinzelkosten

\+   Sondereinzelkosten der Fertigung

=   Bewertungs**unter**grenze nach **Handelsrecht**

\+   Materialgemeinkosten

\+   Fertigungsgemeinkosten

\+   Werteverzehr des Anlagevermögens, soweit er durch die Herstellung des Wirtschaftsguts veranlasst ist

---

=   Bewertungs**unter**grenze nach **Steuerrecht**

\+   Verwaltungskosten

\+   freiwillige soziale Aufwendungen

+ Fremdkapitaleinzelkosten[6]

= Bewertungs**ober**grenze nach Handels- und Steuerrecht.

Würde der Maßgeblichkeitsgrundsatz uneingeschränkt bei den Herstellungskosten gelten, müsste die Bewertungsuntergrenze nach Steuerrecht der Bewertungsobergrenze nach Handelsrecht entsprechen.

Anschaffungs- und Herstellungskosten sind Wertansätze, die - wenn auch in unterschiedlicher Ausprägung - sowohl im Handels- als auch im Steuerrecht vorgesehen sind.[7]

Das Steuerrecht kennt daneben einen eigenen Bewertungsmaßstab, sozusagen das steuerrechtliche Pendant zum handelsrechtlichen beizulegenden Wert, den **Teilwert**. Gemäß § 6 Abs. 1 Nr. 1 S. 3 EStG ist der Teilwert „der Betrag, den ein Erwerber des ganzen Betriebs im Rahmen des Gesamtkaufpreises für das einzelne Wirtschaftsgut ansetzen würde".

Grundlage des Teilwertes ist mithin der Kaufpreis des Gesamtunternehmens, den ein (fiktiver) Erwerber zahlen würde. Dieser ist auf die einzelnen Wirtschaftsgüter des Unternehmens zu verteilen. Entsprechend der Teilwertidee wird der Wert eines Wirtschaftsgutes nämlich von seiner Zweckbestimmung, d.h. seiner individuellen Verwendung beeinflusst. Der Teilwert ist dementsprechend kein objektiver, sondern ein Wert, den das Wirtschaftsgut ganz konkret für dieses Unternehmen besitzt.

Die grundsätzliche Teilwertidee, dass die Summe der Werte aller Wirtschaftsgüter eines Unternehmens gleich dem Gesamtwert des Unternehmens ist, beinhaltet allerdings mindestens zwei Probleme:

Der Gesamtwert des Unternehmens, den ein fiktiver Erwerber zu zahlen bereit wäre, ist zumindest bei nicht-börsennotierten Gesellschaften schwer ermittelbar und die Verteilung des Gesamtwertes (wenn er denn überhaupt bestimmt werden kann) auf die einzelnen Wirtschaftsgüter misslingt, da der Gesamtwert des Unternehmens ja gerade von allen Produktionsfaktoren gemeinsam erwirtschaftet wird; erst die spezielle Kombination der eingesetzten Produktionsfaktoren lässt den „ermittelten" Gesamtwert entstehen. Obwohl Rechtsprechung und Gesetzgeber trotzdem bis heute an der Teilwertidee als subjektiver Wert festhalten, hat der RFH bzw. BFH Teilwertvermu-

---

[6] Zinsen für Fremdkapital dürfen nur angesetzt werden, soweit das Fremdkapital zur Finanzierung der Herstellung eines Wirtschaftsguts/Vermögensgegenstands verwendet wird und soweit die Fremdkapitalzinsen auf den Zeitraum der Herstellung entfallen. Vgl. hierzu R 6.3 Abs. 4 und H 6.3 EStR i.V.m. § 255 Abs. 3 HGB. Voraussetzung für die Berücksichtigung der Fremdkapitalzinsen bei den Herstellungskosten in der Steuerbilanz ist, dass in der Handelsbilanz diese ebenfalls berücksichtigt werden (R 6.3 Abs. 4 S. 1 EStR).

[7] Im Rahmen des Bilanzrechtsmodernisierungsgesetzes soll eine Angleichung des handelsrechtlichen Herstellungskostenbegriffs erfolgen.

tungen aufgestellt, die solange gelten, wie sie nicht vom Steuerpflichtigen widerlegt werden (siehe auch H 6.7 EStR):

- Der Teilwert im Zeitpunkt der Anschaffung oder Herstellung und an einem kurz darauf folgenden Bewertungsstichtag entspricht den tatsächlichen Anschaffungs- oder Herstellungskosten.

- Bei nicht abnutzbaren Anlagegütern (Grundstücken, Beteiligungen) entspricht der Teilwert auch für die späteren Bewertungsstichtage den Anschaffungskosten.

- Bei abnutzbaren Anlagegütern entspricht der Teilwert den fortgeführten Anschaffungs- oder Herstellungskosten, also den um die lineare Abschreibung (Absetzung für Abnutzung) verringerten Anschaffungs- oder Herstellungskosten.

- Bei Gütern des Umlaufvermögens besteht die Vermutung, dass der Teilwert gleich den Wiederbeschaffungskosten (dem Börsen- oder Marktpreis) ist.

Die Teilwertidee als betriebsindividueller, ertragsabhängiger Wert wird damit praktisch zugunsten von objektiven Marktpreisen aufgegeben. Die Rechtsprechung lässt darüber hinaus gemäß Urteil vom 31.10.1978 die Widerlegung der Teilwertvermutungen durch den Steuerpflichtigen letztlich nur im Fall nachhaltig gesunkener Wiederbeschaffungskosten zu oder wenn sich das Wirtschaftsgut als Fehlmaßnahme herausstellt.

Eine Abschreibung auf den geringeren Teilwert ist jedoch seit dem Steuerentlastungsgesetz 1999/2000/2002 gemäß § 6 Abs. 1 Nr. 1 S. 2, Nr. 2 S. 2 EStG nur noch bei einer voraussichtlich dauernden Wertminderung steuerlich zulässig. Diese ist beim abnutzbaren Anlagevermögen, nach Ansicht des BMF (vom 25.02.2000), voraussichtlich dauernd, wenn der Wert des Wirtschaftsgutes zum Bilanzstichtag mindestens für die halbe Restnutzungsdauer unter dem planmäßigen Restbuchwert liegt. Beim nichtabnutzbaren Anlagevermögen ist die Beurteilung wesentlich diffiziler. Es ist zu überprüfen, ob die Gründe für eine niedrige Bewertung voraussichtlich anhalten werden.[8] Beim Umlaufvermögen muss die Wertminderung bis zum Zeitpunkt der Aufstellung der Bilanz bzw. einem vorangegangenen Verkaufs- oder Verbrauchszeitpunkt anhalten.

3.4 Entnahmen und Einlagen

§ 5 EStG verwendet den Gewinnbegriff des § 4 Abs. 1 S. 1 EStG, in dem es um den Unterschiedsbetrag zwischen dem Betriebsvermögen am Schluss des Wirtschaftsjahres

---

[8] Kursschwankungen von börsennotierten Aktien stellen lt. BMF nur eine vorübergehende Wertminderung dar; vgl. jedoch das BFH-Urteil vom 26.09.2007, BFH/NV 2008, S. 432 Nr. 3: Der Börsenkurs kann Ausdruck einer voraussichtlich dauerhaften Wertminderung sein.

und dem Betriebsvermögen am Schluss des vorangegangenen Wirtschaftsjahres geht. Allerdings verlangt § 4 Abs. 1 S. 1 EStG darüber hinaus eine Korrektur um **Entnahmen** bzw. **Einlagen**, denn diese sind steuerlich irrelevant, da sie nichts mit dem Betriebszweck zu tun haben.

§ 4 Abs. 1 S. 2 EStG definiert **Entnahmen** als „alle Wirtschaftsgüter, die der Steuerpflichtige dem Betrieb für sich, seinen Haushalt oder für andere betriebsfremde Zwecke im Laufe eines Wirtschaftsjahres entnimmt". Diese dürfen mithin den steuerpflichtigen Gewinn **nicht** mindern, da sie nicht durch den Betrieb veranlasst sind. Entnahmen werden grundsätzlich zum Teilwert bewertet, § 6 Abs. 1 Nr. 4 EStG, d.h. in Höhe der Differenz zwischen Buch- und Teilwert werden durch die Entnahme stille Reserven aufgelöst. Die Begründung dafür ist naheliegend: Meistens verliert das Wirtschaftsgut aufgrund der Entnahme seine Betriebsvermögenseigenschaft; Gewinne im Privatvermögen sind aber - Ausnahmen: §§ 17, 23, (ab 2009: § 20 Abs. 2) EStG - steuerfrei.

Von der Bewertung zum Teilwert wird abgesehen, wenn ein einzelnes Wirtschaftsgut von einem Betriebsvermögen in ein anderes Betriebsvermögen desselben Steuerpflichtigen überführt wird: Eine solche Überführung ist zum Buchwert möglich, § 6 Abs. 5 EStG.

§ 4 Abs. 1 S. 7 EStG definiert **Einlagen** als „alle Wirtschaftsgüter, die der Steuerpflichtige dem Betrieb im Laufe des Wirtschaftsjahres zugeführt hat."

Auch hier erfolgt die Bewertung grundsätzlich zum Teilwert, da außerbetriebliche Wertzuwächse den steuerpflichtigen Gewinn nicht erhöhen dürfen. § 6 Abs. 1 Nr. 5 EStG kennt allerdings zwei (ab 2009: drei) Ausnahmen, bei denen er eine Bewertung zu Anschaffungs- oder Herstellungskosten vorschreibt, wenn

- das eingelegte Wirtschaftsgut innerhalb der letzten drei Jahre vor der Einlage angeschafft/hergestellt worden ist. Damit soll verhindert werden, dass Steuerpflichtige Wirtschaftsgüter, die eigentlich zum Einsatz im Betriebsvermögen bestimmt sind, zunächst im Privatvermögen belassen, um dort - steuerfrei - Wertsteigerungen zu realisieren;

- es sich bei dem eingelegten Wirtschaftsgut um eine „wesentliche" Beteiligung an einer Kapitalgesellschaft i.S.d. § 17 EStG handelt (ab 2009: oder ein Wirtschaftsgut im Sinne des § 20 Abs. 2 EStG ist). Damit sollen Wertsteigerungen, die vor der Einlage im Privatvermögen entstanden sind, in die betriebliche Sphäre verlagert werden, da eine Gewinnrealisation in diesem Falle auch im Privatbereich ausgelöst würde.

Der steuerpflichtige Gewinn ergibt sich unter Berücksichtigung der oben genannten Tatsachen wie folgt:

      Steuerbilanzergebnis

- Einlagen

+ Entnahmen

+ nicht-abzugsfähige Betriebsausgaben

- steuerfreie Einnahmen

     ————————————————

= steuerpflichtiger Gewinn.

4 Die Einkunftsarten des Einkommensteuerrechts

4.1 Einkünfte aus Land- und Forstwirtschaft

4.1.1 Begriffsmerkmale und Arten der Einkünfte aus Land- und Forstwirtschaft

Eine Definition land- und forstwirtschaftlicher Tätigkeit lässt das Gesetz zwar vermissen, grundsätzlich aber lässt sich Land- und Forstwirtschaft als „planmäßige Nutzung der natürlichen Kräfte des Bodens zur Erzeugung von Pflanzen und Tieren sowie die Verwertung der dadurch selbstgewonnenen Erzeugnisse" bezeichnen, R 15.5 Abs. 1 S. 1 EStR. Hauptsächlich handelt es sich hierbei um Feldwirtschaft, Tierzucht, Tierhaltung und Forstwirtschaft. In § 13 Abs. 1, 2 und § 14 EStG findet sich eine Aufzählung der dieser Einkunftsart zuzuordnenden Einkünfte. Diese sind unter anderem:

- Einkünfte aus dem Betrieb von Landwirtschaft, Forstwirtschaft, Weinbau, Gartenbau und Einkünfte aus allen Betrieben, die Pflanzen und Pflanzenteile mit Hilfe der Naturkräfte gewinnen, § 13 Abs. 1 Nr. 1 S. 1 EStG,

- Einkünfte aus der Tierzucht und Tierhaltung unter den Voraussetzungen des § 13 Abs. 1 Nr. 1 S. 2 EStG,

- Einkünfte aus sonstiger land- und forstwirtschaftlicher Nutzung, § 13 Abs. 1 Nr. 2 EStG,

- Einkünfte aus Jagd, soweit diese mit dem Betrieb einer Land- oder Forstwirtschaft im Zusammenhang steht, § 13 Abs. 1 Nr. 3 EStG,

- Einkünfte von Hauberg-, Wald-, Forst- und Laubgenossenschaften und ähnlichen Realgemeinden i.S.d. § 3 Abs. 2 KStG, § 13 Abs. 1 Nr. 4 EStG.

Sowohl typische land- und forstwirtschaftliche Tätigkeiten, als auch Nebenleistungen, wie z.B. Fuhrleistungen, oder Einnahmen aus der Verpachtung land- und forstwirtschaftlicher Betriebe zählen zu den Einkünften aus Land- und Forstwirtschaft.

Zu den Einkünften aus Land- und Forstwirtschaft gehören auch die Einkünfte aus einem land- und forstwirtschaftlichen **Nebenbetrieb**, § 13 Abs. 2 Nr. 1 EStG. Als Nebenbetriebe gelten Verarbeitungsbetriebe, wie z.B. Molkereien, Käsereien oder Brennereien, oder Substanzbetriebe, wie Steinbrüche oder Torfstiche, soweit diese dem land- und forstwirtschaftlichen Hauptbetrieb dienen. Ebenso gehört eine Produktionsaufgaberente nach dem Gesetz zur Förderung der Einstellung der landwirtschaftlichen

Tätigkeit zu den Einkünften aus Land- und Forstwirtschaft, § 13 Abs. 2 Nr. 3 EStG. Gewinne, die bei der **Veräußerung** eines land- und forstwirtschaftlichen Betriebs, Teilbetriebs oder eines Anteils an einem land- und forstwirtschaftlichen Betriebsvermögen erzielt werden, sind als Einkünfte aus Land- und Forstwirtschaft anzusehen, soweit die in den §§ 14 und 14a EStG genannten Grenzen überschritten werden.

4.1.2 Besonderheiten land- und forstwirtschaftlicher Einkünfte

Die Erfassung von Einkünften als Gewinne aus Land- und Forstwirtschaft beinhaltet für den Steuerpflichtigen Vergünstigungen, da § 13 Abs. 3 EStG bei einer Summe der Einkünfte von bis zu 30.700 € einen Freibetrag von 670 € einräumt. Bei zusammenveranlagten Ehegatten verdoppeln sich diese Beträge.

Der Freibetrag wird - soweit dieser in Anspruch genommen werden kann - jedoch nicht direkt bei der Ermittlung der Einkünfte aus Land- und Forstwirtschaft abgezogen, sondern erst im Anschluss an die Ermittlung der Summe der Einkünfte bei der Berechnung des Gesamtbetrags der Einkünfte berücksichtigt.

Ferner gelten für Landwirte unterschiedliche Gewinnermittlungsvorschriften; diese sind die Durchschnittssatzermittlung nach § 13a EStG, der unvollständige Betriebsvermögensvergleich nach § 4 Abs. 1 EStG und die Einnahmenüberschussrechnung nach § 4 Abs. 3 EStG.[9] Gerade die Durchschnittssatzermittlung nach § 13a EStG führt zu Ergebnissen, die im Kern den Gleichheitsgrundsatz verletzen; sie ist ein Fremdkörper in der Einkommensbesteuerung, da diese grundsätzlich am Ist-Prinzip und nicht – wie die Durchschnittssatzermittlung – am Soll-Prinzip ausgerichtet ist.

4.2 Einkünfte aus Gewerbebetrieb

4.2.1 Begriffsmerkmale und Arten eines Gewerbebetriebes

Das Vorhandensein von Einkünften aus Gewerbebetrieb setzt die Existenz eines gewerblichen Unternehmens voraus. § 15 Abs. 3 EStG unterscheidet zwischen dem Gewerbebetrieb kraft gewerblicher Betätigung und kraft gewerblicher Prägung. Zwar spricht das HGB bspw. in den §§ 1, 2 HGB von einem Gewerbebetrieb, jedoch ist diese Definition im HGB nur bedingt mit der in § 15 Abs. 2 EStG identisch. Folgendes Beispiel möge dies belegen: Ein Land- und Forstwirt kann sich nach § 3 Abs. 2 HGB in das Handelsregister eintragen lassen und somit aus handelsrechtlicher Sicht einen Gewerbebetrieb begründen. Steuerlich hingegen hat der Land- und Forstwirt alleine

---

[9] Zu dem Anwendungsbereich der Gewinnermittlungsmethode für Land- und Forstwirte vgl. Kapitel 2.2.

durch die Eintragung ins Handelsregister keine Einkünfte aus Gewerbebetrieb im Sinne des § 15 EStG, sondern Einkünfte aus Land- und Forstwirtschaft i.S.d. § 13 EStG.

4.2.1.1 Gewerbebetrieb kraft gewerblicher Betätigung

Die Vorschrift des § 15 Abs. 2 EStG regelt, wann ein Gewerbebetrieb vorliegt. Diese Norm ist Grundlage für die in § 15 Abs. 1 EStG näher bezeichneten gewerblichen Einkünfte. § 15 Abs. 2 EStG wird durch § 15 Abs. 3 EStG konkretisiert, in dem festgelegt wird, welchen Umfang der Gewerbebetrieb in bestimmten Fällen hat.

Gemäß § 15 Abs. 2 EStG gilt eine selbständige nachhaltige Betätigung, die mit der Absicht, Gewinn zu erzielen, unternommen wird und sich als Beteiligung am allgemeinen wirtschaftlichen Verkehr darstellt, als Gewerbebetrieb, wenn die Betätigung weder als Ausübung von Land- und Forstwirtschaft noch als Ausübung eines freien Berufs noch als eine andere selbständige Arbeit anzusehen ist. Danach sind für die Existenz eines Gewerbebetriebes einige positive Merkmale unerlässlich (siehe im einzelnen H 15.1, 15.2, 15.3, 15.4 EStR):

- **Selbständigkeit**, d.h., dass die Tätigkeit auf eigene Rechnung und Gefahr erfolgt, also der Gewerbetreibende Unternehmerrisiko trägt, das sich in einer Teilhabe am Erfolg des Unternehmens niederschlägt, sowie Unternehmerinitiative entfalten kann. Unternehmerinitiative liegt dann vor, wenn das Unternehmen nach Maßgabe des Steuerpflichtigen betrieben wird. Ob eine Tätigkeit als selbständig zu beurteilen ist, hängt vom Gesamtbild der Verhältnisse ab. Hierfür greift die Rechtsprechung auf einige Indizien zurück, wie bspw., ob die Höhe der Einnahmen weitgehend von der eigenen Tätigkeit abhängt oder ob derjenige weitgehend frei über Ort, Umfang und Zeit seiner Tätigkeit bestimmen kann bzw. ob Arbeitnehmer beschäftigt werden. Kein Einfluss auf das Kriterium der Selbständigkeit hat die Bezeichnung wie z.B. „freier Mitarbeiter" oder die Art der Tätigkeit. Das Taxifahren kann sowohl selbständig als Unternehmer als auch unselbständig als Angestellter vollzogen werden.

- **Nachhaltigkeit**, was ein auf längere Sicht gerichtetes Handeln, zumindest aber, nach ständiger Rechtsprechung des BFH, eine Wiederholungsabsicht einschließt. Die Wiederholungsabsicht muss mit Hinblick auf den Absatzmarkt gesehen werden, da dort der entscheidende Grundstein einer nachhaltigen Sicherung der Einnahmequelle gelegt wird. Nur eine nachhaltige Tätigkeit auf dem Beschaffungsmarkt reicht nicht aus.

- **Gewinnerzielungsabsicht** beinhaltet, dass die Tätigkeit auf das Erzielen einer positiven Differenz zwischen Erträgen und Aufwendungen ausgerichtet ist. Ein Gewerbebetrieb liegt auch dann vor, wenn die Gewinnrealisierung nur Nebenzweck ist. Eine alleinige Ausrichtung auf die Minderung von Steuern gilt hingegen nicht als Gewinn im Sinne des Gesetzes, denn Gewinn i.S.d. § 15 Abs. 2 EStG meint die Erzielung eines Totalgewinns. Totalgewinn bedeutet ein positives über den Kapitaleinsatz hinausgehendes Gesamtergebnis des Betriebes von Gründung bis zur Aufgabe, wobei auch ein steuerfreier Veräußerungsgewinn mit in die Totalgewinnbestimmung einbezogen wird. Für einen Totalgewinn hat die Rechtsprechung bislang keine Mindestverzinsung des eingesetzten Kapitals gefordert, jedoch muss es sich hierbei um einen wirtschaftlich ins Gewicht fallenden Gewinn handeln. Ein weiteres Indiz, anhand dessen die Gewinnerzielungsabsicht nachgewiesen werden kann, ist, ob aus Sicht eines sachkundigen Dritten der Betrieb nach Wesensart und Bewirtschaftung dazu geeignet ist, mit Totalgewinn zu arbeiten. In diesem Zusammenhang interessiert die Frage, wie der Steuerpflichtige in Krisensituationen (Verlustzeiten) reagiert und ob er den Willen besitzt, den Betrieb in die Gewinnzone zu führen.

- **Teilnahme am allgemeinen wirtschaftlichen Verkehr** ist gegeben, wenn das Unternehmen nach außen in Erscheinung tritt, es als Anbieter von Gütern und Leistungen am Markt gegen Entgelt auftritt. Dabei ist nicht relevant, ob der Kundenkreis klein oder unbeschränkt ist. Darüber hinaus ist es auch unerheblich, ob die Leistung durch den Steuerpflichtigen selbst oder durch einen Makler angeboten wird; die Leistungen müssen nur dem Steuerpflichtigen selbst zugerechnet werden können.

Zusätzlich lässt sich ein Gewerbebetrieb demnach auch noch negativ abgrenzen:

- Es darf sich **nicht** um eine **land- oder forstwirtschaftliche Tätigkeit** handeln. Problematisch ist die Abgrenzung insbesondere dann, wenn sich die Betätigung land- und forstwirtschaftlicher Betriebe nicht auf die Verwertung selbsterstellter Erzeugnisse beschränkt, sondern zusätzlich mit zugekauften Waren Handel betrieben wird (z.B. in einem Hofladen). Dabei wird ein Betrieb von der Finanzverwaltung als gewerblich eingestuft, wenn 30 % des Umsatzes durch zugekaufte Waren erzielt wird, R 15.5 EStR. Zudem gelten unter bestimmten Voraussetzungen auch größere Tierzucht- und Tierhaltungsbetriebe als Gewerbebetrieb, § 13 Abs. 1 Nr. 1 S. 2-5 EStG.

- Es darf sich **nicht** um **Einkünfte aus selbständiger Arbeit** i.S.d. § 18 EStG handeln.[10]

- Die Tätigkeit des Gewerbebetriebes muss die einer **reinen Vermögensverwaltung übersteigen**. Diese aus § 14 AO abgeleitete Forderung besagt, dass ein wirtschaftlicher Geschäftsbetrieb nur vorliegt, wenn dessen Tätigkeit über den Rahmen einer Vermögensverwaltung hinausgeht. Diese liegt vor, wenn Vermögen genutzt, z.B. Kapitalvermögen verzinslich angelegt oder unbewegliches Vermögen vermietet oder verpachtet wird. Bei einer Ausnutzung substanzieller Vermögenswerte durch Umschichtung, wie bspw. dem Immobilienhandel, tritt gemäß BFH-Urteil vom 25.06.1984 die Vermögensverwaltung, welche vorwiegend durch Fruchtziehung

---

[10] Zur Abgrenzung zwischen den beiden Einkunftsarten siehe Gliederungspunkt 4.3.2.

aus zu erhaltenden Substanzwerten charakterisiert ist, hinter den Gewerbebetrieb zurück, da die Art der Tätigkeit dann vorwiegend gewerblichen Charakter aufweist, R 15.7 EStR, Abschnitt 15 GewStR. Zur Objektivierung hat der BFH die sog. **„Drei-Objekt-Grenze"** entwickelt.[11] Hiernach wird ein gewerblicher Grundstückshandel dann induziert, wenn innerhalb eines Zeitraums von fünf Jahren mehr als drei Objekte veräußert werden. Eine Umqualifikation kann auch unabhängig von der Drei-Objekt-Grenze erfolgen, wenn nach dem Gesamtbild der Verhältnisse eine gewerbliche Tätigkeit angenommen werden kann.

Ein Gewerbebetrieb kann auch bei einer gegen die guten Sitten verstoßenden oder bei Vornahme einer verbotenen Handlung vorliegen. So stellen bspw. Einkünfte aus Gewerbebetrieb die laufende Schmugglertätigkeit oder aber das Betreiben eines Bordells dar. Prostitutionseinkünfte sind, je nach Ausgestaltung, den Einkünften aus Gewerbebetrieb oder den Einkünften aus nichtselbständiger Arbeit zuzurechnen.

Übt eine Offene Handelsgesellschaft, eine Kommanditgesellschaft oder eine andere Personengesellschaft eine derartig abgegrenzte gewerbliche Tätigkeit auch nur in geringem Maße aus, so sind alle von dieser Gesellschaft erzielten Einkünfte solche aus Gewerbebetrieb, § 15 Abs. 3 Nr. 1 EStG. Diese sog. **Infektions-/Abfärbetheorie** bewirkt, dass Tätigkeiten, die isoliert betrachtet einer anderen Einkunftsart zuzurechnen wären, als Einkünfte aus Gewerbebetrieb gelten, wenn die Gesellschaft außerdem eine gewerbliche Tätigkeit ausübt. Ziel der Infektions-/Abfärbetheorie soll es zum einen sein, die Gewinnermittlung von Personengesellschaften zu vereinfachen und zum anderen den Schutz des Gewerbesteueraufkommens sicherzustellen. Die Infektions-/ Abfärbetheorie führt zu einer Ungleichbehandlung von Personengesellschaften und Einzelunternehmen, die gleichzeitig sowohl gewerbliche als auch andere Einkunftsarten erzielen können. Das BVerfG sieht diese Regelung unter Praktikabilitätsüberlegungen jedoch als mit Art. 3 Abs. 1 GG vereinbar an (BVerG vom 26.10.2004, HFR 2005, S. 56).

Gemäß BFH vom 11.08.1999 besteht allerdings eine „Geringfügigkeitsgrenze", bis zu der der Bazillus der Gewerblichkeit nicht greift; diese liegt laut BFH vom 11.08.1999 bei 1,25 % der gewerblichen Tätigkeit am Gesamtumsatz, was der BFH mit Verweis auf das Übermaßverbot begründet. Letztlich handelt es sich bei der Tätigkeit in diesem Umfange um eine untergeordnete Tätigkeit, die nach außen hin kaum in Erscheinung tritt, deren Umqualifikation eine unverhältnismäßig große Härte auslösen würde. Allerdings ist die Beurteilung, ob eine unverhältnismäßig große Härte auftritt, vom Einzelfall abhängig. So führt bspw. § 35 EStG dazu, dass in pauschalierter Weise das 3,8-fache des Gewerbesteuermessbetrages auf die tarifliche Einkommensteuer angerechnet werden kann. Auch erbschaftsteuerliche Vergünstigungen sind auf jeden Fall zu berücksichtigen, die bei Vererbung oder Schenkung eines Gewerbebetriebes entste-

---

[11] Vgl. BMF vom 26.03.2004, BStBl. I 2004, S. 434.

hen.[12] Hingegen können Nachteile beim Verkauf oder Aufgabe von gewerblich infizierten Anteilen entstehen. Eine vorher vermögensverwaltende Tätigkeit führt bei Aufgabe oder Verkauf von dieser zu keinen steuerlichen Auswirkungen, ein Aufgabegewinn wird nicht besteuert. Die Aufgabe einer gewerblichen Tätigkeit dagegen ist nach § 16 EStG steuerverhaftet und führt ggf. zu einer Aufdeckung und Versteuerung der stillen Reserven.

Auch das bloße Halten von Anteilen an einer gewerblich tätigen Personengesellschaft führt zur Abfärbung/Infektion.

Um die Folgen der Abfärbe-/Infektionstheorie zu umgehen, empfiehlt der BFH[13] selbst die Trennung von gewerblicher und der anderen nicht gewerblichen Tätigkeit durch Ausgliederung auf eine zweite Personengesellschaft.

4.2.1.2 Gewerbebetrieb kraft gewerblicher Prägung

Gemäß § 15 Abs. 3 Nr. 2 EStG gilt auch die mit Gewinnerzielungsabsicht unternommene Tätigkeit einer nicht gewerblich tätigen Personengesellschaft als Einkünfte aus Gewerbebetrieb, wenn ausschließlich eine oder mehrere unmittelbar oder mittelbar beteiligte Kapitalgesellschaften persönlich haftende Gesellschafter sind und nur diese oder Personen, die nicht Gesellschafter sind, zur Geschäftsführung befugt sind. Relevant ist aber auch hier das Vorliegen einer Gewinnerzielungsabsicht, da sonst keine Einkünfte der Einkommensteuer unterworfen werden können.

Der bedeutendste Fall des Gewerbebetriebs kraft gewerblicher Prägung ist die GmbH & Co. KG. Eine GmbH & Co. GbR kann keine gewerblich geprägte Personengesellschaft sein, da die persönliche unbeschränkte Haftung nicht nur auf die Kapitalgesellschaft begrenzt ist, sondern auch die als natürliche Personen agierenden Gesellschafter persönlich haften. Es ist hinreichend genau zu differenzieren, wer die persönlich haftenden Gesellschafter der Personengesellschaft sind. Hat bspw. eine OHG nur Kapitalgesellschaften als Gesellschafter, so ist sie gewerblich geprägt i.S.d. § 15 Abs. 3 Nr. 2 EStG. Die zweite relevante Tatbestandsvoraussetzung in § 15 Abs. 3 Nr. 2 EStG ist die Frage der Geschäftsführung. Geschäftsführung ist die gesetzliche oder gesellschaftsvertragliche Befugnis im Innenverhältnis der Gesellschafter zueinander zu einer auf Verwirklichung des Gesellschaftszwecks gerichteten Tätigkeit. Sie ist streng von der Vertretungsmacht zu trennen. So ist eine KG, bei der eine Kapitalgesellschaft als persönlich haftende Gesellschafterin auftritt, diese aber keine Befugnisse zur Geschäftsführung hat, sondern die Geschäftsführung von einem Kommanditisten als natürliche Person wahrgenommen wird, keine gewerblich geprägte Personengesellschaft i.S.d. § 15 Abs. 3 Nr. 2 EStG.

---

[12] Entsprechend den Vorgaben des BVerfG vom 07.11.2006, BStBl. II 2007, S. 192, wird aktuell eine Reform des Erbschaftsteuer- und Bewertungsrechts ausgearbeitet; dabei soll – unabhängig von der gewählten Rechtsform – eine einheitliche Orientierung am gemeinen Wert erfolgen.
[13] BFH vom 19.02.1998, BStBl. II 1998, S. 603.

4.2.2 Arten gewerblicher Einkünfte

Im Rahmen der Einkünfte aus Gewerbebetrieb ist zwischen Erträgen aus laufender Geschäftstätigkeit und Gewinnen aus aperiodisch auftretenden Geschäftsvorfällen zu unterscheiden.

4.2.3 Einkünfte aus laufender Geschäftstätigkeit

Liegt ein Gewerbebetrieb kraft gewerblicher Betätigung oder Prägung vor, so unterscheidet § 15 Abs. 1 EStG zwischen:

- Einkünften aus gewerblichen Einzelunternehmen,

- Einkünften aus Mitunternehmerschaften und

- Einkünften der persönlich haftenden Gesellschafter einer KGaA.

4.2.3.1 Einkünfte aus gewerblichen Einzelunternehmen

Steuersubjekt der Einkommensteuer ist nicht das gewerbliche Einzelunternehmen, sondern der dahinterstehende Inhaber. Dieser ist im Rahmen eines gewerblich tätigen Einzelunternehmens bspw. Händler, Handwerker oder Bauunternehmer. Da Verträge zwischen dem Einzelunternehmer und seinem Unternehmen steuerlich unwirksam sind, zählen aber nicht nur die Gewinne aus dem Einzelunternehmen, die der Gewerbetreibende aus seiner reinen beruflichen Tätigkeit erzielt, sondern auch die Zinsen, Mieten, Geschäftsführergehälter etc., die der Einzelunternehmer von seiner Unternehmung erhält, zu den Einkünften aus Gewerbebetrieb. Die Besteuerung des Gewinns findet beim gewerblichen Einzelunternehmen im Jahr der Entstehung statt, was auch sachgerecht ist, da der Einzelunternehmer jederzeit Zugriff auf sein Betriebsvermögen hat.

4.2.3.2 Einkünfte aus Mitunternehmerschaften

§ 15 Abs. 1 S. 1 Nr. 2 EStG subsumiert unter den Einkünften aus Gewerbebetrieb „die Gewinnanteile der Gesellschafter einer OHG, einer KG und einer anderen Gesellschaft, bei der der Gesellschafter als Unternehmer (Mitunternehmer) anzusehen ist, und die Vergütungen, die der Gesellschafter von der Gesellschaft für seine Tätigkeit im Dienst der Gesellschaft oder für die Hingabe von Darlehen oder für die Überlassung von Wirtschaftsgütern bezogen hat."

Da § 15 Abs. 1 S. 1 Nr. 2 EStG explizit zwei Formen von Personengesellschaften anspricht, ist es notwendig, allgemein deren gesellschafts- und steuerrechtliche Rechtsnatur zu kennen.

4

4.2.3.2.1 Die Personengesellschaft im Gesellschaftsrecht

Mit Ausnahme der sogenannten Bruchteilsgemeinschaft des § 741 BGB steht bei Personengesellschaften, insbesondere bei der BGB-Gesellschaft (GbR), der OHG, der KG und der stillen Gesellschaft das sogenannte Gesamthandsvermögen im Vordergrund, § 719 BGB. Die **„Einheit der Gesellschaft"** wird besonders bei den Personen**(handels)**gesellschaften deutlich, die z.B. in eigenem Namen klagen und verklagt werden können. Jeder einzelne Gesellschafter (**„Vielheit der Gesellschafter"**) hat nur insoweit Rechte am Gesellschaftsvermögen, als die Rechte seiner Mitgesellschafter nicht eingegrenzt werden. Bezüglich der Rechtsfähigkeit der GbR hat der BGH diese explizit mit Urteil vom 29.01.2001 anerkannt.

4.2.3.2.2 Die Rechtsnatur der Personengesellschaft im Steuerrecht

Würde die „Einheit der Gesellschaft" auch steuerrechtlich gelten, gäbe es auch hier eine Trennung zwischen Gesellschafts- und Privatvermögen der Gesellschafter. Steuerlich würde daran eine entsprechende Handhabung wie bei juristischen Personen angeknüpft: Zahlungen, die die Personengesellschaft an ihren Gesellschafter für die Überlassung von Fremdkapital/Wirtschaftsgütern bzw. für Geschäftsführertätigkeiten entrichtet, würden bei ihr zu Aufwand/Betriebsausgaben führen. Indes ist die **Personengesellschaft im Steuerrecht kein eigenständiges einkommensteuerliches bzw. körperschaftsteuerliches Steuerrechtssubjekt**; die Einkommensbesteuerung findet vielmehr bei jedem einzelnen Gesellschafter, in Abhängigkeit davon, ob er eine natürliche oder juristische Person ist, statt („Vielheit der Gesellschafter"). Mithin ist die Personengesellschaft steuerlich nichts anderes als eine Aneinanderreihung von Einzelunternehmen der einzelnen Gesellschafter; Verträge zwischen dem Einzelunternehmer und seiner Unternehmung sind daher steuerlich in der Regel unwirksam.

Der Grundkonflikt der Besteuerung von Personengesellschaften zwischen Einheit der Gesellschaft und Vielheit der Gesellschafter zeigt sich ebenso im historischen Ablauf. So war zunächst im preußischen Einkommensteuerrecht (EStG 1891) die Einheit der Gesellschaft dominant: Der Personengesellschaft wurde steuerlich eine Rechtssubjektivität zuerkannt. Demnach wurde der Gesellschafter steuerlich wie ein fremder Dritter behandelt, wenn er Tätigkeiten für seine Personengesellschaft ausübte oder ihr Leistungen zukommen lies.

Insbesondere vor dem Hintergrund, dass nicht die Personengesellschaft, sondern der einzelne Gesellschafter einkommensteuerpflichtig ist, hob erstmals § 7 Nr. 3 EStG 1920 durch Schaffung des Begriffs „Mitunternehmer" hervor, dass es ein Unterschied vom Motiv her ist, ob ein Gesellschafter oder ein fremder Dritter der Personengesellschaft bestimmte Tätigkeiten anbietet. Während einerseits ein bloßer Kapital- oder Arbeitseinsatz im Vordergrund steht, sind andererseits sämtliche Vergütungen für Mühewaltungen im Interesse der Gesellschaft genauso Einkünfte aus Gewerbebetrieb, wie die Gewinnanteile aus einer Personengesellschaft. Im Rahmen dieser sog. **Bilanzbündel-**

theorie wurde der Gesellschafter einer Personengesellschaft steuerlich quasi wie ein gewerblicher Einzelunternehmer behandelt; die Vielheit der Gesellschafter dominierte. Die zivilrechtliche Gesamthandsgemeinschaft zerfiel mithin steuerlich in Teilbetriebe der einzelnen Gesellschafter. Diese Teilbetriebe enthielten die ohnehin dem einzelnen Gesellschafter alleine zustehenden Wirtschaftsgüter, die er der Gesellschaft zur Nutzung überlassen hatte, und seine quotenmäßigen Anteile an den Wirtschaftsgütern des Gesamthandsvermögens. Die Personengesellschaft war kein eigenständiges Gebilde mehr, sondern nur noch eine **Bündelung** der Einzelbetriebe der einzelnen Gesellschafter. Dahinter stand die Idee, dass die Mitgliedschaft in einer Personengesellschaft als Gewerbebetrieb zu sehen ist, da nicht die Gesellschaft den Gewerbebetrieb führt, sondern die Gesellschafter. Wäre die Bilanzbündeltheorie in der Rechtsprechung des letzten Jahrhunderts konsequent angewandt worden, so hätte für jeden Gesellschafter eine unterschiedliche Ausübung von Bilanzierungs- und Bewertungswahlrechten erfolgen können, was aber so nicht durchgeführt wurde.

Die Rechtsprechung und abschließend das bereits zitierte Urteil des Großen Senats vom 25.06.1984 erkannten jedoch, dass diese Denkweise der gesellschaftsrechtlichen Kodifizierung der Personengesellschaft widersprach. Denn die Bilanzbündeltheorie hatte z.B. auch die Konsequenz, dass keinerlei Geschäfte mehr zwischen Gesellschaft und Gesellschafter steuerlich wie unter fremden Dritten möglich waren, selbst wenn diese nicht im Gesellschaftsverhältnis motiviert sind. So entwickelte sich das „**Neue Steuerrecht der Personengesellschaft**" als ausgewogene Konfliktlösung zwischen Einheit der Gesellschaft und Vielheit der Gesellschafter: Die „**Lehre vom Sonderbetrieb**", wonach es einen gesamthänderischen Betriebskern und daneben die (Sonder-)Betriebe der einzelnen Gesellschafter gibt. Diese beiden gemeinsam bilden die Mitunternehmerschaft; entscheidend für die Qualifikation der Einkunftsart ist mithin die Intention der Geschäfte zwischen Gesellschaft und Gesellschafter. Soweit der Gesellschafter Leistungen an seine Gesellschaft zur Förderung des Gesellschaftszwecks erbringt, wird er (mit-)unternehmerisch tätig; es liegen Einkünfte aus Gewerbebetrieb vor, da quasi eine besondere Art der Gewinnverteilung gegeben ist. Genauso sind aber auch Geschäfte zwischen den beiden Sphären denkbar, deren Motivation der zwischen fremden Dritten entspricht.

4.2.3.2.3 Anwendungsvoraussetzungen und Anwendungsbereich des § 15 Abs. 1 S. 1 Nr. 2 EStG

Nach dem Wortlaut des § 15 Abs. 1 S. 1 Nr. 2 EStG könnte man vermuten, dass bei einer OHG und einer KG immer eine Mitunternehmerschaft existiert. Indes prüft die Rechtsprechung auch bei diesen Personenhandelsgesellschaften ebenso wie bei BGB-Gesellschaften, stillen Gesellschaften, Reedereien und Unterbeteiligungen stets, ob überhaupt der Gesellschafter **Mitunternehmer** ist. Zwei Merkmale konkretisieren gemäß Rechtsprechung diesen **unbestimmten Rechtsbegriff: Unternehmerrisiko**, d.h. insbesondere Beteiligung an Gewinn, Verlust und stillen Reserven, plus **Unternehmer-**

initiative, d.h. z.B. Geschäftsführungs- oder Vertretungsbefugnis. Beide Merkmale müssen vorliegen, jedoch ist eine gleichmäßige Ausprägung dieser Merkmale nicht zwingend erforderlich. Am Beispiel eines Kommanditisten kann gezeigt werden, dass dieser nur schwach ausgeprägte Mitunternehmerinitiativrechte hat und sein Mitunternehmerrisiko ist hinsichtlich des Verlustes auf die Höhe seiner Hafteinlage begrenzt. Bei einer späteren Veräußerung seiner Anteile ist er jedoch vollumfänglich an den stillen Reserven beteiligt, die im gesamten Umfang der Besteuerung unterliegen. Erfüllt der Gesellschafter diese **beiden** Merkmale, dann werden durch § 15 Abs. 1 S. 1 Nr. 2 EStG bei **gewerblichen** Personengesellschaften nicht nur die Gewinnanteile, sondern auch die Tätigkeitsvergütungen, die Fremdkapitalzinsen und die Pachtzinsen als sog. **Sondervergütungen** zu Einkünften aus Gewerbebetrieb umqualifiziert, auch wenn sie den allgemeinen Abgrenzungskriterien nach eher einer anderen Einkunftsart zuzurechnen wären.

4.2.3.2.4 Die Ermittlung der Gewinnanteile der Mitunternehmer

Zwar ist nicht die Personengesellschaft, sondern die einzelnen Gesellschafter sind einkommensteuerpflichtig (Transparenzprinzip); dies ändert jedoch nichts daran, dass die Gewinnermittlung von der Gesellschaft vorzunehmen ist.[14] Dabei handelt es sich um eine eigenständige Steuerbilanz der Personengesellschaft und nicht um eine Zusammenfassung originärer Bilanzen der Teilbetriebe der einzelnen Gesellschafter wie bei der Bilanzbündeltheorie. Genauer gesagt geht es bei dieser **Steuerbilanz 1. Stufe** um die Bilanz des gesamthänderischen Kerns der Personengesellschaft.

Entscheidend ist, dass diese Steuerbilanz der Personengesellschaft **nicht** hinsichtlich der Sondervergütungen i.S.v. § 15 Abs. 1 S. 1 Nr. 2 EStG zu korrigieren sind, sondern diese mindern wie in der Handelsbilanz als Aufwand, hier genauer: Betriebsausgaben, den Gewinn.

Die erste Stufe der Gewinnermittlung würdigt insoweit die Rechtsfähigkeit der Personengesellschaft, als dass in diesem Zusammenhang die Personengesellschaft als selbständig steuerpflichtig behandelt wird (Einheit der Gesellschafter). Daraus folgt hinsichtlich der Bilanzierungs- und Bewertungswahlrechte, dass diese einheitlich auf Ebene der Personengesellschaft ausgeübt werden müssen. Das Prinzip der einheitlichen Gewinnermittlung wird auf Ebene der Personengesellschaft im Rahmen der personenbezogenen Steuervergünstigungen durchbrochen, wie bspw. bei den Sonderabschreibungen i.S.d. § 7a Abs. 7 EStG. Um eine einheitliche Bewertung in diesen Fällen auf Ebene der ersten Gewinnermittlungsstufe sicherzustellen, wird auf das Instrument der Ergänzungsbilanzen zurückgegriffen, in dem dann der Gesellschafter, der die personenbezogene Steuervergünstigung in Anspruch nehmen kann, diese in seiner Ergänzungsbilanz ausweist. Ein weiteres wichtiges Anwendungsfeld für Ergänzungsbilanzen ist der Gesellschafterwechsel. Diese verfolgen auch hier den Zweck

---

[14] Zur einheitlichen und gesonderten Gewinnermittlung siehe §§ 179 ff. AO.

einer Angleichung der Bewertungs- und Bilanzierungsunterschiede zwischen dem Gesamthandsvermögen der Personengesellschaft und den Anschaffungskosten des Gesellschaftsanteils. Die Existenz der Ergänzungsbilanzen ist Ausfluss der in § 39 AO kodifizierten wirtschaftlichen Betrachtungsweise. Aus § 39 Abs. 2 Nr. 2 AO lässt sich sinngemäß eine Rechtsgrundlage für Ergänzungsbilanzen ableiten.

4.2.3.2.5 Die Gewinnermittlung in den Sonderbetrieben der Mitunternehmer

Der mittels der Steuerbilanz 1. Stufe ermittelte Gewinn oder Verlust der Personengesellschaft ist entsprechend gesetzlicher bzw. vertraglicher Vereinbarungen auf die einzelnen Gesellschafter aufzuteilen. In diesem ersten Schritt ging es allerdings nur um die Gewinnermittlung für den gesamthänderischen Kern der Personengesellschaft, also das Gesamthandsvermögen. Daneben gibt es indes Wirtschaftsgüter, die lediglich einem Gesellschafter gehören, die dieser „seiner" Personengesellschaft zur Nutzung überlässt.

Die Qualifikation eines derartigen Wirtschaftsgutes als **(Sonder-)Betriebsvermögen I** leitet sich unmittelbar aus § 15 Abs. 1 S. 1 Nr. 2 EStG ab: Wenn auch die Sondervergütungen zu den Einkünften aus Gewerbebetrieb gehören, dann müssen auch die zur Erzielung dieser Sondervergütungen eingesetzten Wirtschaftsgüter Betriebsvermögen sein, obwohl sie kein Gesamthandsvermögen darstellen (vgl. R 4.2 Abs. 2 EStR). Dieses Vorgehen ist notwendig und ergibt sich aus dem Beitragsgedanken, denn Leistungsbeziehungen zwischen Gesellschaft und Gesellschafter dienen bei wirtschaftlicher Betrachtungsweise der Förderung des gemeinsamen Gesellschaftszwecks.

Zu beachten sind dabei insbesondere drei Aspekte:

- Neben Sonderbetriebsvermögen I gibt es sog. **Sonderbetriebsvermögen II**. Dabei handelt es sich um Wirtschaftsgüter, die dazu bestimmt sind, der Beteiligung des Gesellschafters an der Gesellschaft zu dienen, z.B. die Anteile eines Kommanditisten an der Komplementär-GmbH bei einer GmbH & Co. KG, sofern die Komplementär-GmbH keinen eigenen Geschäftsbetrieb mit wirtschaftlicher Bedeutung ausübt bzw. dieser nicht mit der wirtschaftlichen Tätigkeit der KG zusammenhängt.

- Nimmt z.B. der Gesellschafter zum Erwerb seiner Beteiligung an der Personengesellschaft ein Darlehen auf, existiert neben positivem auch **negatives Sonderbetriebsvermögen**.

- Gehören die Wirtschaftsgüter des Sonderbetriebsvermögens bereits zu einem eigenen Gewerbebetrieb des Gesellschafters, ändert dies nichts an deren Erfassung als Sonderbetriebsvermögen bei der Personengesellschaft, da es beim Sonderbetriebsvermögen nicht um dessen Deklaration als Betriebsvermögen, sondern um den Beitragsgedanken geht (Aufgabe der sog. Subsidiaritätsthese).

Das Sonderbetriebsvermögen und die daraus resultierenden Sondervergütungen werden in den **Sonderbilanzen der Gesellschafter** erfasst. Dabei handelt es sich nicht um selbständige Betriebe der Gesellschafter, sondern um einen steuerlichen Teil der wirtschaftlichen Einheit Personengesellschaft. Zuständig für die Aufstellung dieser **Steuerbilanz 2. Stufe** ist gemäß BFH vom 23.10.1990 die Personengesellschaft. Die Gewinnermittlungsmethode ist auf der zweiten Stufe die gleiche wie auf der ersten Stufe. Sonderbilanzen sind systematisch von Ergänzungsbilanzen zu trennen. Ergänzungsbilanzen gehören zur ersten Stufe der Gewinnermittlung und betreffen Bilanzansatz- und bewertung von Wirtschaftsgütern der Gesamthand der Personengesellschaft. Die der zweiten Stufe der Gewinnermittlung zugehörigen Sonderbilanzen hingegen betreffen Wirtschaftsgüter, die im Eigentum des Gesellschafters stehen. Wie beim Betriebsvermögen auch, existiert notwendiges und gewillkürtes Sonderbetriebsvermögen.

In der (konsolidierten/strukturierten) Gesamtbilanz der Personengesellschaft werden die in der Steuerbilanz 1. Stufe als Betriebsausgabe abgezogenen Sondervergütungen mithin wieder hinzugerechnet. Die Einkünfte aus Gewerbebetrieb des Gesellschafters gemäß § 15 Abs. 1 S. 1 Nr. 2 EStG setzen sich also aus seinem Gewinnanteil gemäß Steuerbilanz 1. Stufe und dem Ergebnis (seiner) Steuerbilanz 2. Stufe zusammen.

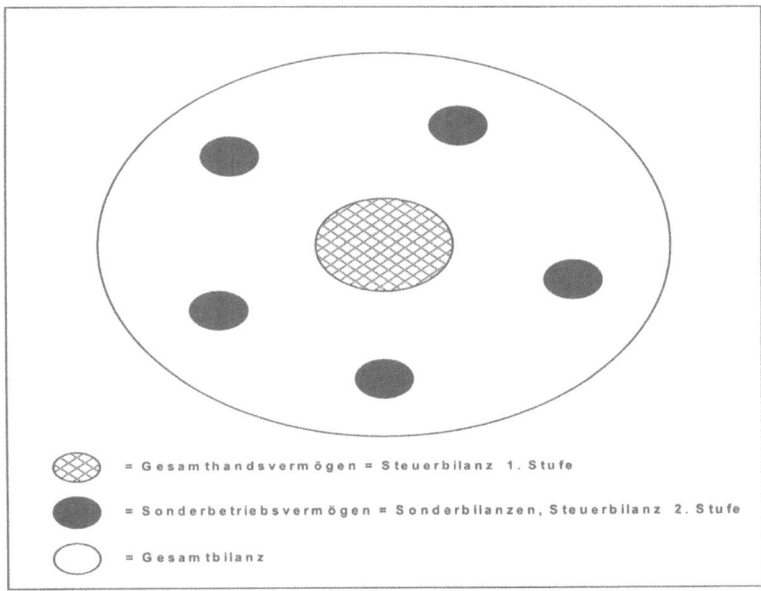

= Gesamthandsvermögen = Steuerbilanz 1. Stufe

= Sonderbetriebsvermögen = Sonderbilanzen, Steuerbilanz 2. Stufe

= Gesamtbilanz

Abb. 7: Die Gesamtbilanz einer Mitunternehmerschaft

4.2.3.3 Einkünfte der persönlich haftenden Gesellschafter einer KGaA

Eine KGaA unterliegt grundsätzlich gemäß § 1 Abs. 1 Nr. 1 KStG der Körperschaftsteuer. Bei der Ermittlung des körperschaftsteuerlichen Einkommens sind der Gewinnanteil des persönlich haftenden Gesellschafters und dessen Sondervergütungen abzuziehen, § 9 Abs. 1 Nr. 1 KStG.

Der persönlich haftende Gesellschafter einer KGaA hat seine Einkünfte gemäß § 15 Abs. 1 S. 1 Nr. 3 EStG als Einkünfte aus Gewerbebetrieb zu besteuern. Er ist jedoch kein Mitunternehmer, wird jedoch wie ein Mitunternehmer behandelt. Zu den gewerblichen Einkünften gehören demzufolge auch Vergütungen für eine Tätigkeit im Dienste der Gesellschaft, für die Hingabe von Darlehen oder für die Überlassung von Wirtschaftsgütern. Wie bei einer klassischen KG gehört das der KGaA überlassene Wirtschaftsgut oder Darlehen zum Sonderbetriebsvermögen des Komplementärs. Die Vergütungen, die dem Komplementär hieraus zufließen, sind Sondervergütungen.

Ist der Komplementär auch am Grundkapital der KGaA beteiligt, rechnen die darauf entfallenden Gewinnanteile zu den Einkünfte aus Kapitalvermögen und unterliegen dem in Kapitel 4.5 beschriebenen Halbeinkünfteverfahren (ab 2009 der Abgeltung-steuer bzw. bei Anteilsbesitz in einem Betriebsvermögen dem Teileinkünfteverfahren).

4.2.4 Einkünfte aus aperiodischen Geschäftsvorfällen

Gemäß der Reinvermögenszugangstheorie fallen unter die Einkünfte aus Gewerbebetrieb nicht nur die Einkünfte aus laufender Geschäftstätigkeit, sondern auch die aus aperiodisch auftretenden Geschäftsvorfällen. Dabei sind insbesondere **die Veräußerung und Aufgabe eines Geschäftsbetriebes** sowie die Veräußerung einer im Privatvermögen gehaltenen **(wesentlichen) Beteiligung an einer Kapitalgesellschaft** zu beachten.

4.2.4.1 Veräußerung und Aufgabe eines Geschäftsbetriebes

Zu den Einkünften aus Gewerbebetrieb zählen gemäß § 16 Abs. 1 EStG auch Gewinne, die erzielt werden bei der **Veräußerung**

- des ganzen Gewerbebetriebes oder eines Teilbetriebes. Ein Teilbetrieb ist dabei auch die im Betriebsvermögen gehaltene 100 %-ige Beteiligung an einer Kapitalgesellschaft,

- eines Mitunternehmeranteils und

- des Anteils eines persönlich haftenden Gesellschafters einer KGaA.

  Der Veräußerungsgewinn ist dabei wie folgt zu ermitteln:

  Veräußerungserlös

  - Veräußerungskosten

  - (anteilige) Buchwerte der bilanzierten Wirtschaftsgüter

  = Veräußerungsgewinn.

Durch § 16 Abs. 3 EStG wird die **Aufgabe**[15] eines Gewerbebetriebes der Veräußerung gleichgesetzt. Dabei tritt an die Stelle des Veräußerungserlöses der gemeine Wert der Wirtschaftsgüter und anstelle der Veräußerungskosten die Betriebsaufgabekosten.

---

15 Die Betriebsaufgabe wird als eine Sonderform der Entnahme, nämlich der Totalentnahme, gewertet. Entscheidendes Merkmal einer Betriebsaufgabe ist es, dass der Betrieb als selbständiger Organismus des Wirtschaftslebens aufhört zu existieren. Dem liegt ein Entschluss des Steuerpflichtigen zu Grunde (unabhängig, ob er freiwillig gefasst wurde oder nicht), den Betrieb aufzugeben, in dem die bisher in diesem Betrieb entfaltete Tätigkeit endgültig eingestellt wird sowie alle wesentlichen Betriebsgrundlagen in einem einheitlichen Vorgang äußerlich erkennbar in das Privatvermögen überführt oder fremden Zwecken zugeführt wird.

Obwohl eine Aufteilung der Einkünfte aus Gewerbebetrieb in laufende und unregelmäßig auftretende Gewinne steuersystematisch nicht notwendig ist, fällt ihr doch insoweit eine Relevanz zu, als dass für aperiodische Geschäftsvorfälle einige **Vergünstigungen** gewährt werden:

- Hat der steuerpflichtige Veräußerer das 55. Lebensjahr vollendet oder ist er dauernd berufsunfähig, bleiben Veräußerungsgewinne auf Antrag einmalig bis zu einer Höhe von 45.000 € steuerfrei, § 16 Abs. 4 EStG. Der Freibetrag ermäßigt sich jedoch um den Betrag, um den der Veräußerungsgewinn 136.000 € übersteigt.

- Die Besteuerung außerordentlicher Einkünfte, wie dem Veräußerungsgewinn gemäß § 16 EStG, erfolgt gem. § 34 EStG entweder im Rahmen der sog. Fünftelregelung[16] nach § 34 Abs. 1 EStG oder es wird gemäß § 34 Abs. 3 EStG eine Tarifbegrenzung eingeräumt. Diese Tarifbegünstigung wird gewährt, soweit die außerordentlichen Einkünfte 5 Millionen € nicht übersteigen. Sie beträgt ab dem Veranlagungszeitraum 2004 56 % des durchschnittlichen Steuersatzes, der sich ergibt, wenn die tarifliche Einkommensteuer nach dem gesamten zu versteuernden Einkommen zuzüglich der unter Progressionsvorbehalt stehenden Einkünfte zu bemessen wäre. Ermittelt wird der ermäßigte Steuersatz, indem die Tarifbelastung, die auf das gesamte (also inklusive der außerordentlichen Einkünfte) zu versteuernde Einkommen entfällt, berechnet und auf dieses bezogen wird. Der so ermittelte Durchschnittssteuersatz wird mit 56 % multipliziert und auf die außerordentlichen Einkünfte angewendet; der Eingangssteuersatz i.H.v. 15 % darf dabei jedoch nicht unterschritten werden. Für das nach Normaltarif zu versteuernde Einkommen wird die Tarifbelastung unabhängig von dieser Berechnung neu ermittelt (vgl. Beispiele in H 34.2 EStR).

- Ein über die Einkommensteuer hinausgehender Vorteil ist darin zu finden, dass die Gewinne aus der Veräußerung eines Gewerbebetriebes nicht gewerbesteuerpflichtig sind. Dies entspricht dem Charakter der Gewerbesteuer, da diese nur Gewinne aus werbender Tätigkeit in ihre Bemessungsgrundlage mit einbezieht, Abschnitt 38 Abs. 3 GewStR. Bei der Veräußerung von Anteilen von Mitunternehmerschaften ist hinsichtlich der Beurteilung, ob eine Gewerbesteuerpflicht vorliegt, § 7 GewStG einschlägig. Entfällt der Veräußerungsgewinn nicht auf eine natürliche Person, so unterliegt dieser der Gewerbesteuer. Da die Veräußerung eines Gewerbebetriebes allerdings mit Ausnahme der Fälle in § 7 GewStG nicht der Gewerbesteuer unterliegt, ist folglich auch die Vergünstigung nach § 35 EStG nicht zu gewähren.

---

[16] Vgl. Gliederungspunkt 6.1.2.3.

4.2.4.2 Veräußerung von Anteilen an Kapitalgesellschaften

„Zu den Einkünften aus Gewerbebetrieb gehört auch der Gewinn aus der Veräußerung von Anteilen an einer Kapitalgesellschaft, wenn der Veräußerer innerhalb der letzten fünf Jahre am Kapital der Gesellschaft mittelbar oder unmittelbar zu **mindestens 1 %** beteiligt war", § 17 Abs. 1 S. 1 EStG. Auch wenn die Beteiligung zum Zeitpunkt der Veräußerung diese Grenze unterschreitet, ist der Gewinn trotzdem zu versteuern, wenn nur an einem Zeitpunkt innerhalb der letzten fünf Jahre eine wesentliche Beteiligung bestanden hat. Relevanz hat § 17 EStG jedoch nur für Anteile, die vom Steuerpflichtigen im Privatvermögen gehalten werden.

Der **Veräußerungsgewinn** ist der Betrag, um den der Veräußerungspreis nach Abzug der Veräußerungskosten die Anschaffungskosten übersteigt, § 17 Abs. 2 EStG. Der Veräußerungsgewinn ist jedoch nach § 17 Abs. 3 EStG nur zur Einkommensteuer heranzuziehen, soweit er den Teil von 9.060 € übersteigt, der dem veräußerten Anteil an der Kapitalgesellschaft entspricht. Der Freibetrag ermäßigt sich aber um den Betrag, um den der Veräußerungsgewinn den Teil von 36.100 € übersteigt, der dem veräußerten Anteil an der Kapitalgesellschaft entspricht, § 17 Abs. 3 EStG. Veräußerungsverluste sind nur unter den in § 17 Abs. 2 S. 6 EStG genannten Voraussetzungen zu berücksichtigen.

Durch die Einführung des Halbeinkünfteverfahrens haben sich entscheidende Auswirkungen auf die Bestimmung des Veräußerungsgewinns ergeben. Nach § 3 Nr. 40c EStG ist lediglich die Hälfte des Veräußerungserlöses sowie die Hälfte der Veräußerungskosten und Anschaffungskosten der Anteile zu berücksichtigen. Ein Veräußerungsverlust kann demnach auch nur zur Hälfte berücksichtigt werden. Erst nachdem das Halbeinkünfteverfahren zur Bestimmung des Veräußerungsgewinns angewandt worden ist, ist zu prüfen, ob der Veräußerungsgewinn aufgrund des Freibetrages nicht steuerfrei bleibt. Der Freibetrag ist dann noch ggf. um den Betrag zu reduzieren, um den der Veräußerungsgewinn den Teil von 36.100 € übersteigt.

Beispiel: Der Steuerpflichtige S. verkauft in 2008 seinen 10 %-Anteil an der T-AG für 40.000 €. Die Anschaffungskosten betrugen 10.000 €.

Wie hoch ist der nach § 17 EStG zu versteuernde Veräußerungsgewinn?

Der Veräußerungsgewinn ist unter Anwendung des Halbeinkünfteverfahrens zu bestimmen. Die Berechnung gestaltet sich wie folgt: (40.000 € – 10.000 €) x 0,5 = 15.000 €. Der in § 17 Abs. 3 S. 1 EStG genannte Freibetrag ist anteilig auf die 10 %-ige Beteiligung aufzuteilen und beträgt deshalb 906 €. Dieser Freibetrag ermäßigt sich nach § 17 Abs. 3 S. 2 EStG um den Teil, um den der Veräußerungsgewinn anteilig 36.100 €, also bezogen auf die 10 %-ige Beteiligung 3.610 €, übersteigt. Der Veräußerungsgewinn beträgt 15.000 € und übersteigt somit die berechneten 3.610 € um 11.390 €, sodass sich der Freibetrag des § 17 Abs. 3 S. 1 EStG auf 0 reduziert. Als Veräußerungsgewinn i.S.d. § 17 Abs. 1 EStG sind 15.000 € steuerpflichtig.

Der Geltungsbereich des § 17 EStG wird durch § 23 Abs. 2 EStG jedoch eingegrenzt. Werden Anteile an einer Kapitalgesellschaft, bei denen der Zeitraum zwischen Anschaffung und Veräußerung nicht mehr als ein Jahr beträgt, veräußert, so ist der Veräußerungsgewinn nach § 23 EStG und nicht nach § 17 EStG zu versteuern. Der Unterschied besteht darin, dass für Veräußerungsgewinne, die von § 17 EStG erfasst werden, ein Freibetrag gewährt wird. Für Veräußerungsgewinne, die unter § 23 EStG fallen, wird lediglich eine Freigrenze von 512 € gewährt (§ 23 Abs. 3 S. 5 EStG; ab 2009: 600 €).

Ab 2009 wird das Halbeinkünfteverfahren nach § 3 Nr. 40 EStG abgeschafft und durch das sog. Teileinkünfteverfahren ersetzt. Damit steigt der ursprünglich steuerpflichtige Anteil von 50 % auf 60 %. Zudem ist bei der Veräußerung von privatem Kapitalvermögen zu unterscheiden: Beträgt die Beteiligung mindestens 1 %, erfolgt die Besteuerung gem. § 17 EStG. Beträgt die Beteiligung weniger als 1 %, erfolgt die Besteuerung gem. § 20 Abs. 2 EStG und der Veräußerungsgewinn unterliegt dann der Abgeltungsteuer i.H.v. 25 %.[17]

4.2.5 Besonderheiten der Einkünfte aus Gewerbebetrieb

Für Einkünfte aus Gewerbebetrieb, die der Steuerpflichtige nicht aus seinem Betrieb entnimmt, kann auf Antrag ein Steuersatz von 28,25 % angewandt werden, § 34a EStG. Werden diese thesaurierten Gewinne dann später entnommen, erfolgt eine Nachversteuerung i.H.v. 25 %.[18]

Um die Doppelbelastung von laufenden gewerblichen Einkünften mit Einkommensteuer und Gewerbesteuer abzuschwächen, ermöglicht § 35 EStG eine Ermäßigung der Einkommensteuer im Umfang des 3,8fachen Gewerbesteuer-Messbetrags. Der Anrechnungsfaktor i.H.v. 1,8 wurde im Rahmen der Unternehmensteuerreform 2008 auf 3,8 erhöht.

Eine Ermäßigung ist jedoch nicht unbegrenzt möglich. Im Rahmen des JStG 2008 wurde die Berechnung eines Ermäßigungshöchstbetrags ins Gesetz aufgenommen:

$$\text{Ermäßigungshöchstbetrag} = \frac{\textit{Summe der positiven gewerblichen Einkünfte}}{\textit{Summe aller positiven Einkünfte}} \ \textit{x geminderte tarifliche Steuer}$$

Maximal kann jedoch die tatsächlich gezahlte Gewerbesteuer angerechnet werden, § 35 Abs. 1 S. 2 EStG.

Zu den gewerblichen Einkünften zählen die der Gewerbesteuer unterliegenden Gewinne und Gewinnanteile. Die geminderte tarifliche Steuer wird als tarifliche Steuer

---

[17] Vgl. Gliederungspunkt 4.5.3.
[18] Vgl. Gliederungspunkt 6.1.2.4.

nach Abzug von Beträgen auf Grund der Anwendung von zwischenstaatlichen Abkommen und nach Anrechnung der ausländischen Steuern nach § 34c Abs. 1 und 6 EStG und § 12 AStG verstanden.

Da Sinn und Zweck der Norm die Vermeidung der Doppelbelastung mit Einkommensteuer und Gewerbesteuer ist, müssen die gewerblichen Einkünfte der Gewerbesteuer unterlegen haben. Deshalb fallen Veräußerungsgewinne i.S.d. §§ 16, 17 EStG grundsätzlich nicht in den Anwendungsbereich des § 35 EStG, es sei denn, die Veräußerungsgewinne sind gewerbesteuerpflichtig (bspw. die Veräußerung eines Teils eines Mitunternehmeranteils i.S.d. § 16 Abs. 1 S. 2 EStG). Die Anrechnung des Gewerbesteuer-Messbetrages kann ins Leere laufen, wenn der Gewerbeertrag, also die Bemessungsgrundlage der Gewerbesteuer, bedingt durch die Hinzurechnungen in § 8 GewStG positiv ist, aber einkommensteuerlich negative Einkünfte aus Gewerbebetrieb vorliegen.

Bei Mitunternehmerschaften richtet sich die Verteilung des Gewerbesteuer-Messbetrages nach dem allgemeinen Gewinnverteilungsschlüssel, wobei Vorabgewinne nicht berücksichtigt werden (§ 35 Abs. 2 Satz 2 EStG). Der allgemeine Gewinnverteilungsschlüssel ist in aller Regel die sich aus den gesetzlichen Vorschriften des HGB, BGB oder dem Gesellschaftsvertrag ergebende Regelung. In diesem Zusammenhang ist zu beachten, dass steuerlich zu berücksichtigende Sondervergütungen nicht die handelsrechtliche Gewinnverteilungsregel tangieren. Ein Gesellschafter, der Sondervergütungen bezieht, bekommt, wenn keine Vorkehrungen im Gesellschaftsvertrag getroffen sind, einen zu niedrigen Gewerbesteuermessbetrag zugewiesen als ein Gesellschafter, der keine Sondervergütungen bezieht. Wenn dies nicht gewünscht wird, ist im Gesellschaftsvertrag ein Passus aufzunehmen, der die Sondervergütungen im Rahmen des Gewinnverteilungsschlüssels berücksichtigt.

Durch das JStG 2008 wird das gerade durch die Rechtsprechung[19] durchgesetzte (und im BMF-Schreiben vom 19.09.2007[20] verankerte) Meistbegünstigungsprinzip abgeschafft:

Verluste können nicht mehr vorrangig mit nicht gemäß § 35 EStG begünstigten Einkünften verrechnet werden (Meistbegünstigungsprinzip).

Die neue Formel zur Errechnung des Ermäßigungshöchstbetrags erinnert an das von der Finanzverwaltung früher vertretene Verhältnismäßigkeitsprinzip.

Der Einbezug der gewerblichen Einkünfte erfolgt in der Höhe, die sich nach dem horizontalen Verlustausgleich ergibt. Bezieht bspw. ein Einzelunternehmer mit zwei Gewerbebetrieben in dem einen Gewerbebetrieb positive Einkünfte und in dem anderen Gewerbebetrieb negative Einkünfte in der gleichen Höhe, so kommt eine Steuerermäßigung nach § 35 EStG nicht in Betracht. Aufgrund des Verlustausgleiches liegen keine

---

[19] Vgl. BFH vom 27.09.2006, BStBl. II 2007, S. 694
[20] Vgl. BMF vom 19.09.2007, BStBl. I 2007, S. 701

Einkünfte aus Gewerbebetrieb vor, da sie durch den horizontalen Verlustausgleich in der Summe 0 betragen.[21]

Folgendes Beispiel soll die Berechnung des Ermäßigungshöchstbetrags i.S.d. § 35 EStG verdeutlichen:

Steuerpflichtiger A ist ledig. Er bezieht im Veranlagungszeitraum 2008 folgende Einkünfte:

Einkünfte aus Gewerbebetrieb i.S.d. § 15 EStG	200.000,00 €
Einkünfte aus der Veräußerung eines Betriebs i.S.d. § 16 EStG	300.000,00 €
Einkünfte aus Vermietung und Verpachtung i.S.d. § 21 EStG	-350.000,00 €
Sonderausgaben	70.000,00 €
Einkommen = zu versteuerndes Einkommen	80.000,00 €
Tarifliche Einkommensteuer	25.686,00 €

Es interessiert nun, wie hoch der Anteil der durch § 35 EStG begünstigten gewerblichen Einkünfte an der tariflichen Einkommensteuer ist. Hierzu werden die gewerblichen Einkünfte in die oben beschriebene Formel eingesetzt:

$$\textit{Ermäßigungshöchstbetrag:} \quad \frac{\textit{200.000 € x 25.686 €}}{\textit{500.000 €}} = \textit{10.274 €}$$

Es wird weiter unterstellt, dass der Gewerbesteuer-Messbetrag 6.142,50 € betragen möge.[22]

Das 3,8-fache hiervon beträgt 23.342 €, maximal anrechenbar ist aber nur der Ermäßigungshöchstbetrag i.H.v. 10.274 € (bzw. die tatsächlich gezahlte Gewerbesteuer, die aber höher ist und deshalb in diesem Fall nicht zu berücksichtigen ist).

Das Ergebnis ist wie folgt zu interpretieren: Um die Doppelbelastung durch Einkommen- und Gewerbesteuer abzumildern, wird das 3,8fache des Gewerbesteuer-Messbetrags (im Beispiel: 23.342 €), maximal jedoch der Ermäßigungshöchstbetrag (im Beispiel in Höhe von 10.274 €) auf die tarifliche Einkommensteuer angerechnet:

---

21 Vgl. Gesetzesbegründung JStG 2008, BT-Drs. 16/7036, S. 21; nach dem Gesetzeswortlaut wäre ein Verlustausgleich jedoch nicht möglich; vgl. zu den Unterschieden in Gesetzeswortlaut und -begründung: Korezkij L., Der neue § 35 Abs. 1 S. 2 EStG: Ein „Nichtanwendungsgesetz" oder eine gesetzgeberische Panne?, in: DStR 2008, S. 491 ff.

22 Der Gewinn gem. § 15 EStG entspreche dem Gewerbeertrag gem. § 7 GewStG.
GewSt-Messbetrag i.S.d. § 11 GewStG: (200.000 € – 24.500 €) x 3,5% = 6.142,50 €
GewSt bei Hebesatz = 400 %: 6.142,50 € x 400% = 24.570 €.

Tarifliche Einkommensteuer	25.686 €
Abzüglich Ermäßigung gem. § 35 EStG	-10.274 €
Festzusetzende Einkommensteuer	15.412 €

Durch die Anrechnung der Gewerbesteuer auf die tarifliche Einkommensteuer wird eine einkommensteuerliche Entlastung erreicht und zumindest bei gewerbesteuerlichen Hebesätzen bis 400 % (rechnerisch genau: 400,9 %) die Gewerbesteuerbelastung ausgeglichen.

Gerechtfertigt wird die Abzugsfähigkeit der Gewerbesteuer von der auf gewerbliche Einkünfte entfallenden Einkommensteuer mit der Tatsache, dass Einkünfte aus Gewerbebetrieb bereits der Gewerbesteuer unterlegen haben und eine Doppelbelastung verringert werden soll. Damit verbunden ist jedoch eine Abweichung von der Gleichbehandlung der Einkünfte im Sinne einer synthetischen Einkommensteuer. Das Grundkonzept der Einkommensteuer wird durchbrochen und diese weist durch die gesonderte Behandlung der Einkünfte aus nur einer Einkunftsart Ansätze einer Schedulensteuer auf. Eine hierauf aufbauende und aus steuersystematischer Sicht sinnvolle Forderung einer Einschränkung oder gar Abschaffung der Gewerbesteuer umfasst jedoch eine über die betriebswirtschaftliche Steuerlehre hinausgehende Problematik, die hier nicht näher erörtert werden soll.

Hintergrund

Im Rahmen der Unternehmensteuerreform 2008 wurde die Abzugsfähigkeit der Gewerbesteuer als Betriebsausgabe abgeschafft. Gem. § 4 Abs. 5b EStG ist die Gewerbesteuer nun nicht mehr als Betriebsausgabe zu berücksichtigen bzw. wird als nicht abzugsfähige Betriebsausgabe behandelt. Zudem wurde die Gewerbesteuermesszahl von 5 % auf für alle Gewerbebetriebe einheitliche 3,5 % gesenkt (Abschaffung des Staffeltarifs).

Zur Kompensation der Mehrbelastung wurde der Anrechnungsfaktor von 1,8 auf 3,8 erhöht. Dadurch findet unter Einbeziehung des SolZ bis zu einem Hebesatz von 400 % (rechnerisch genau: 400,9 %; früher: 341 %) eine vollständige Entlastung für den Einzelunternehmer und die Personengesellschaft statt. Bei höheren Hebesätzen verbleibt eine endgültige steuerliche Belastung, bei niedrigeren Hebesätzen wird der Steuerermäßigungsbetrag auf die zu zahlende Gewerbesteuer beschränkt, § 35 Abs. 1 S. 2 EStG.

Beispiel:

Der Gewerbeertrag gem. § 7 GewStG beträgt 100 €.

Hebesatz = 400,9%

Gewerbesteuer:

Gewerbeertrag	x Messzahl	x Hebesatz	
100 €	x 3,5 %	x 400,9 %	= 14,03 €

Steuerermäßigung gem. § 35 EStG:

Gewerbeertrag	x Messzahl	x Faktor	
100 €	x 3,5 %	x 3,8	= 13,30 €

Minderung SolZ durch Steuerermäßigung:

5,5 % x 13,30 €	= 0,73 €

Steuerermäßigung gesamt	**14,03 €**

4.3 Einkünfte aus selbständiger Arbeit

4.3.1 Begriffsmerkmale und Arten selbständiger Arbeit

An einer allgemeinen Definition selbständiger Arbeit lässt es die Gesetzesgrundlage mangeln; § 18 Abs. 1 EStG führt jedoch eine Reihe von Berufen, die sog. Katalogberufe, und einige speziell abgegrenzte Arten von Einkünften bzw. Tätigkeiten auf.

Einkünfte aus selbständiger Arbeit sind demnach:

- Einkünfte aus **freiberuflicher Tätigkeit**. Dazu gehören die selbständig ausgeübte wissenschaftliche, künstlerische, schriftstellerische, unterrichtende oder erzieherische Tätigkeit, die selbständige Berufstätigkeit der Ärzte, Zahnärzte, Tierärzte, Rechtsanwälte, Notare, Patentanwälte, Vermessungsingenieure, Ingenieure, Architekten, Handelschemiker, Wirtschaftsprüfer, Steuerberater, beratenden Volks- und Betriebswirte, vereidigten Buchprüfer, Steuerbevollmächtigten, Heilpraktiker, Dentisten, Krankengymnasten, Journalisten, Bildberichterstatter, Dolmetscher, Übersetzer, Lotsen und ähnlicher Berufe. Ein Angehöriger eines freien Berufs ist auch dann freiberuflich tätig, wenn er sich der Mithilfe fachlich vorgebildeter Arbeitskräfte bedient. Voraussetzung ist jedoch, dass er aufgrund seiner eigenen Fachkenntnis leitend und eigenverantwortlich tätig wird. Eine Vertretung im Fall vorübergehender Verhinderung steht dem jedoch nicht entgegen, § 18 Abs. 1 Nr. 1 EStG;

- Einkünfte der Einnehmer einer staatlichen Lotterie, wenn diese nicht Einkünfte aus Gewerbebetrieb sind, § 18 Abs. 1 Nr. 2 EStG;

- Einkünfte aus sonstiger selbständiger Tätigkeit, z.B. Vergütungen für die Vollstreckung von Testamenten, für Vermögensverwaltung und für die Tätigkeit als Aufsichtsratsmitglied, § 18 Abs. 1 Nr. 3 EStG;

- der Gewinn, der bei der Veräußerung des Vermögens oder eines selbständigen Teils des Vermögens oder eines Anteils am Vermögen erzielt wird, das der selbständigen Arbeit dient, § 18 Abs. 3 EStG.

Da die Aufzählung der Einkünfte aus selbständiger Tätigkeit in § 18 Abs. 1 Nr. 1 EStG mit der Formulierung „und ähnliche Berufe" unvollständig bleibt, besteht weiterhin die Frage einer genauen Abgrenzung freiberuflicher Tätigkeit. Positiv ausgedrückt: Hinsichtlich des Passus des „ähnlichen Berufes" bleibt das Gesetz offen und kann so neue Berufsbilder würdigen. Ein ähnlicher Beruf liegt vor, wenn er in den wesentlichen Punkten mit den in § 18 Abs. 1 Nr. 1 EStG genannten Katalogberufen verglichen werden kann. Dies impliziert eine Vergleichbarkeit von Ausbildung und ausgeübter beruflicher Tätigkeit, was einen Nachweis der erforderlichen Kenntnisse voraussetzt. Auf der anderen Seite muss die ausgeübte Tätigkeit einen wesentlichen Teil der gesamten Berufstätigkeit ausmachen, um so der Tätigkeit das Gepräge eines freien Berufs zu geben.

Auf Grundlage der in § 18 EStG angeführten Aufzählung, der Rechtsprechung und den Erläuterungen der Finanzverwaltung, welche in H 15.6 EStR festgehalten werden, lassen sich wiederum **charakteristische Kriterien** zur Umschreibung selbständiger Tätigkeiten ableiten:

- Selbständigkeit,

- Nachhaltigkeit,

- Gewinnerzielungsabsicht und

- Beteiligung am allgemeinen wirtschaftlichen Verkehr.

Es wird jedoch deutlich, dass diese Kriterien mit den positiven Merkmalen zur Charakterisierung der Einkünfte aus Gewerbebetrieb übereinstimmen. Folglich sind gewerbliche und selbständige Einkünfte durch weitere Kriterien voneinander abzugrenzen.

4.3.2 Abgrenzung zu den Einkünften aus Gewerbebetrieb

Im Umkehrschluss zu der veralteten Auffassung, dass sich Gewerbebetriebe durch einen hohen Kapitaleinsatz des Unternehmers auszeichnen, wurde lange der selbständigen Arbeit ein hoher Arbeitseinsatz mit besonderer Fachkenntnis nachgesagt, doch auch dieses Abgrenzungskriterium scheint nicht mehr zeitgemäß. Zwar ist die Ausübung einer freiberuflichen Tätigkeit ohne den persönlichen Arbeitseinsatz des selbständig Tätigen undenkbar, dies trifft allerdings inzwischen auch auf eine große Anzahl der Gewerbetreibenden zu.

Grundsätzlich gilt jedoch, dass die Tätigkeit vom **Charakter** her **freiberuflich** sein muss und nicht gewerblich sein darf, um unter den Einkünften aus selbständiger Tätigkeit erfasst zu werden. Wie schwierig diese Abgrenzung jedoch fällt – und letztlich eine Einzelfallentscheidung beinhaltet -, wird deutlich, wenn man beachtet, dass z.B. Fahrschullehrer, mathematisch-technisch ausgebildete Kfz-Sachverständige, Fußballtrainer, Kunsthandwerker, Modeschöpfer, Synchronsprecher, Hebammen und Heilmasseure Einkünfte aus selbständiger Arbeit beziehen, Anlageberater, Artisten, Bauleiter, Berufssportler, Bezirksschornsteinfeger, Detektive, Fotomodelle, Heilrhythmisten, Hellseher, Krankenpflegehelfer, Makler, Marktforscher und Werbeberater hingegen Einkünfte aus Gewerbebetrieb (siehe im einzelnen H 15.6 EStR). Ein Indiz für das Vorliegen selbständiger Arbeit ist es zumindest, wenn die Ausübung des Berufs das Vorliegen einer Ausbildungsqualifikation, z.B. eine besondere Prüfung, erfordert.

4.3.3 Besonderheiten bei Einkünften aus selbständiger Arbeit

Für Einkünfte aus selbständiger Arbeit, die der Steuerpflichtige nicht aus seinem Betrieb entnimmt, kann auf Antrag ein Steuersatz von 28,25 % angewandt werden, § 34a EStG. Voraussetzung ist eine Einkommensermittlung gem. § 4 Abs. 1 EStG. Werden diese thesaurierten Gewinne dann später entnommen, erfolgt eine Nachversteuerung i.H.v. 25 %.[23]

Eine Konsequenz, warum Steuerpflichtige es tendenziell vorziehen, ihre Tätigkeit als freiberuflich qualifizieren zu lassen, liegt darin, dass Einkünfte aus selbständiger Arbeit nicht der Gewerbesteuer unterliegen.

Häufig schließen sich Selbständige zur Ausübung ihres Berufes zu einer Gesellschaft zusammen. In diesem Fall bestimmt § 18 Abs. 4 S. 2 EStG, dass die Grundsätze der Mitunternehmerschaft auf die freiberufliche Sozietät anzuwenden sind. Die Gesellschafter müssen allesamt die Merkmale eines Mitunternehmers erfüllen, also Mitunternehmerrisiko und Mitunternehmerinitiative tragen. Darüber hinaus ist es entscheidend, dass sie innerhalb der Gesellschaft die ihnen obliegenden Aufgaben aufgrund ihrer Fachkenntnisse leitend und eigenverantwortlich in einer freiberuflichen Weise durchführen (H 15.6 EStR). Dabei ist ein Zusammenschluss von Freiberuflern unterschiedlicher Berufsrichtungen, also bspw. Architekten oder Steuerberater, innerhalb einer Sozietät für steuerliche Zwecke möglich. Die Mitunternehmerschaft erzielt Einkünfte aus selbständiger Arbeit. Diese werden nur dann gewerblich infiziert, wenn sich eine Kapitalgesellschaft oder eine andere berufsfremde Person an der Gesellschaft beteiligt. Eine derartige Situation kann bspw. auch im Rahmen eines Erbfalls eintreten. Verstirbt ein Mitglied einer freiberuflichen Sozietät und verfügt der Erbe nicht über die notwendige berufliche Qualifikation, so erzielt die Sozietät fortan Einkünfte aus Gewerbebetrieb. Dies lässt sich nur dann umgehen, wenn entsprechende Nachfolgeklauseln im Gesellschaftsvertrag kodifiziert sind.

Betreibt eine freiberufliche Sozietät gemischte Tätigkeiten, also sowohl gewerbliche wie solche aus selbständiger Arbeit, kommt es durch den Verweis auf § 15 Abs. 3 Nr. 1 EStG dazu, dass die gesamte Tätigkeit als gewerbliche Tätigkeit zu qualifizieren ist, wenn eine Trennung der unterschiedlichen Tätigkeiten, z.B. im Rahmen einer getrennten Buchführung, nicht möglich ist. So erzielt ein Steuerberater, der im Rahmen seiner Sozietät als Treuhänder für eine Bauherrengemeinschaft tätig ist, ausschließlich Einkünfte aus Gewerbebetrieb, wenn diese Tätigkeit nicht von seiner eigentlichen Tätigkeit abgegrenzt wird.

---

[23] Vgl. Gliederungspunkt 6.1.2.4.

4.4 Einkünfte aus nichtselbständiger Arbeit

4.4.1 Begriffsmerkmale und Arten der Einkünfte aus nichtselbständiger Arbeit

Zur Umschreibung der Einkünfte aus nichtselbständiger Arbeit führt § 19 EStG mehrere mögliche Entlohnungsformen an, lässt es allerdings an einer allgemeingültigen Definition mangeln. Deutlich wird jedoch, dass die aus einem Dienstverhältnis resultierenden Einnahmen erfasst werden sollen, also die Entlohnung der **Arbeitnehmer**. Diese sind Personen, die im öffentlichen oder privaten Dienst angestellt oder beschäftigt sind oder waren und die aus diesem oder einem früheren Dienstverhältnis Arbeitslohn beziehen. Als Arbeitnehmer gelten dabei auch die Rechtsnachfolger dieser Personen, soweit sie Arbeitslohn aus dem früheren Dienstverhältnis ihres Rechtsvorgängers, wie z.B. Witwen- oder Waisengelder, beziehen, § 1 Abs. 1 LStDV.

Die Begriffsabgrenzung des klassischen Arbeitnehmers, wie sie in § 1 Abs. 1 LStDV vorgenommen wird, erfährt ihre Grenzen bei virtuellen Organisationskonzepten, die sich durch eine Auslagerung der Arbeit auf Heimarbeitsplätze auszeichnet. Via Internet kommuniziert der „Arbeitnehmer" mit seiner Organisation. Geprägt sind diese Arbeitsverhältnisse durch ein hohes Maß erfolgsabhängiger Entlohnungsformen, die sog. „stock options". In diesem Zusammenhang wird deutlich, dass der Arbeitnehmer vermehrt Unternehmerrisiko trägt. Dies rechtfertigt aber noch nicht die Umqualifikation der Einkünfte in solche aus selbständiger Arbeit oder aus Gewerbebetrieb. Vielmehr ist noch ein weiteres Indiz zu bemühen und zwar, ob der in der virtuellen Organisation tätige „Arbeitnehmer" werbend am Markt auftritt. Tritt dieser nicht selbst werbend am Markt auf, so bezieht er weiterhin Einkünfte aus nichtselbständiger Arbeit.

Ein Dienstverhältnis liegt vor, wenn der Angestellte dem Arbeitgeber seine Arbeitskraft schuldet. Dies ist der Fall, wenn der Angestellte unter der Leitung des Arbeitgebers steht oder dessen Weisungen zu folgen verpflichtet ist, § 1 Abs. 2 LStDV. Irrelevant ist dabei die Bedeutung der Arbeit, die Höhe und die Art der Entlohnung und der Grad der persönlichen Freiheit bei der Ausübung der Betätigung. Selbst wenn letztere ein großes Ausmaß annimmt, handelt es sich um nichtselbständige Arbeit, wenn dem Willen des Arbeitgebers entsprechend gehandelt wird. Ebenfalls irrelevant ist, ob der Arbeitnehmer die Vergütung vom Arbeitgeber oder von einer dritten Stelle bezieht, wie z.B. Trinkgelder.

Auch die **Art der Entlohnung** eignet sich nicht zur Charakterisierung von Einkünften aus nichtselbständiger Arbeit. Daher ist es ohne Bedeutung, ob der Arbeitnehmer ein festes Gehalt bezieht oder umsatz- bzw. erfolgsabhängig entlohnt wird. Arbeitslohn umfasst alle Einnahmen, gleich welcher Form, die dem Arbeitnehmer aus dem Dienstverhältnis zufließen, § 2 Abs. 1 S. 1 LStDV. Zu den Einkünften aus nichtselbständiger Arbeit gehören gemäß § 19 EStG, § 2 LStDV:

- Gehälter, Löhne, Gratifikationen, Tantiemen und andere Bezüge und Vorteile, die für eine Beschäftigung im öffentlichen oder privaten Dienst gewährt werden, § 19 Abs. 1 S. 1 Nr. 1 EStG. Arbeitslohn ist der Bruttoarbeitslohn, also die ungekürzte Einnahme aus dem Arbeitsverhältnis. Nach Auffassung des BFH gehören Lohnsteuer, Solidaritätszuschlag, Kirchensteuer und die Arbeitnehmeranteile zu den Sozialversicherungen nicht zum Arbeitslohn;

- Ausgaben, die ein Arbeitgeber leistet, um einen Arbeitnehmer oder diesem nahestehende Personen für den Fall der Krankheit, des Unfalls, der Invalidität, des Alters oder des Todes abzusichern, soweit der Arbeitnehmer dem ausdrücklich oder stillschweigend zustimmt, § 2 Abs. 2 Nr. 3 LStDV. Diese sind jedoch nach § 3 Nr. 62 EStG beim Arbeitnehmer steuerfrei, soweit der Arbeitgeber zur Zukunftssicherung des Arbeitnehmers gesetzlich verpflichtet ist;

- Wartegelder, Ruhegelder, Witwen- und Waisengelder und andere Bezüge und Vorteile aus früheren Dienstleistungen, § 19 Abs. 1 S. 1 Nr. 2 EStG;

- laufende Beiträge und Zuwendungen des Arbeitgebers an einen Pensionsfonds, eine Pensionskasse oder Direktversicherung, § 19 Abs. 1 S. 1 Nr. 3 EStG.

Dabei ist es gleichgültig, ob es sich um laufende oder um einmalige Bezüge handelt und ob ein Rechtsanspruch auf sie besteht, § 19 Abs. 1 S. 2 EStG. Irrelevant ist auch, ob die Leistung des Arbeitgebers in Geld besteht oder ob es sich um eine Sachleistung handelt.

4.4.2 Abgrenzung zu den Einkünften aus Gewerbebetrieb und aus selbständiger Arbeit

Bei der Abgrenzung von nichtselbständiger zu selbständiger Arbeit kommt es vor allem auf das **Innenverhältnis** von Arbeitnehmer und Arbeitgeber an und nicht auf die Berufsbezeichnung des Arbeitnehmers. Folglich kann auch ein Freiberufler Einkünfte aus nichtselbständiger Arbeit erzielen, soweit er unter der Leitung eines Dienstherren steht oder weisungsgebunden ist und die Tätigkeit nicht auf eigene Rechnung und eigene Gefahr ausgeübt wird, R 15.1 EStR. So sind z.B. angestellte Steuerberater, Wirtschaftsprüfer, Rechtsanwälte oder Ärzte trotz der mit ihrem Beruf verbundenen Eigenverantwortlichkeit bei einer Eingliederung in ein Unternehmen nicht selbständig tätig. H 19.0 LStR nennt darüber hinaus Beispiele, die bei der weiteren Abgrenzung von selbständiger und nichtselbständiger Arbeit hilfreich sind. Ein typisches Beispiel für gewerbliche Tätigkeit bildet hingegen der Beruf der Handels- oder Versicherungsvertreter, selbst wenn diese neben Provisionsbezügen ein mäßiges festes Gehalt bekommen, R 15.1 EStR.

4.4.3 Besonderheiten der Einkünfte aus nichtselbständiger Arbeit

Auch die Ermittlung der Einkünfte aus nichtselbständiger Arbeit unterliegt besonderen Regelungen, die sich von denen anderer Einkunftsarten unterscheiden:

- Die Einkünfteermittlung erfolgt mittels Überschuss der Einnahmen über die Ausgaben, §§ 8-9a EStG. Das Zuflussprinzip gemäß § 11 EStG ist zu beachten.

- Wie bereits angesprochen, ist im Zusammenhang mit der Erzielung von Einkünften aus nichtselbständiger Arbeit ein **Arbeitnehmerpauschbetrag** i.H.v. 920 € anzusetzen, sofern nicht höhere Werbungskosten nachgewiesen werden, § 9a S. 1 Nr. 1a EStG.

- **Versorgungsbezüge** sind Bezüge und Vorteile aus einem früheren Dienstverhältnis (bspw. Beamtenpensionen, „Betriebsrenten"); diese bleiben bei Versorgungsbeginn im Jahr 2008 i.H.v. 35,2 % dieser Bezüge, höchstens jedoch bis insgesamt einem Betrag von 2.640 € (Versorgungsfreibetrag) und 792 € (Zuschlag zum Versorgungsfreibetrag), steuerfrei, § 19 Abs. 2 EStG. Bei einem späteren Versorgungsbeginn sind reduzierte Versorgungsfreibeträge und Zuschläge zum Versorgungsfreibetrag anzuwenden (siehe Tabelle in § 19 Abs. 2 S. 3 EStG). Ab dem Jahr 2040 entfallen Versorgungsfreibetrag und Zuschlag vollständig. Die Bemessung des Versorgungsfreibetrags und des Zuschlags vollzieht sich nach dem sog. Kohortenprinzip, d.h. die Beträge werden einmalig festgestellt und verändern sich grundsätzlich nicht mehr.

- Für die Einkünfte aus nichtselbständiger Arbeit gelten eine Reihe von **Steuerbefreiungen**, wovon die meisten in § 3 EStG verankert sind. Des weiteren bleibt auch die Überlassung von Vermögensbeteiligungen an Arbeitnehmer gemäß § 19a EStG steuerfrei. Auch Zuschläge für Sonntags-, Feiertags- und Nachtarbeit sind in dem in § 3b EStG vorgegebenen Rahmen von der Steuer befreit.

- Die Einkommensteuer wird bei Einkünften aus nichtselbständiger Arbeit meist in Form eines **Lohnsteuerabzugsverfahrens** erhoben. Der Arbeitgeber führt die Lohnsteuer im Namen des Arbeitnehmers ab, sodass dieser nur den um die Lohnsteuer gekürzten Betrag gutgeschrieben bekommt, §§ 38-42f EStG. Eine Veranlagung des Arbeitnehmers zur Einkommensteuer wird nur durchgeführt, wenn z.B. die Werbungskosten den Arbeitnehmerpauschbetrag überschreiten oder weitere Einkünfte vorliegen, § 46 EStG. Die einbehaltene Lohnsteuer ist in voller Höhe auf die festgesetzte Einkommensteuer anzurechnen.

- Unter den Voraussetzungen der §§ 40-40b EStG kann die Lohnsteuer in pauschaler Form erhoben werden. Dabei ist abweichend von der allgemeinen Lohnsteuer die **pauschale Lohnsteuer** vom Arbeitgeber zu tragen, ohne dass sie vom Entgelt des Arbeitnehmers abgezogen wird. Die Lohnsteuer ist für diesen Teil der Einkünfte

voll abgegolten und kann nicht auf die Einkommensteuerschuld des Arbeitnehmers angerechnet werden, § 40 Abs. 3, § 40a Abs. 5, § 40b Abs. 4 S. 1 EStG.

4.4.4 Problembereiche des Werbungskostenabzugs

4.4.4.1 Grundlagen des Werbungskostenbegriffs

Werbungskosten sind in § 9 EStG gesetzlich als die Aufwendungen definiert, die zur
Erwerbung, Sicherung und Erhaltung der Einnahmen dienen. Der Große Senat des
BFH hat die Werbungskostendefinition griffiger ausgelegt. Er bezeichnet alle Aufwen-
dungen, die durch den Beruf veranlasst sind, als Werbungskosten. § 9 EStG enthält
eine Liste diverser Werbungskosten. Aus der vom BFH entwickelten Definition der
Werbungskosten werden diese veranlassungsbezogen aufgefasst. Demnach sind als
Werbungskosten die Aufwendungen einzustufen, die objektiv im Zusammenhang mit
einer auf Einnahmeerzielung gerichteten Tätigkeit stehen. Subjektiv müssen diese
Aufwendungen geeignet sein, die Tätigkeit zu fördern, dies ist aber nicht zwingend
notwendig. Neben einem unmittelbaren Zusammenhang zwischen Aufwendungen
und Einnahmenerzielung ist auch ein mittelbarer Zusammenhang ausreichend. Dieser
ist dann gegeben, wenn ein wirtschaftlicher Zusammenhang zwischen den Aufwendungen und der auf Einnahmenerzielung gerichteten Tätigkeit besteht.

Neben den Werbungskosten, die zeitgleich wie die entsprechenden Einnahmen anfallen, hat die Rechtsprechung die Terminologie der **„vorab entstandenen Werbungskosten"** bzw. der **„vorweggenommenen Werbungskosten"** entwickelt. Hierbei handelt es
sich um Ausgaben, die gemäß dem Zuflussprinzip des § 11 Abs. 2 EStG zu einem
Zeitpunkt oder in einem Veranlagungszeitraum angefallen sind, in welchem die mit
den Aufwendungen zusammenhängenden Einnahmen noch nicht erzielt wurden.
Dieser Zusammenhang wird anhand zweier Kriterien konkretisiert, wobei die zeitliche
Nähe zum Einnahmenzufluss nicht zwingend ist. Es ist lediglich erforderlich, dass die
Aufwendungen einen nachweisbaren Bezug zu einer Einkunftsart haben und sie dür-
fen nicht bereits der Beendigung oder Verhinderung der ursprünglich angestrebten
Tätigkeit oder Erwerbsleistung dienen. Darüber hinaus darf es sich bei diesen nicht
um Anschaffungs- oder Herstellungskosten handeln.

Neben vorab entstandenen Werbungskosten existieren **nachträgliche Werbungskosten**. Bei ihnen handelt es sich um Ausgaben, die erst nach Aufgabe der auf Einnahmeerzielung gerichteten Tätigkeit angefallen sind. Sie müssen in einem wirtschaftlichen
Zusammenhang mit der früheren Einnahmeerzielungsabsicht stehen.

4.4.4.2 Aus- versus Fortbildungskosten

Die Abgrenzung von beschränkt abzugsfähigen Berufsausbildungskosten als Sonderausgaben i.S.d. § 10 Abs. 1 Nr. 7 EStG zu den als Werbungskosten unbeschränkt abzugsfähigen Fortbildungskosten war lange Zeit umstritten. Berufsausbildungskosten

sind nach überkommener Rechtsprechung stets dann angenommen worden, wenn die Aufwendungen das Ziel haben, Kenntnisse zu erwerben, die für die Ausübung des künftigen Berufs notwendig sind. Diese Aufwendungen stehen dabei nicht zwangsläufig in einem konkreten Zusammenhang mit der künftigen Berufsausübung. Diese Grundsätze gehen letztlich zurück auf die sog. „Lebenskampfthese" des RFH. Allerdings ist diese Auffassung zunehmend kritisiert worden. Der Hauptkritikpunkt liegt in der veralteten Auffassung, dass ein Arbeitnehmer seinen zuerst erlernten Beruf bis an das Ende seines Erwerbslebens ausübt; vielmehr wird von dem Arbeitnehmer heutzutage ein stetes Weiter- bzw. Umlernen gefordert.

Der BFH hatte diese Kritik aufgenommen und in zwei Grundsatzurteilen[24] festgestellt, dass die berufsbezogenen Aufwendungen in einem hinreichend konkreten und objektiv feststellbaren Zusammenhang mit (zukünftigen) steuerbaren Einnahmen stehen müssen, um als Fortbildungskosten anerkannt zu werden. Mithin handelt es sich dann hierbei um sog. vorweggenommene Werbungskosten, die in voller Höhe abzugsfähig sind.

Diese Kehrtwende in der Rechtsprechung hätte zu erheblichen Einnahmeausfällen geführt. Deshalb hat der Gesetzgeber im Jahr 2004 reagiert und die nicht abzugsfähigen Ausgaben des § 12 EStG um eine Nr. 5 ergänzt:

Gem. § 12 Nr. 5 EStG dürfen Aufwendungen des Steuerpflichtigen für seine erstmalige Berufsausbildung und für ein Erststudium nicht berücksichtigt werden, wenn diese nicht im Rahmen eines Dienstverhältnisses stattfinden. Grundsätzlich können damit Berufsausbildungskosten nicht berücksichtigt werden.

Jedoch durchbricht § 10 Abs. 1 Nr. 7 EStG dieses Abzugsverbot, indem Aufwendungen für die eigene Berufsausbildung bis zu 4.000 € pro Kalenderjahr als Sonderausgaben[25] abzugsfähig sind.[26]

Damit sind Aufwendungen für den erstmaligen Erwerb von Kenntnissen, die zur Aufnahme eines Berufs befähigen (bspw. Besuch einer allgemeinbildenden Schule, Erststudium an einer Hochschule oder Fachhochschule) den Kosten der privaten Lebensführung zuzurechnen. Sie sind jedoch gem. § 10 Abs. 1 Nr. 7 EStG bis zu 4.000 € als Sonderausgaben abziehbar. Fallen die Aufwendungen im Rahmen eines Dienstverhältnisses an (bspw. Referendariat zur Vorbereitung auf das zweite Staatsexamen), liegen voll abzugsfähige Werbungskosten vor.

Hat der Steuerpflichtige seine erstmalige Berufsausbildung abgeschlossen, sind Aufwendungen für Fortbildungsmaßnahmen in vollem Umfang als Werbungskosten abziehbar. Ebenso sind Aufwendungen für Fortbildungsmaßnahmen im erlernten

---

24 vgl. BFH vom 04.12.2002, BStBl. II 2003, S. 403; BFH vom 17.12.2002, BStBl. II 2003, S. 407.
25 zum Sonderausgabenabzug vgl. Gliederungspunkt 5.4.
26 Vgl. auch BMF vom 04.11.2005, BStBl. I 2005, S. 955, und R 9.2 LStR.

Beruf, für Umschulungen oder Aufwendungen für ein Zweitstudium/eine weitere Ausbildung als Werbungskosten abziehbar, wenn diese in einem hinreichend konkreten, objektiv feststellbaren Zusammenhang mit späteren Einnahmen stehen (R 9.2 LStR). Liegt kein solcher Zusammenhang vor, handelt es sich um nicht abzugsfähige Kosten der privaten Lebensführung (bspw. Seniorenstudium).

Abzugsfähig sind bspw. Studiengebühren, Arbeitsmittel, Fachliteratur, Fahrten zwischen Wohnungs- und Ausbildungsort, Verpflegungsmehraufwand (Pauschalen gem. § 4 Abs. 5 S. 1 Nr. 5 EStG) und Mehraufwendungen wegen einer doppelten Haushaltsführung (§ 9 Abs. 1 S. 3 Nr. 5 EStG).

4.4.4.3 Doppelte Haushaltsführung

Eine nur aus beruflichem Anlass begründete doppelte Haushaltsführung ist als Werbungskosten abzugsfähig. Obwohl die Kosten der privaten Lebensführung zuzurechnen sind, für die nach § 12 Nr. 1 Satz 2 EStG ein Abzugsverbot besteht, trägt der Gesetzgeber dadurch den Erfordernissen einer zunehmend mobiler werdenden Arbeitsgesellschaft Rechnung.

Unter einer doppelten Haushaltsführung wird der Tatbestand subsumiert, dass ein Steuerpflichtiger an seinem Beschäftigungsort wohnt und außerhalb des Beschäftigungsortes einen eigenen Hausstand unterhält. Um eine doppelte Haushaltsführung als Werbungskosten absetzen zu können, ist vom BFH ein Prüfschema entwickelt worden.[27] Demnach ist zunächst zu überprüfen, ob die Begründung der zweiten Wohnung am Beschäftigungsort **aus beruflicher Veranlassung** erfolgt. Dies wird angenommen bei z.B. der erstmaligen Begründung eines Dienstverhältnisses oder einem Umzug an den Beschäftigungsort, um Fahrzeiten einzusparen.

Gemäß § 9 Abs. 1 S. 3 Nr. 5 EStG muss der Steuerpflichtige neben der Zweitwohnung am Beschäftigungsort auch außerhalb dessen an seinem Lebensmittelpunkt einen **eigenen Hausstand** unterhalten. Ein eigener Hausstand liegt vor, wenn der Steuerpflichtige eine Wohnung besitzt, deren Einrichtung seinen Lebensbedürfnissen entspricht und in der hauswirtschaftlich Leben herrscht. Er muss sowohl persönlich mitwirken als auch finanziell maßgebend beteiligt sein. Der Steuerpflichtige darf die Wohnung nicht nur besitzen, er muss auf das Leben in ihr einen umfassenden Einfluss ausüben. Der Ort des eigenen Hausstandes und der Beschäftigungsort müssen auseinanderfallen.

Das Vorliegen eines eigenen Hausstandes ist bei Verheirateten verhältnismäßig einfach zu überprüfen, da unterstellt werden kann, dass der Lebensmittelpunkt regelmäßig beim Ehegatten liegt. Bei Nicht-Verheirateten ist die Überprüfung, ob ein eigener Hausstand vorliegt, schwieriger. In diesem Zusammenhang sind einige Indizien zu bemühen, um einen erfolgreichen Nachweis zu führen. So erfordert der eigene Haus-

---

[27] Vgl. auch R 9.11 LStR.

stand grundsätzlich, dass er aus eigenem Recht, d.h. bspw. aus Eigentum oder aus einem Mietvertrag, heraus genutzt werden kann. Ferner wird ein Unterhalten des Hausstandes durch den nicht-verheirateten Arbeitnehmer gefordert. Ein eigener Hausstand liegt nicht vor bei Arbeitnehmern, die, wenn auch gegen Kostenbeteiligung, ein Zimmer im Haus ihrer Eltern bewohnen und in den dortigen Haushalt eingegliedert sind.

Als **Zweitwohnung am Beschäftigungsort** kommt jede Unterkunft in Betracht, die dem Steuerpflichtigen entgeltlich oder unentgeltlich zur Verfügung steht, bspw. eine gemietete Wohnung, eine Eigentumswohnung oder ein Hotelzimmer.

Ist die doppelte Haushaltsführung dem Grunde nach anerkannt, stellt sich die Frage, **welche Aufwendungen als Werbungskosten in Abzug gebracht werden können**. Dies sind zum einen die anfallende Miete, Familienheimfahrten im gesetzlich vorgegebenen Rahmen, Gebühren für Ferngespräche an den Ort des eigenen Hausstandes, Kosten der Inneneinrichtung, soweit sie nicht überhöht sind. Notwendige Mehraufwendungen der Verpflegung sind zeitlich auf die ersten drei Monate der Aufnahme der Beschäftigung beschränkt, der Steuerpflichtige kann den Abzug in Höhe der gesetzlichen Pauschalen (§ 9 Abs. 5 i.V.m. § 4 Abs. 5 S. 1 Nr. 5 S. 2 EStG) vornehmen. Darüber hinaus sind Umzugskosten sowie Rückumzugskosten anzusetzen, ebenso wie Maklergebühren und das Stellen der Kaution.[28]

4.4.4.4 Das häusliche Arbeitszimmer

Ein häufiges Streitthema zwischen Steuerpflichtigen und Fiskus ist das häusliche Arbeitszimmer. Hierzu hat sich ab dem Veranlagungszeitraum 2007 die Gesetzeslage umfassend geändert.

Gemäß § 9 Abs. 5 i.V.m. § 4 Abs. 5 S. 1 Nr. 6b EStG sind die Aufwendungen für ein häusliches Arbeitszimmer nur noch dann abzugsfähig, wenn es den Mittelpunkt der gesamten betrieblichen und beruflichen Tätigkeit bildet. Zu den Einzelheiten und zur Auffassung der Finanzverwaltung ist das BMF-Schreiben vom 03.04.2007 heranzuziehen.[29]

Ein „häusliches Arbeitszimmer" i.S.d. § 4 Abs. 5 S. 1 Nr. 6b EStG ist ein Raum, der seiner Lage nach in die häusliche Sphäre des Steuerpflichtigen eingebunden ist und nach Ausstattung und Funktion der Erledigung vorwiegend büromäßiger Tätigkeiten, aber auch künstlerischer oder schriftstellerischer Betätigung dient.

Ab dem Veranlagungszeitraum 2007 muss das häusliche Arbeitszimmer Mittelpunkt der **gesamten** betrieblichen und beruflichen Betätigung des Steuerpflichtigen sein. Ist diese Voraussetzung erfüllt, ist ein unbeschränkter Abzug der Aufwendungen, bspw.

---

[28] Vgl. im Einzelnen R 9.11 Abs. 5 bis 10 LStR.
[29] Vgl. BMF vom 03.04.2007, BStBl. I 2007, S. 442.

anteilige Miete, Abschreibung, Heizkosten, als Werbungskosten bzw. Betriebsausgaben möglich.

Beispiel:

Eine Steuerpflichtige ist als wissenschaftliche Mitarbeiterin an einer Hochschule angestellt. Zudem ist sie selbständig als Steuerberaterin tätig und nutzt dazu einen Raum ihrer Wohnung als Arbeitszimmer.

Die Aufwendungen für das Arbeitszimmer sind nicht abziehbar. Für die Nebentätigkeit als Steuerberaterin stellt das Arbeitszimmer zwar den Tätigkeitsmittelpunkt dar. Aufgrund der erforderlichen Gesamtbetrachtung ist das Zimmer jedoch nicht der Mittelpunkt der gesamten betrieblichen und beruflichen Tätigkeit.

4.4.4.5 Gemischte Aufwendungen

Wendet ein Steuerpflichtiger Kosten auf, die sowohl betrieblich/beruflich als auch privat veranlasst sind (sog. gemischte Aufwendungen), kommt grundsätzlich das Aufteilungs- und Abzugsverbot des § 12 Nr. 1 EStG zur Anwendung: Sowohl der betriebliche/berufliche als auch der private Anteil sind nicht abzugsfähig. Ziel der Regelung ist das Herbeiführen von steuerlicher Gerechtigkeit. Sie soll verhindern, dass ein Steuerpflichtiger durch eine mehr oder weniger zufällige Verbindung von beruflichen und privaten Interessen Aufwendungen nur deshalb in den einkommensteuerlich relevanten Bereich transferieren kann, weil er einen entsprechenden Beruf ausübt.

Damit liegt eine unverhältnismäßige gesetzliche Regelung vor, die zu ungerechtfertigten Ergebnissen führen kann und gegen das Übermaßverbot verstößt. Deshalb ist nach der Rechtsprechung des BFH (und entsprechend R 12.1 EStR) eine Aufteilung in beruflich veranlasste Aufwendungen und in nicht abzugsfähige Kosten der privaten Lebensführung möglich, wenn anhand objektiver Merkmale und Unterlagen eine leicht nachzuvollziehende Trennung gelingt.

Beispiel 1:

Besitzt ein Steuerpflichtiger einen Computer, den er sowohl privat als auch beruflich nutzt, so muss er dokumentieren, in welchem Umfang er diesen beruflich bzw. privat nutzt. Indizien können die verwendeten Programme, die Verzeichnisstrukturen u.ä. sein, sowie die technischen Gegebenheiten des Computers.

Beispiel 2:

Ein Musiklehrer möchte das Eintrittsgeld für den Besuch eines Konzerts als Werbungskosten abziehen. Nach Auffassung des BFH[30] sind Aufwendungen für den Besuch kultureller Veranstaltungen mangels objektiver Merkmale unter das Aufteilungs-

---

[30] Vgl. BFH vom 08.02.1971, BStBl. II 1971, S. 368.

und Abzugsverbot des § 12 Nr. 1 EStG zu fassen. Ein Abzug als Werbungskosten ist daher nicht möglich.

Eine private Mitbenutzung ist allerdings ganz unschädlich, wenn sie von untergeordneter Bedeutung ist. Davon spricht man, wenn die private Nutzung unter 10 % beträgt. In diesem Fall ist ein voller Abzug als Werbungskosten/Betriebsausgaben möglich.

4.5 Einkünfte aus Kapitalvermögen

4.5.1 Begriffsmerkmale und Arten der Einkünfte aus Kapitalvermögen

Auch bei der Umschreibung der Einkünfte aus Kapitalvermögen lässt das Gesetz es an einer allgemeingültigen Definition mangeln. Aus der erschöpfenden Aufzählung in § 20 EStG lässt sich jedoch schließen, dass Einkünfte aus der **Anlage von privatem Geldkapitalvermögen** erfasst werden sollen.

Dabei werden vier Gruppen der Einkünfte aus Kapitalvermögen deutlich:

- Einnahmen aus der **Beteiligung an juristischen Personen**, insbesondere Kapitalgesellschaften, § 20 Abs. 1 Nr. 1-2 EStG. Einbezogen werden u.a. offene und verdeckte Gewinnausschüttungen von juristischen Personen. Diese Einkünfte aus Beteiligungen an juristischen Personen werden den Anteilseignern oder - bei Abweichung - dem wirtschaftlichen Eigentümer zugerechnet, § 20 Abs. 2a (ab 2009: Abs. 5) EStG.

- Einnahmen aus **Leistungen von Organisationen, die keine Gewinnausschüttungen vornehmen können**, deren Leistungen an die dahinter stehenden Personen aber erfasst werden müssen, um eine Gleichstellung mit Anteilseignern einer Kapitalgesellschaft zu erreichen, § 20 Abs. 1 Nr. 9, 10 EStG.

- Einnahmen aus der Beteiligung an einem Handelsgewerbe als **stiller Gesellschafter** und aus **partiarischem Darlehen**, es sei denn, dass der Gesellschafter oder Darlehensgeber als Mitunternehmer anzusehen ist (atypische stille Gesellschaft), § 20 Abs. 1 Nr. 4 EStG. Ein atypisch stiller Gesellschafter unterscheidet sich vom typischen dadurch, dass er nicht nur am Gewinn und ggf. Verlust beteiligt ist, sondern darüber hinaus an den stillen Reserven und am Geschäftswert. Während der stille Gesellschafter Einkünfte gemäß § 20 Abs. 1 Nr. 4 EStG erzielt, ist der atypisch stille Gesellschafter als Mitunternehmer anzusehen und erzielt folglich Einkünfte gemäß § 15 Abs. 1 S. 1 Nr. 2 EStG.

- **Zinsen aus anderen Kapitalforderungen** ohne Beteiligungscharakter, § 20 Abs. 1 Nr. 5-8, Abs. 2 EStG (ab 2009: § 20 Abs. 1 Nr. 5-8, Abs. 3 EStG). Dazu gehören u.a. Zinsen aus Kapitalanlagen, wie z.B. Sparbuch oder festverzinsliche Wertpapiere, Disagio, Diskontbeträge bei Wechseln und Einnahmen aus der Veräußerung von Dividenden- und Zinsscheinen. Zudem sind auch Erträge aus bestimmten Lebensversicherungen (Kapitallebensversicherung und Rentenversicherungen mit Kapitalwahlrecht), die ab dem 01.01.2005 abgeschlossen wurden, steuerpflichtig. Als Ertrag gilt die Differenz zwischen Versicherungsleistung und der Summe der entrichteten Beiträge. Der Ertrag ist nur zur Hälfte steuerpflichtig, wenn die Versicherungsleistung erst nach Vollendung des 60. Lebensjahres und nach Ablauf von zwölf Jahren seit Vertragsabschluss ausgezahlt wird. Bei Verträgen, die vor dem 01.01.2005 abgeschlossen wurden, sind die Erträge unter bestimmten Voraussetzungen nicht steuerbar. Zu Einzelheiten siehe das BMF-Schreiben vom 22.12.2005, BStBl. I 2006, S. 92.

Da es sich bei den Einkünften aus Kapitalvermögen um eine Überschusseinkunftsart handelt, sind Wertänderungen am Vermögen bis 2009 steuerlich nicht relevant, mit Ausnahme von §§ 17, 23 EStG:

- Gemäß § 17 EStG ist die Veräußerung einer Beteiligung in Höhe von mindestens 1 % steuerpflichtig.

- Gemäß § 23 Abs. 1 S. 1 Nr. 2 EStG ist die Veräußerung einer Beteiligung (beliebiger Höhe) steuerpflichtig, wenn der Zeitraum zwischen Anschaffung und Veräußerung nicht mehr als ein Jahr beträgt („Spekulationsfrist").

Ab dem Veranlagungszeitraum 2009 werden einheitlich die laufenden Kapitalerträge und die Gewinne aus den Veräußerungen privater Kapitalanlagen von § 20 EStG erfasst. Während die laufenden Kapitalerträge in § 20 Abs. 1 EStG aufgezählt sind, sind die Gewinne aus Veräußerungen in § 20 Abs. 2 EStG genannt. Damit fällt die einjährige Spekulationsfrist weg. Eine Veräußerung ist damit unabhängig von der Haltedauer steuerpflichtig. Allerdings werden nur Veräußerungsgewinne besteuert, wenn die Kapitalanlagen nach dem 31.12.2008 angeschafft wurden. Eine Besteuerung von „alten" Wertsteigerungen wird dadurch vermieden:

- Auch weiterhin ist die Veräußerung einer Beteiligung von mindestens 1 % gemäß § 17 EStG steuerpflichtig.

- Beträgt die Beteiligung weniger als 1 %, ist die Veräußerung, unabhängig von der Haltedauer, gemäß § 20 Abs. 2 EStG steuerpflichtig.

4.5.2   Abgrenzung zu den Einkünften aus Gewerbebetrieb

Die Erlöse aus privater Vermögensverwaltung sind ungeachtet der Höhe des Vermögens und der Häufigkeit dessen Umschichtung als Einkünfte aus Kapitalvermögen anzusehen. Eine gewerbliche Vermögensverwaltung hingegen wird angenommen, wenn die Wertpapiere nicht ausschließlich auf eigene Rechnung, sondern in erheblichem Umfang für fremde Rechnung erworben und wieder veräußert werden, H 15.7 Abs. 9 EStR.

4.5.3 Besonderheiten der Einkünfte aus Kapitalvermögen

- Von den oben geschilderten Einnahmen ist ein **Werbungskostenpauschbetrag** i.H.v. 51 € abzuziehen, sofern keine höheren Werbungskosten nachgewiesen werden, § 9a S. 1 Nr. 2 EStG. Bei Ehegatten, die nach den §§ 26, 26b EStG zusammenveranlagt werden, erhöht sich dieser Pauschbetrag auf insgesamt 102 €.

- Bei der Ermittlung der Einkünfte aus Kapitalvermögen ist nach Abzug der Werbungskosten ein Betrag von 750 € abzuziehen, § 20 Abs. 4 EStG. Dieser **Sparer-Freibetrag** verdoppelt sich bei zusammenveranlagten Ehegatten auf insgesamt 1.500 €. Der Abzug darf allerdings nicht zu negativen Einkünften aus Kapitalvermögen führen.

- **Ab 2009** werden der Werbungskostenpauschbetrag und der Sparer-Freibetrag zu einem sog. **Sparer-Pauschbetrag** in Höhe von 801 € (bei zusammenveranlagten Ehegatten verdoppelt sich der Betrag) zusammengefasst. Dieser Sparer-Pauschbetrag wird als Werbungskosten abgezogen. Die tatsächlichen Werbungskosten können nicht mehr geltend gemacht werden, eine Einschränkung, die gerade bei fremdfinanzierten Beteiligungen zu erheblichen Nachteilen führen wird.

- Bei bestimmten Kapitalerträgen wird **Kapitalertragsteuer** gemäß § 43 EStG erhoben. So unterliegen z.B. Dividenden einer Kapitalertragsteuer i.H.v. 20 %, § 43 Abs. 1 S. 1 Nr. 1 i.V.m. § 43a Abs. 1 Nr. 1 EStG und Zinsen aus Anleihen und Forderungen einem 30 %-igen Zinsabschlag, § 43 Abs. 1 S. 1 Nr. 7 i.V.m. § 43a Abs. 1 Nr. 3 EStG. Die betroffenen Erträge werden in § 43 EStG aufgeführt, die Bemessung der Kapitalertragsteuer ist in § 43a EStG verankert, Einzelheiten und Ausnahmen sind in §§ 44-45e EStG geregelt.

Die Kapitalertragsteuer ist vom Schuldner der Kapitalerträge auf Rechnung des Empfängers abzuführen. Sie stellt beim Steuerpflichtigen einen Bestandteil des steuerpflichtigen Gewinns dar und ist analog zur Lohnsteuer auf die Einkommensteuer anrechenbar, § 36 Abs. 2 S. 2 Nr. 2 EStG. Auf den Abzug der Kapitalertragsteuer wird verzichtet, wenn der Steuerpflichtige in Form eines Freistellungsauftrags nachweist, dass die Kapitalerträge bei ihm aufgrund des Sparer-Freibetrags und der Werbungskostenpauschale steuerfrei bleiben, § 44a Abs. 1 Nr. 1 EStG. Darüber hinaus kann die Kapitalertragsteuer in den in §§ 44b und 44c EStG genannten Fällen erstattet werden. Ziel der Ausgestaltung der Kapitalertragsteuer als Quellensteuer ist es, Steuergerechtigkeit zu schaffen. Bis einschließlich Veranlagungszeitraum 2000 besaß das körperschaftsteuerliche Anrechnungsverfahren Gültigkeit. Ziel des Anrechnungsverfahrens war es, eine Doppelbesteuerung von Gewinnen zu vermeiden, die eine Kapitalgesellschaft an ihre Anteilseigner ausschüttet. Die auf Ebene der Körperschaft entrichtete Körperschaftsteuer wurde auf Ebene des Anteilseigners auf dessen Einkommensteuer angerechnet, was im Ergebnis dazu führte, dass die ausgeschütteten Gewinne nach Maßgabe der für den Anteilseigner geltenden Verhältnisse besteuert wurden und die Körperschaftsteuer im Ausschüttungsfalle vollends neutralisiert wurde. Dieses System zeichnete sich durch ein hohes Maß an steuerlicher Gerechtigkeit aus. Die den Anteilseignern erstmalig für den Veranlagungszeitraum 2001 zufließenden Dividenden unterliegen nunmehr auf Ebene der Kapitalgesellschaft einer nicht anrechenbaren Körperschaftsteuerbelastung i.H.v. 25 %. Die Kapitalerträge sind jedoch durch § 3 Nr. 40 EStG hälftig von der Steuer befreit, sodass die durch die Einführung einer Definitivsteuer erfolgte Doppelbesteuerung eine Minderung erfährt. Bei einem Vergleich von Halbeinkünfte- und Anrechnungsverfahren ist festzustellen, dass Dividendenbezieher mit einem Steuersatz von weniger als 40 % nach dem Halbeinkünfteverfahren regelmäßig eine höhere steuerliche Belastung erfahren. Bezieher von Dividenden mit einem Steuersatz von mehr als 40 % werden im Vergleich zum Vollanrechnungsverfahren durch das Halbeinkünfteverfahren dagegen besser gestellt, was daraus resultiert, dass nur die Hälfte der bezogenen Dividende besteuert wird.

Die Wirkungsweise des Halbeinkünfteverfahrens wird anhand folgenden Beispiels aufgezeigt: Eine GmbH erzielt in 2007 einen vorläufigen Gewinn (vor GewSt) in Höhe von 150.000 €. Von gewerbesteuerlichen Hinzurechnungen und Kürzungen im Sinne der §§ 8, 9 GewStG wird aus Vereinfachungsgründen abgesehen. Der Hebesatz soll 400 % betragen. Die GmbH unterliegt nach § 1 Abs. 1 Nr. 1 KStG der Körperschaftsteuer.

Vorl. Gewinn aus Gewerbebetrieb	150.000 €
- GewSt*	25.000 €
= ZvE	125.000 €
- Körperschaftsteuer (Tarifbelastung 25 %)	31.250 €
- Solidaritätszuschlag	1.718 €
= Bardividende = Bruttodividende	92.032 €
- Kapitalertragsteuer (20 % der Bardividende)	18.406 €
- Solidaritätszuschlag	1.012 €
= ausbezahlte Dividende	72.614 €

Einkünfte aus Kapitalvermögen (§ 20 EStG):

Tatsächlich ausgezahlte Dividende	72.614 €
+ Kapitalertragsteuer und Solidaritätszuschlag	19.418 €
= Bardividende = Bruttodividende	92.032 €
davon zu versteuern 50 %	46.016 €
- Werbungskosten (§ 9a S. 1 Nr. 2 EStG)	51 €
- Freibetrag (§ 20 Abs.4 S. 1 EStG)	750 €
	45.215 €

* Berechnung der GewSt in 2007: m x H / (1 + m x H) = 5 % x 400 % / (1 + 5 % x 400 %) = 0,2 / 1,2 = 0,1666667.

Zu beachten ist, dass Werbungskosten des Anteilseigners den Bruttobetrag nach Abzug der Körperschaftsteuer mindern und somit auch nur hälftig die einkommensteuerliche Bemessungsgrundlage reduzieren, § 3c Abs. 2 EStG.

- **Ab 2009** wird das Halbeinkünfteverfahren nach § 3 Nr. 40 EStG für private Beteiligungserträge von natürlichen Personen abgeschafft und durch eine **Abgeltungsteuer** in Höhe von einheitlich 25 % ersetzt, § 32d EStG. Lediglich für betriebliche Beteiligungserträge wird es in Form des sog. Teileinkünfteverfahrens (Erhöhung des steuerpflichtigen Teils von 50 % auf 60 %) beibehalten.

Von der Abgeltungsteuer werden sowohl laufende Kapitalerträge als auch Gewinne aus deren Veräußerung erfasst. Mit der Einführung der Abgeltungsteuer soll eine nachhaltige Steuervereinfachung erreicht werden, indem die Besteuerung privater Kapitaleinkünfte weitgehend durch den Abzug der Kapitalertragsteuer an der Quelle durchgeführt wird. Zudem soll die Verlagerung von Kapitaleinkünften in das niedriger besteuernde Ausland eingeschränkt werden.

Da die Abgeltungsteuer einheitlich 25 % (+ SolZ und ggf. KiSt) beträgt, würde dies bei Steuerpflichtigen mit einem niedrigeren persönlichen Steuersatz zu erheblichen Nachteilen führen. Deshalb kann der Steuerpflichtige auch eine Einbeziehung der Kapitaleinkünfte in seine Einkommensteuerveranlagung beantragen (Veranlagungsoption), um diese seinem niedrigeren persönlichen Steuersatz zu unterwerfen, § 32d Abs. 6 EStG. Die Option kann nur einheitlich für alle Erträge aus Kapitalanlagen erfolgen. So ist es bspw. nicht möglich, diese nur für ein bestimmtes Depot zu wählen. Auch zusammenveranlagte Ehegatten müssen das Veranlagungswahlrecht einheitlich ausüben. Zu beachten bleibt, dass auch bei Ausübung der Veranlagungsoption ein Abzug der tatsächlichen Werbungskosten ausgeschlossen ist. Die Versagung des Abzugs von höheren tatsächlichen Werbungskosten ist unter Berücksichtigung des Leistungsfähigkeitsprinzips höchst problematisch. Deshalb wurde die Abgeltungswirkung mit dem Jahressteuergesetz 2008 bereits teilweise eingeschränkt:

Nach § 32d Abs. 2 Nr. 3 EStG erhält der Steuerpflichtige ein Wahlrecht, Kapitalerträge i.S.d. § 20 Abs. 1 Nr. 1 und 2 EStG von der Abgeltungsteuer auszunehmen, wenn er zu mindestens 25 % an der Kapitalgesellschaft beteiligt ist oder zu mindestens 1 % beteiligt ist und beruflich für die Gesellschaft tätig ist (bspw. als Geschäftsführer). Die Kapitalerträge werden dann dem Teileinkünfteverfahren nach § 3 Nr. 40 EStG unterworfen. Werbungskosten sind im Umfang von 60 % abziehbar, § 3c Abs. 2 EStG. Mit diesem Wahlrecht sollen insbesondere für Gesellschafter, die ihre Beteiligung fremdfinanziert haben, Erleichterungen geschaffen werden. Im Rahmen der Abgeltungsbesteuerung könnten die im Einzelfall erheblichen Schuldzinsen nicht als Werbungskosten geltend gemacht werden. Im Rahmen des Teileinkünfteverfahrens können immerhin 60 % als Werbungskosten angesetzt werden, ein Vorteil, der den im Vergleich zur Abgeltungsteuer meist höheren individuellen Steuersatz oft überkompensiert.

Ab 2009 können **Verluste aus Einkünften aus Kapitalanlagen** nur innerhalb dieser Einkunftsart verrechnet werden, § 20 Abs. 6 EStG. Eine Verlustverrechnung mit anderen Einkunftsarten ist nicht mehr möglich. Können nicht alle Verluste im Veranlagungsjahr verrechnet werden, ist ein Verlustvortrag in die folgenden Veranlagungszeiträume möglich. Eine Übergangsregelung gilt für Altverluste gemäß § 23 Abs. 1 Nr. 2 EStG, d.h. für Verluste aus der Veräußerung von Kapitalanlagen, die vor dem 01.01.2009 erworben wurden. Diese Verluste können bis zum Jahr 2013 mit neuen Veräußerungsgewinnen, die als Einkünfte aus Kapitalvermögen gemäß § 20 Abs. 2 EStG erfasst werden, verrechnet werden, § 20 Abs. 6 S. 1 i.V.m. § 23 Abs. 3 S. 9 und 10, § 52a Abs. 11 S. 11 EStG.

Eine weitere Einschränkung der Verlustverrechnung gilt ab 2009 für Verluste, die aus der Veräußerung von Aktien entstehen. Diese Verluste dürfen nur mit Gewinnen aus der Veräußerung von Aktien ausgeglichen werden, § 20 Abs. 6 S. 5 EStG.

Die **unterschiedliche Wirkungsweise von Halbeinkünfteverfahren, Abgeltungsteuer und Teileinkünfteverfahren** soll anhand von folgender **Gegenüberstellung** verdeutlicht werden. Dabei muss beachtet werden, dass ab 2008 die Gewerbesteuer nicht mehr als Betriebsausgabe abgezogen werden darf bzw. als nicht abzugsfähige Betriebsausgabe behandelt wird, § 4 Abs. 5b EStG. Zudem beträgt der Körperschaftsteuersatz ab 2008 15 %.

Die GmbH erzielt einen vorläufigen Gewinn (vor GewSt) i.Hv. 100.000 €. Von gewerbesteuerlichen Hinzurechnungen und Kürzungen im Sinne der §§ 8, 9 GewStG wird aus Vereinfachungsgründen abgesehen. Der Hebesatz soll 400 % betragen. Die GmbH unterliegt nach § 1 Abs. 1 Nr. 1 KStG der Körperschaftsteuer.

Der Steuerpflichtige ist konfessionslos. Werbungskosten sind in Höhe von 1.000 € angefallen.

Zunächst wird der Ablauf einer Ausschüttung im *Jahr 2007* und früher dargestellt. Auf Gesellschaftsebene ist die Gewerbesteuer eine abzugsfähige Betriebsausgabe. Der KSt-Satz beträgt 25 %. Auf Gesellschafterebene findet das Halbeinkünfteverfahren Anwendung. Da die tatsächlichen Werbungskosten höher als der Werbungskostenpauschbetrag gemäß § 9a S. 1 Nr. 2 EStG (51 €) sind, werden diese angesetzt.

Dann findet diese Ausschüttung im *Jahr 2008* statt. Aufgrund Änderungen im Rahmen der Unternehmensteuerreform 2008 wird die Gewerbesteuer nicht mehr als abzugsfähige Betriebsausgabe behandelt, § 4 Abs. 5b EStG. Zudem wurde der KSt-Satz auf 15 % gesenkt. Auf Gesellschafterebene findet das Halbeinkünfteverfahren Anwendung. Es werden wiederum die tatsächlichen Werbungkosten berücksichtigt, da diese höher als der Werbungskostenpauschbetrag sind.

Wird die Ausschüttung im *Jahr 2009* vorgenommen, findet grundsätzlich die Abgeltungsbesteuerung Anwendung (1. Variante). Die Abgeltungsteuer beträgt einheitlich 25 %. Die tatsächlichen Werbungskosten werden nicht berücksichtigt. Bei einem niedrigeren persönlichen Steuersatz kann der Steuerpflichtige die Veranlagungsoption gemäß § 32d Abs. 6 EStG ausüben. Die Kapitaleinkünfte unterliegen dann seinem persönlichen Steuersatz (dieser Fall ist hier nicht dargestellt). In der 2. Variante hält der Steuerpflichtige seine Beteiligung in einem Betriebsvermögen (bspw. Einzelunternehmen). Statt der Abgeltungsteuer werden die Einkünfte dem Teileinkünfteverfahren (60 % steuerpflichtig) unterworfen. Die tatsächlich angefallenen Werbungskosten können in Höhe von 60 % berücksichtigt werden, § 3c Abs. 2 EStG. Eine Besteuerung nach dem Teileinkünfteverfahren erfolgt auch dann, wenn der Steuerpflichtige die Voraussetzungen des § 32d Abs. 2 Nr. 3 EStG erfüllt.

	Ausschüttung bis 2007	Ausschüttung in 2008	Ausschüttung in 2009	
			1. Variante: Abgeltungsteuer	2. Variante: Teileinkünfteverfahren
Gesellschaftsebene				
vorl. Gewinn	100.000,00 €	100.000,00 €	100.000,00 €	100.000,00 €
Gewerbesteuer	16.666,67 € *	14.000,00 € **	14.000,00 € **	14.000,00 € **
zvE	83.333,33 €	100.000,00 €	100.000,00 €	100.000,00 €
Körperschaftsteuer	20.833,33 €	15.000,00 € ***	15.000,00 € ***	15.000,00 € ***
Solidaritätszuschlag	1.145,83 €	825,00 €	825,00 €	825,00 €
Bardividende	61.354,17 €	70.175,00 €	70.175,00 €	70.175,00 €
Sparer-Pausch, § 20 Abs. 9 EStG			801,00 €	
Zwischensumme			69.374,00 €	
Abgeltungsteuer, 25 %			17.343,50 €	
SolZ			953,89 €	
Kapitalertragsteuer	12.270,83 €	14.035,00 €		
Solidaritätszuschlag	674,90 €	771,93 €		
ausbezahlte Dividende	48.408,44 €	55.368,08 €	51.877,61 €	70.175,00 €
Gesellschafterebene				
Bardividende	61.354,17 €	70.175,00 €		70.175,00 €
davon 50 %, § 3 Nr. 40d EStG	30.677,08 €	35.087,50 €		
davon 60 %, § 3 Nr. 40d EStG				42.105,00 €
WK, 50 %, § 3c Abs. 2 EStG	500,00 €	500,00 €		
WK, 60 %, § 3c Abs. 2 EStG				600,00 €
Sparer-FB, § 20 Abs. 4 EStG	750,00 €	750,00 €		
zvE	29.427,08 €	33.837,50 €	0,00 €	41.505,00 €

* GewSt ist als Betriebsausgabe abzugsfähig: mxH/(1+mxH)
** GewSt ist nicht als Betriebsausgabe abzugsfähig: mxH
*** KSt-Satz 15 %

Abb. 8: Ermittlung der Einkünfte aus Kapitalvermögen

4.6 Einkünfte aus Vermietung und Verpachtung

4.6.1 Begriffsmerkmale und Arten der Einkünfte aus Vermietung und Verpachtung

Als Einkünfte aus Vermietung und Verpachtung sind solche Erträge anzusehen, die dem Steuerpflichtigen aus der entgeltlichen Nutzungsüberlassung bestimmter Wirtschaftsgüter an andere Personen zufließen. Dabei kommen vor allem die Vermietung, § 535 BGB, und die Verpachtung, § 581 BGB, sowie ähnliche Vereinbarungen in Betracht. Obwohl § 21 EStG keine allgemeingültige Definition der Einkünfte aus Vermietung und Verpachtung beinhaltet, lässt sich dies aus der dort genannten erschöpfenden Aufzählung folgern.

§ 21 Abs. 1 EStG nennt im einzelnen vier Arten der Einkünfte aus Vermietung und Verpachtung:

- Einkünfte aus Vermietung und Verpachtung von **unbeweglichem Vermögen**, insbesondere von Grundstücken, Gebäuden, Gebäudeteilen, Schiffen, die in ein Schiffsregister eingetragen sind, und Rechten, die den Vorschriften des bürgerlichen Rechts über Grundstücke unterliegen, wie z.B. das Erbbaurecht oder das Mineralgewinnungsrecht, § 21 Abs. 1 S. 1 Nr. 1 EStG.

- Einkünfte aus Vermietung und Verpachtung von **Sachinbegriffen**, insbesondere von beweglichem Betriebsvermögen, § 21 Abs. 1 S. 1 Nr. 2 EStG. Sachinbegriffe sind eine Zusammenfassung von beweglichen Wirtschaftsgütern, deren Nutzung einem einheitlichen Zweck dient und die dergestalt aufeinander abgestimmt sind, dass sie eine wirtschaftliche Einheit bilden, so z.B. ein Fuhrpark, eine Wohnungseinrichtung oder ein Rechenzentrum.

  Die gelegentliche Überlassung einzelner beweglicher Wirtschaftsgüter des Privatvermögens wird hingegen den sonstigen Einkünften zugerechnet, § 22 Nr. 3 EStG.

- Einkünfte aus einer zeitlich begrenzten Überlassung von **Rechten**, insbesondere von schriftstellerischen, künstlerischen und gewerblichen Urheberrechten, von gewerblichen Erfahrungen und von Gerechtigkeiten und Gefällen, § 21 Abs. 1 S. 1 Nr. 3 EStG.

- Einkünfte aus der Veräußerung von **Miet- und Pachtzinsforderungen**, auch dann, wenn die Einkünfte im Veräußerungspreis von Grundstücken enthalten sind und die Miet- und Pachtzinsen sich auf einen Zeitraum beziehen, in dem der Veräußerer noch Besitzer war, § 21 Abs. 1 S. 1 Nr. 4 EStG.

Diese im EStG genannten Sachverhalte verdeutlichen, dass der einkommensteuerliche Begriff der Vermietung und Verpachtung über den des bürgerlichen Rechts hinausgeht. Die Begriffsabgrenzung der Vermietung und Verpachtung im Einkommensteuerrecht fußt auf einer wirtschaftlichen Betrachtungsweise. Die Zahlung für die Überlassung des Gebrauchs oder der Nutzung des Wirtschaftsgutes muss dem wirtschaftlichen Gehalt nach als Gegenleistung beurteilt werden.

Da es sich bei den Einkünften aus Vermietung und Verpachtung um eine Überschusseinkunftsart handelt, werden Wertänderungen am überlassenen Vermögen auch nicht im Falle der Realisierung stiller Reserven bei einer Veräußerung in die Bemessungsgrundlage mit einbezogen. Steuerlich relevant sind nur die Vergütungen aus der Nutzungsüberlassung. Eine Ausnahme gilt dabei für Veräußerungsgeschäfte bei Grundstücken, Gebäuden und Rechten, bei denen der Zeitraum zwischen Anschaffung und Veräußerung nicht mehr als zehn Jahre beträgt, § 23 Abs. 1 S. 1 Nr. 1 i.V.m. § 22 Nr. 2 EStG.

4.6.2 Abgrenzung zu den Einkünften aus Gewerbebetrieb

Für die Zuordnung von Einkünften zu denen aus Vermietung und Verpachtung ist der Umfang des Grundbesitzes und des mit der Vermietung und Verpachtung verbundenen Verwaltungsaufwands nicht entscheidend. Ebenso ist irrelevant, ob die überlassenen Räume beim Mieter zu gewerblichen Zwecken herangezogen werden.

Ein Gewerbebetrieb liegt dagegen vor, wenn eine selbständige nachhaltige Betätigung mit Gewinnerzielungsabsicht unternommen wird, sich als Beteiligung am allgemeinen wirtschaftlichen Verkehr darstellt und über den Rahmen einer Vermögensverwaltung hinausgeht, R 15.7 Abs. 1 S. 3 EStR. Ein Gewerbebetrieb liegt vor bei der Vermietung von Ausstellungsräumen, Messeständen, Tennisplätzen, bei der ständig wechselnden kurzfristigen Vermietung von Sälen, z.B. für Konzerte, sowie grundsätzlich bei der Beherbergung von Gästen, R 15.7 Abs. 2 EStR. Eine über das bei langfristigen Vermietungen übliche Maß hinausgehende Häufigkeit des Mieterwechsels und der damit verbundene Arbeitsaufwand induzieren folglich das Vorhandensein eines Gewerbebetriebes.

Eine gewerbliche Tätigkeit ist ebenfalls gegeben, wenn im Zusammenhang mit der Vermietung ins Gewicht fallende Sonderleistungen erbracht werden oder der Umfang der Tätigkeit eine unternehmerische Organisation erfordern, R 15.7 Abs. 3 EStR. Dies könnte z.B. beim Betreiben von Langzeitcampingplätzen gegeben sein, wenn Leistungen erbracht werden, die eine reine Bereitstellung des Platzes übersteigen.

Obwohl die Einkünfte aus der Veräußerung von Grundstücken des Privatvermögens, abgesehen von der in § 23 EStG verankerten Ausnahme, grundsätzlich steuerfrei sind, können sie unter bestimmten Voraussetzungen als **Grundstückshandel** und damit als Einkünfte aus Gewerbebetrieb qualifiziert werden. Veräußert der Steuerpflichtige innerhalb von fünf Jahren mehr als drei Grundstücke, so wird eine Wiederveräußerungsabsicht unterstellt und die Nutzung bzw. Nutzungsüberlassung tritt in den Hintergrund, H 15.7 Abs. 1 EStR.[31] Folglich sind bei Überschreiten der **Drei-Objekt-Grenze**[32] die Veräußerungsgewinne aller Objekte – d.h. auch der ersten drei – als gewerblich anzusehen und damit steuerpflichtig, da Einkünfte aus Gewerbebetrieb gemäß der Reinvermögenszugangstheorie zu ermitteln sind. Diese Grenze ist als variabel anzusehen, insbesondere bei berufsnahen Personen wie z.B. Architekten.

Die Abgrenzung zwischen privater Vermögensverwaltung und gewerblichem Grundstückshandel ist dahingehend bedeutsam, dass im Falle der Gewerblichkeit die Überschüsse aus der Veräußerung als laufende gewerbliche Einkünfte zu qualifizieren sind; dies gilt auch dann, wenn durch die Veräußerung der Grundstücke der ganze Betrieb aufgegeben wird. Ein Veräußerungsverlust mindert allerdings im Umkehrschluss ebenfalls die Bemessungsgrundlage. Wertänderungen sind bei im Privatvermögen gehaltenen Grundstücken, mit Ausnahme des Anwendungsbereiches von § 22 Nr. 2 i.V.m. § 23 EStG, dagegen steuerlich unbeachtlich. Zum anderen knüpft die Gewerbesteuer bei Nichtkapitalgesellschaften an die einkommensteuerliche Klassifikation an, dabei darf die Wirkung von § 35 EStG nicht übersehen werden. Auch auf die Gewinnermittlung hat die Umqualifikation in Einkünfte aus Gewerbebetrieb unmittelbare Auswirkung. Ermittelt ein Steuerpflichtiger seine Einkünfte aus Vermietung und Verpachtung durch den Überschuss der Einnahmen über die Ausgaben gemäß § 4 Abs. 3 EStG, muss ein Gewerbetreibender grundsätzlich seine Einkünfte aufgrund eines Betriebsvermögensvergleichs gemäß §§ 5 Abs. 1, 4 Abs. 1 S. 1 EStG feststellen. Ein Wechsel zu der Einnahmenüberschussrechnung ist nur dann möglich, wenn die Grenzen in § 141 AO nicht überschritten werden.

Die Einnahmen aus der Verpachtung eines Gewerbebetriebes sind grundsätzlich als Einkünfte aus Vermietung und Verpachtung anzusehen, § 21 Abs. 1 S. 1 Nr. 3 EStG. Sie sind allerdings als Einkünfte aus Gewerbebetrieb zu deklarieren,

-   wenn der Verpächter den Gewerbebetrieb bislang selbst geführt hat. Ihm wird diesbezüglich ein Wahlrecht gewährt, ob er ohne Realisierung der stillen Reserven weiter Unternehmer bleiben will oder ob er die stillen Reserven realisieren und in Zukunft privater Verpächter sein will, R 16 Abs. 5 EStR;

-   wenn eine Betriebsaufspaltung vorliegt, R 15.7 Abs. 4-8 EStR.

Erfinder, die einer anderen Person das Recht zur Nutzung einer Zufallserfindung überlassen, beziehen Einkünfte aus Vermietung und Verpachtung. Erfinder hingegen, die planmäßig auf Erfindungen hinarbeiten und zu diesem Zweck einen Betrieb führen, erzielen Einkünfte aus Gewerbebetrieb. Ein Arbeitnehmer, der im Rahmen seines

---

31   Vgl. BMF vom 26.03.2004, BStBl. I 2004, S. 434.
32   Objekte i.S.d. Drei-Objekt-Grenze sind: Wohneinheiten (also Einfamilienhäuser, Reihenhäuser, Doppelhaushälften, Eigentumswohnungen und Zweifamilienhäuser), unbebaute Grundstücke bzw. Parzellen, Anteile an Grundstückspersonengesellschaften, Mehrfamilienhäuser und Gewerbebauten.

Dienstverhältnisses etwas erfindet, bezieht weiterhin Einkünfte aus nichtselbständiger Arbeit.

4.6.3 Besonderheiten der Einkünfte aus Vermietung und Verpachtung

Beträgt das Entgelt für die Überlassung einer Wohnung zu Wohnzwecken weniger als 56 % der ortsüblichen Marktmiete, so ist die Nutzungsüberlassung in einen entgeltlichen und einen unentgeltlichen Teil aufzuteilen, § 21 Abs. 2 EStG. Dies hat zur Folge, dass anfallende Werbungskosten nur für den entgeltlich überlassenen Teil anteilig berücksichtigt werden können, der Werbungskostenabzug entfällt für den unentgeltlich überlassenen Teil der Nutzungsüberlassung, d.h., wenn die Miete lediglich 40 % der ortsüblichen Miete entspricht, dürfen auch von den gesamten Werbungskosten nur 40 % abgezogen werden.

4.7 Sonstige Einkünfte i.S.d. § 22 EStG

4.7.1 Begriffsmerkmale und Arten der sonstigen Einkünfte i.S.d. § 22 EStG

Anders als der Ausdruck „sonstige Einkünfte" vermuten lässt, werden in dieser Einkunftsart **nicht** alle bislang ungenannt gebliebenen möglichen Einkünfte erfasst, sondern vielmehr eine heterogene Gruppe unterschiedlicher und genau abgegrenzter Tätigkeiten. § 22 EStG unterscheidet dabei zwischen

- **Einkünfte aus wiederkehrenden Bezügen, § 22 Nr. 1 EStG.** Wiederkehrende Bezüge setzen voraus, dass sie auf einem einheitlichen Entschluss oder einem einheitlichen Rechtsgrund beruhen und mit einer gewissen Regelmäßigkeit wiederkehren. Sie brauchen jedoch nicht stets in der gleichen Höhe geleistet zu werden, R 22.1 Abs. 1 EStR; auch dürfen sie zu keiner anderen Einkunftsart gehören.

Bei wiederkehrenden Bezügen ist wie folgt zu unterscheiden:

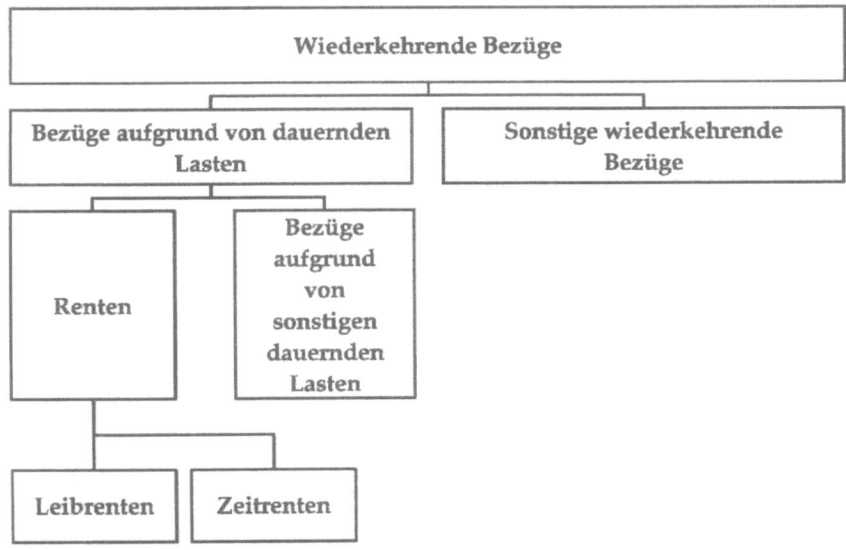

Abb. 9: Wiederkehrende Bezüge

Grundsätzlich werden wiederkehrende Bezüge nach Abzug der Werbungskosten in voller Höhe der Besteuerung unterworfen. Eine Ausnahme gilt für Leibrenten. Diese werden nur mit dem entsprechenden Prozentsatz gemäß § 22 Nr. 1 S. 3 EStG erfasst.

Bei den Leibrenten ist wie folgt zu unterscheiden:

- Renten aus der gesetzlichen Rentenversicherung, aus den landwirtschaftlichen Alterskassen, den berufsständischen Versorgungseinrichtungen (bspw. Versorgungswerk der Steuerberater) und Renten aufgrund einer privaten, kapitalbildenden Rentenversicherung (sog. Rürup-Rente), § 22 Nr. 1 S. 3 Bst. a, aa EStG. Der Besteuerungsanteil hängt vom ersten Jahr des Rentenbezuges ab. Damit ergibt sich für jeden Rentner ein individueller Freibetrag, der grundsätzlich für die gesamte Laufzeit des Rentenbezugs konstant bleibt (Kohortenprinzip).

Beispiel:

Rentner R erhält ab 01.01.2005 eine gesetzliche Altersrente in Höhe von 1.000 € monatlich. Ab dem 01.08.2006 erhöht sich die monatliche Rentenzahlung auf 1.100 €.

Einkünfte 2005:

Rente	12 x 1.000 € =	12.000 €

Besteuerungsanteil 50 %		6.000 €
➔ *Individueller Freibetrag*		*6.000 €*

Abzügl. Werbungskosten-Pauschbetrag, § 9a S. 1 Nr. 3 EStG	- 102 €

Steuerpflichtige Einkünfte 2005	5.898 €

Einkünfte 2006:

Rente 7 x 1.000 € + 5 x 1.100 € =	12.500 €
Abzügl. festgeschriebener Freibetrag	- 6.000 €
Abzügl. Werbungskosten-Pauschbetrag, § 9a S. 1 Nr. 3 EStG	- 102 €

Steuerpflichtige Einkünfte 2006	6.398 €

Eine Rentenerhöhung wird damit in voller Höhe der Besteuerung unterworfen.

- Andere Leibrenten, § 22 N. 1 S. 3 Bst. a, bb EStG. Diese unterliegen in Höhe ihres Ertragsanteils der Besteuerung. Der Ertragsanteil hängt vom Lebensalter bei Beginn der Rente ab. Je älter der Steuerpflichtige bei Beginn der Rentenzahlungen ist, desto niedriger ist der Ertragsanteil. Der Ertragsanteil ändert sich nicht mehr. Er bleibt während der gesamten Bezugsdauer konstant.

Beispiel:

Rentner R erhält nach Vollendung seines 63. Lebensjahres eine private Rentenversicherung, die der Besteuerung gemäß § 22 Nr. 1 S. 3 Bst. a, bb EStG unterliegt. Die monatlichen Rentenzahlungen betragen 1.000 €.

Einkünfte:

Rente	12 x 1.000 € =	12.000 €
Ertragsanteil 20 %		2.400 €
Abzügl. Werbungskosten-Pauschbetrag, § 9a S. 1 Nr. 3 EStG		- 102 €

Steuerpflichtige Einkünfte	2.298 €

Beamtenpensionen fallen allerdings in voller Höhe weiterhin unter die Einkünfte aus nichtselbständiger Arbeit, da Beamte nie von ihrem Einkommen in eine öffentliche Rentenkasse Beiträge entrichten mussten und ihnen folglich der gesamte Betrag als nachträgliche Einnahmen aus einem Dienstverhältnis zugerechnet wird.

Hintergrund

Das BVerfG hat mit Urteil vom 06.03.2002 die bisher geltende unterschiedliche Behandlung von Renten und Pensionen als mit dem Grundgesetz für unvereinbar angesehen. Deshalb wurde die Besteuerung der Sozialversicherungsrenten mit Wirkung ab dem VZ 2005 durch das Alterseinkünftegesetz neu geregelt. Kernelement dieser Neuregelung ist der Übergang zu einer nachgelagerten Besteuerung der Alterseinkünfte.

Eine nachgelagerte Besteuerung zeichnet sich in ihrer Reinform dadurch aus, dass Vorsorgeaufwendungen für die Alterssicherung in voller Höhe von der Bemessungsgrundlage der Einkommensteuer abzugsfähig sind. Im Gegenzug muss die Auszahlung der Rente dann in voller Höhe versteuert werden. Ein Vorteil der nachgelagerten Besteuerung ist es, dass in der Phase, in der der Steuerpflichtige sein Erwerbseinkommen erwirtschaftet, dieses in der Regel einem höheren Steuersatz unterliegt, als in der Phase, in der er seine Alterseinkünfte bezieht. Damit führt die nachgelagerte Besteuerung – unter Beachtung der eben genannten Prämisse – zu einer Entlastung für den Steuerpflichtigen. Das Alterseinkünftegesetz sieht deshalb fiskalpolitisch bedingt eine übergangsweise Einführung der nachgelagerten Besteuerung vor.

Zudem soll schrittweise eine gleiche steuerliche Behandlung von Renten und Pensionen (§ 19 EStG) hergestellt werden, bis ab dem Jahr 2040 Renten aus der gesetzlichen Sozialversicherung und Pensionen steuerlich gleich behandelt werden: Der Besteuerungsanteil der Renten beträgt dann 100 %. Ebenso wird der Versorgungsfreibetrag für Beamtenpensionen bis zum Jahr 2040 auf 0 € abgeschmolzen.

- **Unterhaltsleistungen beim Realsplitting, § 22 Nr. 1a EStG.** Einkünfte aus Unterhaltsleistungen von dem geschiedenen oder getrennt lebenden unbeschränkt einkommensteuerpflichtigen Ehegatten, die mit Zustimmung des Empfängers beim Geber gemäß § 10 Abs. 1 Nr. 1 EStG bis zu einer Höhe von maximal 13.805 € im Kalenderjahr als Sonderausgaben abgezogen werden können, sind beim Empfänger steuerbar.

- **Einkünfte aus Versorgungsleistungen, § 22 Nr. 1b EStG.** Wird ein Betrieb, Teilbetrieb, ein Mitunternehmeranteil an einer Personengesellschaft, die eine Tätigkeit gemäß § 13, § 15 Abs. 1 Nr. 1 oder § 18 Abs. 1 EStG ausübt, oder ein mindestens 50 % betragender Anteil an einer GmbH bei Geschäftsführertätigkeit des Übergebers und Übernehmers, gegen Versorgungsleistungen übertragen, kann der Versorgungsverpflichtete (= Übernehmer des Vermögens) diese Zahlungen als Sonderausgaben gemäß § 10 Abs. 1 Nr. 1a EStG abziehen. Spiegelbildlich muss der Versorgungsempfänger (= Übergeber des Vermögens) diese als sonstige Einkünfte versteuern.

- **Einkünfte auf Leistungen auf Grund eines schuldrechtlichen Versorgungsausgleichs, § 22 Nr. 1c EStG.** Soweit diese Leistungen beim Verpflichteten als Sonderausgaben gemäß § 10 Abs. 1 Nr. 1b EStG abgezogen werden können, sind sie spiegelbildlich beim Berechtigten als sonstige Einkünfte zu versteuern.

- **Einkünfte aus privaten Veräußerungsgeschäften i.S.d. § 23 EStG, § 22 Nr. 2 EStG.** Obwohl im Rahmen der Überschusseinkunftsarten Wertänderungen des Vermögens grundsätzlich nicht steuerlich erfasst werden, sind diese unter den Voraussetzungen des § 23 EStG zur Einkommensteuer heranzuziehen. Private Veräußerungsgeschäfte sind:

  - Veräußerungsgeschäfte bei Grundstücken, Gebäuden und Rechten, bei denen der Zeitraum zwischen Anschaffung und Veräußerung nicht mehr als zehn Jahre beträgt, § 23 Abs. 1 S. 1 Nr. 1 EStG.

  - Veräußerungsgeschäfte bei anderen Wirtschaftsgütern, insbesondere Wertpapieren, bei denen der Zeitraum zwischen Anschaffung und Veräußerung nicht mehr als ein Jahr beträgt, § 23 Abs. 1 S. 1 Nr. 2 EStG.[33] Dies gilt auch für wesentliche Beteiligungen an Kapitalgesellschaften. In diesem Fall ist § 17 EStG sowie die damit verbundenen Vergünstigungen nicht anzuwenden, § 23

---

[33] Das BVerfG hat in seiner Entscheidung am 09.03.2004 ausgeführt, dass für die Veranlagungszeiträume 1997 und 1998 die Regelung des § 23 Abs. 1 Nr. 1 EStG, soweit sie Veräußerungsgeschäfte von Wertpapieren betrifft, gegen Art. 3 GG verstößt. Als Begründung wird angeführt, dass die Norm an sich nicht verfassungswidrig ist, wohl aber der Vollzug der Norm. Der defizitäre Vollzug der Norm seitens der Finanzbehörden verhinderte, dass alle Spekulationsgeschäfte umfassend erfasst werden. Dies stellt einen Verstoß gegen das Grundgesetz dar. Inzwischen ist das strukturelle Vollzugsdefizit jedoch beseitigt. Deshalb hat das BVerfG am 10.01.2008 entschieden, dass die Besteuerung privater Veräußerungsgeschäfte ab dem Veranlagungszeitraum 1999 verfassungsrechtlich unbedenklich sei.

Abs. 2 S. 2 EStG. Ein Problembereich bei Bestimmung der Spekulationsfrist stellt das sog. Sammeldepot dar. Ein Sammeldepot ist dadurch gekennzeichnet, dass in diesem Wertpapiere einer Art und Gattung verwaltet werden. Ein Veräußerungsgewinn ist nach § 23 Abs. 1 Nr. 2 EStG steuerbar, wenn zwischen Anschaffung und Veräußerung nicht mehr als ein Jahr liegt. Für ein Sammeldepot hat der BFH entschieden, dass die Veräußerungsfrist nur dann gewahrt ist, wenn nach Art und Stückzahl ausgeschlossen werden kann, dass die veräußerten Wertpapiere außerhalb der Spekulationsfrist erworben wurden. Dies soll anhand folgenden Beispiels verdeutlicht werden: Der Steuerpflichtige X erwirbt am 02.01.2001 100 Aktien der A-AG zum Preis von je 30 €. Am 04.05.2001 erwirbt er weitere 20 Aktien der A-AG zum Preis von je 20 € und am 01.06.2001 nochmals 80 Aktien zum Preis von je 15 €. Am 01.03.2002 veräußert er 150 Aktien der A-AG zum Preis von je 80 €. Zwei Fragen interessieren in diesem Zusammenhang: Liegt ein Spekulationsgeschäft vor und wenn ja, wie hoch ist der Veräußerungsgewinn? Die erste Frage lässt sich wie folgt beantworten: Da 150 Aktien am 01.03.2002 verkauft werden, kann nicht ausgeschlossen werden, dass hiervon 100 Aktien, die am 02.01.2001 erworben wurden, in diesem Zusammenhang veräußert worden sind. Bei der Bestimmung der Spekulationsfrist ist das FiFo-Verfahren anzuwenden, § 23 Abs. 1 Nr. 2 S. 2 EStG. Demnach wurden 100 Aktien außerhalb der Spekulationsfrist des § 23 Abs. 1 Nr. 2 EStG veräußert, 50 Aktien hingegen sind innerhalb der Spekulationsfrist verkauft worden und fallen somit unter den Anwendungsbereich des § 23 Abs. 1 Nr. 2 EStG. In einem nächsten Schritt ist der Veräußerungsgewinn zu bestimmen, der sich aus Veräußerungserlös abzüglich der Anschaffungskosten ergibt. Der Veräußerungserlös ermittelt sich wie folgt: 50 A-Aktien x 80 €= 4.000 €. Die Ermittlung der Anschaffungskosten gestaltet sich schwieriger. Hier sieht die Finanzverwaltung[34] vor, dass die durchschnittlichen Anschaffungskosten zugrunde zu legen sind. Diese ermitteln sich wie folgt:

20 A-Aktien x 20 €	=	400 €
80 A-Aktien x 15 €	=	1.200 €
100 A-Aktien	=	1.600 €.

Das ergibt durchschnittliche Anschaffungskosten von 16 € je A-Aktie. Die Anschaffungskosten der 50 A-Aktien betragen also 800 €, sodass sich ein Veräußerungsgewinn von 4.000 – 800 €= 3.200 € ergibt. Dieser unterliegt aber gemäß § 3 Nr. 40 Bst. j EStG nur zur Hälfte der Besteuerung. In diesem Fall beträgt der Veräußerungsgewinn mithin 1.600 €, der die Freigrenze des § 23 Abs. 3 S. 5 EStG von 512 € überschreitet.

- Veräußerungsgeschäfte, bei denen die Veräußerung der Wirtschaftsgüter früher erfolgt als der Erwerb, § 23 Abs. 1 S. 1 Nr. 3 EStG.

---

[34] Vgl. BMF vom 25.10.2004, BStBl. I 2004, S. 1034, Rdnr. 45 ff.

- Termingeschäfte wie z.B. Optionsscheine, sofern der Zeitraum zwischen Erwerb und Beendigung des Rechts nicht mehr als ein Jahr beträgt, § 23 Abs. 1 S. 1 Nr. 4 EStG.

Gewinne aus privaten Veräußerungsgeschäften i.S.d. § 23 Abs. 3 EStG bleiben steuerfrei, wenn der aus privaten Veräußerungsgeschäften erzielte Gesamtgewinn im Kalenderjahr weniger als 512 € (Freigrenze, ab 2009: 600 €) betragen hat. Werden höhere Gewinne erzielt, sind diese in vollem Umfang der Besteuerung zu unterwerfen, § 23 Abs. 3 S. 5 EStG. Da bei der Veräußerung von Aktien gemäß § 3 Nr. 40 Bst. j EStG das Halbeinkünfteverfahren anzuwenden ist, bedeutet dies, dass sich die Freigrenze faktisch auf 1.024 € verdoppelt. Private Veräußerungsverluste können, soweit sie dem Halbeinkünfteverfahren unterliegen, jedoch auch nur zur Hälfte berücksichtigt werden.

Bei Verlusten aus privaten Veräußerungsgeschäften i.S.d. § 23 EStG ist der Verlustabzug nach § 10d EStG nicht möglich. Verluste dürfen in diesem Fall nur bis zur Höhe des Gewinns, den der Steuerpflichtige im gleichen Kalenderjahr aus privaten Veräußerungsgeschäften erzielt hat, ausgeglichen werden. Verluste mindern jedoch nach Maßgabe des § 10d EStG die Einkünfte, die der Steuerpflichtige in dem unmittelbar vorangegangenen Veranlagungszeitraum oder in den folgenden Veranlagungszeiträumen aus privaten Veräußerungsgeschäften erzielt hat bzw. erzielt, § 23 Abs. 3 S. 7 und 8 EStG.

Ab 2009 werden Gewinne aus der Veräußerung von Kapitalanlagen unabhängig von der Haltedauer als Einkünfte aus Kapitalvermögen gemäß § 20 Abs. 2 EStG erfasst und unterliegen damit der Abgeltungsteuer in Höhe von 25 %, § 32d EStG. Private Veräußerungsgewinne gemäß § 22 Nr. 2 i.V.m. § 23 Abs. 1 Nr. 2 EStG liegen nur noch vor, wenn die Kapitalanlage vor dem 01.01.2009 erworben wurde und innerhalb der einjährigen Haltefrist veräußert wird, § 52a Abs. 10 und 11 EStG.

„Alte" Veräußerungsverluste i.S.d. § 23 Abs. 1 Nr. 2 EStG können bis zum Jahr 2013 mit „neuen" Veräußerungsgewinnen, die als Einkünfte aus Kapitalvermögen gemäß § 20 Abs. 2 EStG erfasst werden, verrechnet werden, § 20 Abs. 6 S. 1 i.V.m. § 23 Abs. 3 S. 9 und 10, § 52a Abs. 11 S. 11 EStG.

- **Einkünfte aus sonstigen Leistungen, § 22 Nr. 3 EStG.** Bei den sonstigen Leistungen erfolgt im Gesetz zunächst eine passive Abgrenzung, da sonstige Leistungen durch § 22 Nr. 3 EStG nur erfasst werden, soweit sie weder zu anderen Einkunftsarten noch zu Einkünften aus wiederkehrenden Bezügen, Unterhaltsleistungen, Einkünften aus privaten Veräußerungsgeschäften oder Abgeordnetenbezügen gehören. Beispielhaft nennt § 22 Nr. 3 EStG die Einkünfte aus gelegentlichen Vermittlungen und aus der Vermietung beweglicher Gegenstände. Allgemein sind Leistungen jedes Tun, Dulden oder Unterlassen, das Gegenstand eines entgeltlichen Vertrags sein kann und um des Entgelts willen erbracht wird. So sind z.B. einmalige Bürgschaftsprovisionen, Entgelte für ein freiwilliges Einsammeln und Verwerten leerer Flaschen, Entgelte für die Einräumung eines Vorkaufsrechts sowie Entgelte für die regelmäßige Mitnahme eines Arbeitskollegen auf der Fahrt zwischen Wohnung und Arbeitsstätte als Leistungen anzusehen, H 22.6 EStR.

Die Einkünfte aus sonstigen Leistungen sind nur in voller Höhe zur Einkommensteuer heranzuziehen, wenn die Freigrenze von 256 € überschritten wird, § 22 Nr. 3 S. 2 EStG. Eine Verlustberücksichtigung ist nur innerhalb der Einkunftsart des § 22 Nr. 3 EStG möglich, § 22 Nr. 3 S. 3 und 4 EStG.

- **Abgeordnetenbezüge, § 22 Nr. 4 EStG.** Entschädigungen, Amtszulagen, Zuschüsse zu Kranken- und Pflegeversicherungsbeiträgen, Übergangsgelder, Überbrückungsgelder, Sterbegelder, Versorgungsabfindungen und -bezüge, die aufgrund des Abgeordnetengesetzes oder des Europaabgeordnetengesetzes, sowie vergleichbare Bezüge, die aufgrund der entsprechenden Gesetze der Länder gezahlt werden, gelten neben den weiteren in § 22 Nr. 4 EStG genannten Einkünften und Bedingungen als sonstige Einkünfte.

- **Leistungen aus Altersvorsorgeverträgen, § 22 Nr. 5 EStG.** Die aus zertifizierten Altersvorsorgeverträgen (wie bspw. die Riester-Rente) fließenden Erträge werden erst in der Auszahlungsphase besteuert. Der Umfang der Besteuerung der Leistung richtet sich danach, ob die in der Ansparphase eingezahlten Beiträge in vollem Umfang, nur teilweise oder gar nicht nach § 10a EStG oder den §§ 79 ff. EStG gefördert wurden. Erfolgt in der Ansparphase eine nur teilweise Förderung nach § 10a EStG, so ist in der Auszahlungsphase die Leistung in den Teil aufzuteilen, der gefördert wurde und in den, der nicht gefördert wurde. Für den geförderten Teil gilt § 22 Nr. 5 EStG. Ein solcher Fall ist gegeben, wenn ein begünstigter Altersvorsorgebetrag nicht in der gesamten Ansparphase begünstigt worden ist, weil z.B. in diesem Zeitraum nicht die persönlichen Fördervoraussetzungen vorlagen oder aber der Begünstigte höhere Beiträge einzahlte, als sie in § 10a EStG begünstigt wurden. Handelt es sich bei diesen Altersvorsorgeverträgen um Leibrenten, so ist der nicht begünstigte Teil nach § 22 Nr. 1 S. 3 EStG zu versteuern.

Ebenso unterliegen die Leistungen aus einer betrieblichen Altersvorsorge in Form einer Direktversicherung, eines Pensionsfonds oder einer Pensionskasse der Besteuerung gemäß § 22 Nr. 5 EStG.

4.7.2 Besonderheiten der sonstigen Einkünfte i.S.d. § 22 EStG

Für Einkünfte aus wiederkehrenden Bezügen und Unterhaltsleistungen darf ein Werbungskostenpauschbetrag von insgesamt 102 € abgezogen werden, § 9a S. 1 Nr. 3 EStG.

4.8 Besondere Sachverhalte der Einkunftsarten

Einige übergreifende Sachverhalte sind zur Ermittlung der Summe der Einkünfte aus den Einkunftsarten über alle Einkunftsarten hinweg grundlegend zu beachten. So stellt nicht jede Einnahme, obwohl sie zur Stärkung der sachlichen Leistungsfähigkeit des Steuerpflichtigen beiträgt, einen einkommensteuerpflichtigen Vorgang dar. Zusätzlich rundet § 24 EStG durch die dort aufgeführten Einkünfte den Umfang der in die Summe der Einkünfte aus den Einkunftsarten einfließenden Einkünfte ab.

4.8.1 Nicht besteuerte Einkünfte

Im Rahmen der nicht besteuerten Einkünfte ist zwischen nicht steuerbaren und steuerbefreiten Einkünften zu unterscheiden.

4.8.1.1 Nicht steuerbare Einkünfte

Die nicht steuerbaren Einkünfte lassen sich im wesentlichen in drei Gruppen unterteilen.

Werden **Einkünfte von keiner der sieben Einkunftsarten erfasst**, so können sie auch nicht zur Besteuerung herangezogen werden. Solche nicht steuerbaren Einkünfte können z.B. Lotteriegewinne, Finderlohn, Gelegenheitsgeschenke, private Spiel- oder Wettgewinne oder mit Preisen verbundene Auszeichnungen sein, wie bspw. der Nobelpreis, Dissertationspreise usw.

Wie bereits angesprochen, liegen nur dann einkommensteuerlich relevante Einkünfte vor, wenn eine **Einkünfteerzielungsabsicht** besteht. Dies ist der Fall, wenn eine Handlung mit der Absicht unternommen wird, auf Dauer Gewinne zu erzielen, selbst wenn die Gewinnerzielung nur einen Nebenzweck darstellt. Handelt es sich jedoch um Liebhaberei, so sind „zufällig" auftretende Gewinne oder Verluste weiterhin der privaten Sphäre zuzurechnen und fließen nicht in die Einkunftsermittlung ein, selbst wenn sie ihrer Natur nach unter den sieben Einkunftsarten zu subsumieren wären.

Sind **Einkünfte** eines Steuerpflichtigen nach Maßgabe des Einkommensteuergesetzes **einem anderen zuzurechnen**, so sind diese Einkünfte ebenfalls beim Steuerpflichtigen nicht steuerbar. Da freiwillige Zuwendungen, Zuwendungen aufgrund einer freiwillig begründeten Rechtspflicht und Zuwendungen an eine gegenüber dem Steuerpflichtigen gesetzlich unterhaltsberechtigten Person oder deren Ehegatten weder bei den einzelnen Einkunftsarten noch vom Gesamtbetrag der Einkünfte abgezogen werden dürfen, führen diese gemäß der Systematik der Einkommensteuer, eine Doppelbesteuerung zu vermeiden, beim Empfänger nicht zu steuerbaren Einkünften, § 12 Nr. 2 i.V.m. § 22 Nr. 1 S. 2 EStG. Eine Berücksichtigung der Belastung des Leistenden findet allenfalls im Rahmen der persönlichen Leistungsfähigkeit statt.

Eine Ausnahme bezüglich der Nichtabzugsfähigkeit der in § 12 Nr. 2 EStG genannten Leistungen besteht für Unterhaltsleistungen an den geschiedenen oder dauernd getrennt lebenden unbeschränkt steuerpflichtigen Ehegatten, § 10 Abs. 1 Nr. 1 EStG. Da diese bei Zustimmung des Empfängers beim Leistenden bis zu einer Höhe von bis zu 13.805 € im Kalenderjahr im Rahmen der Sonderausgaben abgezogen werden können, führen die Unterhaltsleistungen beim Empfänger zu sonstigen Einkünften i.S.d. § 22 Nr. 1a EStG.

4.8.1.2 Steuerfreie Einkünfte

Nicht zu verwechseln mit den nicht steuerbaren Einkünften sind die steuerfreien Einkünfte. Diese werden grundsätzlich im Rahmen der sieben Einkunftsarten erfasst, bleiben jedoch nach Maßgabe des Einkommensteuergesetzes **ausdrücklich von der Steuer befreit**. Die zugehörigen einzelnen Regelungen sind vorwiegend in den §§ 3, 3b und 19a EStG verankert. So bleiben bspw. Leistungen aus Kranken- und Pflegeversicherungen, Arbeitslosengeld, Arbeitgeberbeiträge zur gesetzlichen Sozialversicherung, Zuschläge für Sonntags-, Feiertags- oder Nachtarbeit sowie Vermögensbeteiligungen, die Arbeitgeber ihren Arbeitnehmern gewähren, bei der Ermittlung der einkommensteuerlichen Bemessungsgrundlage außer Ansatz. Beachtet werden muss jedoch, dass steuerfreie Einnahmen in vielen Fällen die Einkommensteuer dergestalt erhöhen, als sie im Progressionsvorbehalt Berücksichtigung finden, § 32b EStG.

Ebenso wie diese von den Einkunftsarten unabhängig ausgestalteten Vorschriften, sind auch die an bestimmte Einkunftsarten geknüpften gesetzlichen Regelungen teilweise an Höchstbeträge gebunden. Einzelvorschriften zu den Einkunftsarten befinden sich bspw. in §§ 13 Abs. 3, 16 Abs. 4, 19 Abs. 2, 20 Abs. 4, 22 Nr. 3 S. 2 und 23 Abs. 3 S. 5 EStG.

Gemäß § 3c Abs. 1 EStG dürfen **Ausgaben**, die mit steuerfreien Einnahmen in unmittelbarem wirtschaftlichem Zusammenhang stehen, **nicht** als **Betriebsausgaben** abgezogen werden. Der Geltungsbereich dieser Regelung umfasst auch die in den §§ 3 und 3b EStG genannten Bruttoeinkünfte. Als steuerbefreit gilt zwar der gesamte Betrag vor Abzug der damit verbundenen Ausgaben; da diese jedoch keine Berücksichtigung finden, ist wirtschaftlich nur der Nettobetrag von der Einkommensteuer entlastet.

Ab Veranlagungszeitraum 2001 gilt eine hälftige Steuerfreiheit (Halbeinkünfteverfahren) für Veräußerungsgewinne i.S.d. § 17 EStG und für Dividendeneinkünfte, § 3 Nr. 40 EStG. Ab dem Veranlagungszeitraum 2009 weicht das Halbeinkünfte- einem Teileinkünfteverfahren, wonach der steuerfreie Anteil nur noch 40 % betragen wird. Dividendeneinkünfte i.S.d. § 20 EStG unterliegen dagegen ab 2009 grundsätzlich der Abgeltungsteuer i.H.v. 25 %, § 32d EStG.

Analog zu den obigen Ausführungen mindern bei hälftiger (ab 2009: 60 %iger) Steuerpflicht auch Werbungskosten bzw. Betriebsausgaben nur hälftig (ab 2009: zu 60 %) den Bruttobetrag der Einnahmen, § 3c Abs. 2 EStG.

4.8.2 Die Bedeutung des § 24 EStG

§ 24 EStG rundet klärend die Summe der Einkünfte aus den Einkunftsarten ab, ohne dabei eine separate Einkunftsart darzustellen. Er hat vielmehr eine übergreifende Bedeutung, indem er Einkünfte nennt, die nach den allgemeinen Kriterien den einzelnen Einkunftsarten zugerechnet werden müssen. Demnach gehören zu den Einkünften im Sinne des § 2 Abs. 1 EStG auch

-   **Entschädigungen**, die als Ersatz für entgangene oder entgehende Einnahmen oder für die Aufgabe oder Nichtausübung einer Tätigkeit, für die Aufgabe oder Nichtausübung einer Gewinnbeteiligung oder die Anwartschaft auf eine solche gewährt werden, sowie die Ausgleichszahlungen an Handelsvertreter, § 24 Nr. 1 EStG,

-   Einkünfte aus einer **ehemaligen Tätigkeit** oder aus einem früheren Rechtsverhältnis, auch wenn sie dem Steuerpflichtigen als Rechtsnachfolger zufließen, § 24 Nr. 2 EStG und

-   **Nutzungsvergütungen** für die Inanspruchnahme von Grundstücken für öffentliche Zwecke sowie Zinsen auf solche Nutzungsvergütungen und auf Entschädigungen, die mit der Inanspruchnahme von Grundstücken für öffentliche Zwecke zusammenhängen, § 24 Nr. 3 EStG.

Obwohl § 24 EStG für den Umfang der einkommensteuerlichen Bemessungsgrundlage nur einen klarstellenden Charakter hat, fällt ihm bezüglich der Höhe des Steuersatzes materiell Bedeutung zu. So sieht § 34 Abs. 1, 2 Nr. 2 und 3 EStG für Entschädigungen und Nutzungsvergütungen i.S.d. § 24 Nr. 1 und 3 EStG einen besonderen Steuersatz vor, der nach der sog. Fünftel-Regelung ermittelt wird, § 34 Abs. 1 EStG.

Bedeutsam ist die Frage, zu welcher Einkunftsart die Einkünfte im Einzelnen gehören. Durch den Verweis in § 24 EStG auf § 2 Abs. 1 EStG wird deutlich, dass in diesem auf die §§ 13 –24 EStG verwiesen wird und § 24 EStG somit Bedeutung für alle Einkunftsarten hat. Gleichwohl werden einige Ausnahmen deutlich. So betrifft bspw. § 24 Nr. 1c EStG ausschließlich Einkünfte aus Gewerbebetrieb und § 24 Nr. 3 EStG ist für Einkünfte aus Vermietung und Verpachtung relevant. § 24 EStG ergänzt somit die in den einzelnen Vorschriften getroffenen Regelungen über den Umfang der persönlichen Zurechnung und sachlichen Steuerpflicht. Die persönliche Zurechnung des § 24 EStG zielt grundsätzlich auf den ab, der die Einkünfte erzielt hat.

4.9 Ordnung der Einkunftsarten in Haupt- und Nebeneinkunftsarten

Eine Unterscheidung zwischen Haupt- und Nebeneinkunftsarten ist zwar nicht gesetzlich verankert, besitzt jedoch bei der Zuordnung der Einkünfte zu den verschiedenen

Einkunftsarten durchaus Relevanz. **Haupteinkunftsarten** sind dabei die Einkünfte aus Land- und Forstwirtschaft, aus Gewerbebetrieb sowie aus selbständiger und nichtselbständiger Arbeit. **Nebeneinkunftsarten** sind die Einkünfte aus Kapitalvermögen, aus Vermietung und Verpachtung und die sonstigen Einkünfte. Erfüllen Einkünfte die Kriterien einer Haupteinkunftsart, so sind sie dieser vorrangig der Nebeneinkunftsarten zuzuordnen. Diese **Subsidiarität der Nebeneinkünfte** führt dazu, dass Einkünfte nur den Nebeneinkünften zugeordnet werden, wenn sie nicht die Kriterien einer Haupteinkunftsart erfüllen. Eine Ausnahme besteht für private Veräußerungsgeschäfte i.S.d. § 23 EStG, da Einkünfte aus der Veräußerung von Anteilen innerhalb eines Jahres bei wesentlicher Beteiligung § 23 EStG und nicht § 17 EStG zugeordnet werden.

Innerhalb der Haupteinkunftsarten sind die Einkünfte gemäß der bereits geschilderten Kriterien zuzuordnen, hier liegt also keine Subsidiarität vor. Bei den Nebeneinkunftsarten hingegen ergibt sich eine Subsidiarität aus den Vorschriften in § 20 Abs. 3, § 21 Abs. 3, § 22 Nr. 1 S. 1 und Nr. 3 S. 1 sowie § 23 Abs. 2 S. 1 EStG:

- Gehören Einkünfte aus Kapitalvermögen zu einer Haupteinkunftsart oder zu den Einkünften aus Vermietung und Verpachtung, sind sie dort zu erfassen, § 20 Abs. 3 (ab 2009: Abs. 8) EStG.

- Einkünfte aus Vermietung und Verpachtung sind vorrangig den anderen Einkunftsarten zuzurechnen, § 21 Abs. 3 EStG. Ausnahmen bilden jedoch die Regelungen der §§ 20 Abs. 3, 22 Nr. 1 und 22 Nr. 3 EStG.

- Wiederkehrende Bezüge sind den anderen sechs Einkunftsarten nachrangig, § 22 Nr. 1 EStG.

- Einkünfte aus sonstigen Leistungen i.S.d. § 22 Nr. 3 EStG sind diesem nur zuzuordnen, soweit sie keiner anderen Einkunftsart oder einer anderen Nummer des § 22 EStG zugerechnet werden können.

- Private Veräußerungsgeschäfte liegen nur vor, wenn der Erlös keiner anderen Einkunftsart zugerechnet werden kann, § 23 Abs. 2 S. 1 EStG.

4.10 Die Ermittlung der Summe der Einkünfte

Zur Ermittlung der Summe der Einkünfte gemäß § 2 Abs. 1 EStG ist ein Verlustausgleich durchzuführen. Dann ist die Summe der sieben Einkunftsarten um einen Hinzurechnungsbetrag gemäß § 52 Abs. 3 S. 3 i.V.m. § 2a Abs. 3 S. 3, Abs. 4 EStG sowie gemäß § 8 Abs. 5 S. 2 Auslandsinvestitionsgesetz zu verändern.

4.10.1 Verlustausgleich

Die Summe der Einkünfte der sieben Einkunftsarten kann sowohl positiv als auch negativ sein. Es erfolgt eine Verlustverrechnung, die sich aus einem Verlustausgleich und einem Verlustabzug[35] zusammensetzen kann.

Verlustausgleich bedeutet, dass die negativen Einkünfte in dem Veranlagungszeitraum verrechnet werden, in dem sie entstehen (innerperiodische Verlustverrechnung).

Man unterscheidet

- den **horizontalen** Verlustausgleich: Verrechnung der positiven und negativen Ergebnisse innerhalb **derselben** Einkunftsart und

- den **vertikalen** Verlustausgleich: Sind nach dem horizontalen Verlustausgleich noch nicht alle negativen Einkünfte ausgeglichen, ist eine Saldierung mit **anderen** Einkünften durchzuführen.

Für die Veranlagungszeiträume 1999-2003 galt eine mitunter sehr umständliche und den Gleichheitsgrundsatz verletzende Regelung, wie der vertikale Verlustausgleich durchzuführen ist. Diese Regelung ist durch das Korb II-Gesetz vom 22.12.2003 ersatzlos gestrichen worden, sodass ab dem Veranlagungszeitraum 2004 ein uneingeschränkter vertikaler Verlustausgleich zwischen den Einkunftsarten möglich ist, es sei denn, entsprechende Regelungen, wie bspw. die der §§ 2a, 15 Abs. 4, 15a, 15b, 17 Abs. 2, (ab 2009) 20 Abs. 6, 22 Nr. 3, 23 Abs. 3, 34a Abs. 8 EStG stehen dem entgegen. Durch die Neuregelung hat der Gesetzgeber einen Beitrag zur Vereinfachung des Einkommensteuerrechts geleistet.

4.10.2 Hinzurechnungsbetrag

Ein Verlustabzug ausländischer Verluste gemäß § 2a Abs. 3 S. 1 EStG ist letztmals für den Veranlagungszeitraum 1998 anzuwenden, § 52 Abs. 3 EStG. Der Verlustabzug wird für die Veranlagungszeiträume 1999 bis 2008 jedoch weiter angewendet, soweit sich ein positiver Betrag im Sinne des § 2a Abs. 3 S. 3 EStG ergibt. Sobald ausländische Gewinne entstehen, muss gemäß § 2a Abs. 3 S. 3 EStG der Verlustabzug wieder zum Gesamtbetrag der Einkünfte des Gewinnjahres hinzugerechnet werden, d.h. im Jahr des Gewinns rückgängig gemacht und eine Nachversteuerung durchgeführt werden. Eine Nachversteuerung wird gemäß § 2a Abs. 4 EStG bis letztmals im Veranlagungszeitraum 2008 bei einer in einem ausländischen Staat belegenen Betriebsstätte, die in eine Kapitalgesellschaft umgewandelt, übertragen oder aufgegeben wird, durchgeführt.

---

[35] Siehe Gliederungspunkt 5.3.

5 Berücksichtigung der persönlichen Leistungsfähigkeit

5.1 Altersentlastungsbetrag

Der **Gesamtbetrag der Einkünfte** ergibt sich aus der Differenz zwischen der Summe der Einkünfte, die sich aus den verbleibenden positiven Einkünften ermittelt, eines Altersentlastungsbetrages gemäß § 24a EStG, eines Entlastungsbetrages für Alleinerziehende gemäß § 24b EStG und einem Abzugsbetrag für Land- und Forstwirte gemäß § 13 Abs. 3 EStG, welcher hier vernachlässigt wird (§ 2 Abs. 3 EStG).

Ziel des Altersentlastungsbetrages ist es, Steuerpflichtige zu entlasten, deren Altersversorgung nicht nur aus Altersruhegeld oder Pensionen besteht, sondern bspw. aus Vermietungs-, Kapitalvermögens-, Gewinn- oder aber auch aus laufenden Einkünften.

Ein Altersentlastungsbetrag gemäß § 24a EStG wird Steuerpflichtigen gewährt, die vor Beginn des Veranlagungszeitraums das 64. Lebensjahr vollendet haben. Ein Lebensjahr wird mit Ablauf des Tages vollendet, der dem Tag der Wiederkehr des Geburtstages vorangeht. Steuerpflichtige erhalten den Altersentlastungsbetrag für das Kalenderjahr 2008 dementsprechend dann, wenn sie vor dem 02.01.1944 geboren sind.

Orientiert am oben beschriebenen Ziel des Altersentlastungsbetrags, muss der Steuerpflichtige im Veranlagungszeitraum andere Einkünfte als Versorgungsbezüge, § 19 Abs. 2 EStG, als Leibrenten, § 22 Nr. 1 S. 3 Bst. a EStG, als Abgeordnetenversorgungsbezüge, § 22 Nr. 4 S. 4 Bst. b EStG, als Leistungen eines Pensionsfonds, auf die der Versorgungsfreibetrag angewandt wird, § 22 Nr. 5 S. 1 EStG, und als Einkünfte gemäß § 22 Nr. 5 S. 2 Bst. a EStG bezogen haben.

Versorgungsbezüge und Leibrenten werden nicht berücksichtigt, da die Versorgungsbezüge bereits durch den Freibetrag nach § 19 Abs. 2 EStG und die Leibrenten durch die Besteuerung lediglich eines Anteils bzw. des Ertragsanteils nach § 22 Nr. 1 S. 3 Bst. a EStG entlastet sind.

Bemessungsgrundlage des Altersentlastungsbetrags ist der Arbeitslohn ohne Versorgungsbezüge zuzüglich der positiven Summe der Einkünfte, die nicht solche aus nichtselbständiger Arbeit sind, vermindert um evtl. enthaltene Einkünfte aus Leibrenten und Abgeordnetenversorgungsbezüge. Der Altersentlastungsbetrag berechnet sich nach einem bestimmten Prozentsatz, welcher der Tabelle in § 24a EStG entnommen werden kann, unter Berücksichtigung eines Höchstbetrags. Er ist auf den nächsten vollen Euro-Betrag aufzurunden, R 24a Abs. 1 S. 3 EStR.

Analog zur Besteuerung von Leibrenten gemäß § 22 Nr. 1 S. 3 Bst. a, aa EStG und zur Besteuerung von Versorgungsbezügen gemäß § 19 Abs. 2 EStG wird der Altersentlastungsbetrag bis zum Jahr 2040 schrittweise abgeschmolzen.

5.2 Entlastungsbetrag für Alleinerziehende

Von der Summe der Einkünfte können alleinstehende Steuerpflichtige im Kalenderjahr einen Entlastungsbetrag i.H.v. 1.308 € abziehen, wenn zu ihrem Haushalt mindestens ein Kind gehört, für das ihnen ein Freibetrag nach § 32 Abs. 6 EStG oder Kindergeld zusteht. Die Zugehörigkeit zum Haushalt ist dann anzunehmen, wenn das Kind in der Wohnung des Alleinstehenden gemeldet ist.

Als alleinstehend gelten Steuerpflichtige dann, wenn sie **nicht** die Voraussetzungen für die Anwendung des Splitting-Verfahrens nach § 26 Abs. 1 EStG erfüllen oder verwitwet sind und keine Haushaltsgemeinschaft mit einer anderen volljährigen Person bilden (zu den Ausnahmen vgl. § 24b Abs. 2 S. 1 EStG).

Liegen die Voraussetzungen nicht in jedem Kalendermonat des Anspruchsjahres vor, so ermäßigt sich der Entlastungsbetrag anteilig.

Das Gesetz zielt auf Alleinerziehende ab und soll die regelmäßig höheren Lebensführungskosten derselben berücksichtigen, die einen gemeinsamen Haushalt mit ihren Kindern führen.

Die Regelung des Entlastungsbetrages für Alleinerziehende tritt an die Stelle des bis zum 31.12.2003 gewährten Haushaltsfreibetrages. Wurde der Haushaltsfreibetrag nach § 32 Abs. 7 EStG noch vom Einkommen abgezogen, so wird der Entlastungsbetrag für Alleinerziehende allerdings von der Summe der Einkünfte subtrahiert. Dies ist insofern bedeutsam, als dass der Abzug eines Haushaltsfreibetrages dann ins Leere gelaufen ist, wenn das Einkommen bereits kleiner als der Grundfreibetrag war. Diese Situation konnte sich z.B. dann einstellen, wenn durch Verlustabzug, Sonderausgabenabzug oder außergewöhnliche Belastungen das Einkommen bereits unterhalb des Grundfreibetrages lag. Der Abzug eines Entlastungsbetrages für Alleinerziehende dagegen erfolgt von der Summe der Einkünfte. Ein Abzug läuft in diesem Fall nur dann ins Leere, wenn die Summe der Einkünfte bereits unterhalb des Grundfreibetrages liegt, was bspw. durch einen Verlustausgleich geschehen kann.

5.3 Verlustabzug

Zur Ermittlung des **Einkommens** gemäß § 2 Abs. 4 EStG müssen vom Gesamtbetrag der Einkünfte der Verlustabzug, Sonderausgaben, außergewöhnliche Belastungen und sonstige Abzugsbeträge mindernd berücksichtigt werden.

Verluste, die durch den innerperiodischen Verlustausgleich nach nicht ausgeglichen wurden, stehen für den interperiodischen Verlustabzug nach § 10d EStG zur Verfügung. Der Verlustabzug besteht aus einem Verlustrücktrag - sofern dieser nicht durch Antrag ausgeschlossen wurde - und einem zeitlich unbegrenzten Verlustvortrag. Grundsätzlich sind gemäß § 10d Abs. 1 S. 1 EStG bis zu einem Betrag von 511.500 € (bei Zusammenveranlagung 1.023.000 €) zunächst die nicht ausgeglichenen negativen Einkünfte vom Gesamtbetrag der Einkünfte des unmittelbar vorangegangenen Veranlagungszeitraums, vorrangig vor Sonderausgaben, außergewöhnlichen Belastungen und sonstigen Abzugsbeträgen, wie Sonderausgaben abzuziehen (= **Verlustrücktrag**). Die nach dem Verlustrücktrag nicht ausgeglichenen Verluste stehen für den **Verlustvortrag** zur Verfügung, d.h. sie sind in den folgenden Veranlagungszeiträumen abzuziehen, sofern der Steuerpflichtige nicht gemäß § 10d Abs. 1 S. 5 EStG von vornherein einen Verlustrücktrag auf Antrag ausgeschlossen hat. Dabei gelten die gleichen Vorschriften, die für den Verlustrücktrag anzuwenden sind.

Der Verlustvortrag ist betragsmäßig beschränkt. Nicht ausgeglichene negative Einkünfte können bis zu einem Gesamtbetrag von 1 Mio. € unbeschränkt vorgetragen werden (= Sockelbetrag). Ein darüber hinausgehender Verlustvortrag ist bis zu 60 % des 1 Mio. € übersteigenden Gesamtbetrags der Einkünfte abzugsfähig (§ 10d Abs. 2 S. 1 EStG). Bei zusammenveranlagten Ehegatten erhöht sich der Sockelbetrag auf 2 Mio. €.

Zusammenveranlagte Ehegatten können jeweils vom anderen Ehegatten nicht ausgeschöpfte Höchstbeträge in Anspruch nehmen, soweit in diesem Veranlagungszeitraum durch einen Ausgleich im Vortragsjahr die dort genannten Beträge nicht aufgebraucht sind.

Die Regelung soll anhand eines Fallbeispiels verdeutlicht werden:

Ausgangssituation:

Steuerpflichtiger; Einzelveranlagung; Gesamtbetrag der Einkünfte 5 Mio. €; Verlustvortrag 10 Mio. €.

Lösung:

5 Mio. € - 1 Mio. € = 4 Mio. €	ausgenutzter Verlustvortrag:	1,0 Mio. €
60 % von 4 Mio. € = 2,4 Mio €	ausgenutzter Verlustvortrag:	2,4 Mio. €
Insgesamt ausgenutzter Verlustvortrag:		3,4 Mio. €

Verbleibender Verlustvortrag: 6,6 Mio. €

Zu versteuerndes Einkommen (ohne Berücksichtigung von Sonderausgaben): 1,6 Mio. €

Anhand dieses Beispiels werden einige Effekte deutlich, die durch die Neuregelung des Verlustvortrages ausgelöst werden. Dies ist zum einen der Effekt, der unter dem Schlagwort **Mindestbesteuerung** diskutiert wird. Würde der Steuerpflichtige in den Genuss eines unbeschränkten Verlustvortrages kommen, so hätte er insgesamt ein zu versteuerndes Einkommen von ./. 5 Mio. €, das keine Einkommensteuer auslösen würde. Durch die Beschränkung des Verlustvortrages aber beträgt das zu versteuernde Einkommen 1,6 Mio. €, was eine Einkommensteuerzahlung zur Folge hat. Obwohl also der Steuerpflichtige wirtschaftlich betrachtet ein negatives Einkommen hat, muss er Steuern zahlen. Dies ist ein eklatanter Verstoß gegen das Leistungsfähigkeitsprinzip, denn ggf. kann es zu einer Überbesteuerung kommen, wenn die entsprechenden Verlustvorträge – in der Totalperiode – nicht mehr ausgenutzt werden können. Der Beschränkung des Verlustvortrages liegt die Annahme zugrunde, dass es sich bei einem Verlustabzug um eine Begünstigung handelt; dem ist nicht so. Erfolgt eine Orientierung an dem Reinvermögenszugang, so ist festzustellen, dass im Falle eines Verlustes dieser negativ ist. Es wäre nur sachgerecht, dass der realisierte Verlust zu einer Negativsteuer führt, der Staat also in Höhe des individuellen Steuersatzes eine Erstattung des Verlustes vornimmt. Dieses Vorgehen führt aber zu kaum kalkulierbaren Ausgaben auf Seiten des Staates, daher muss ein intertemporaler Verlustausgleich zugelassen werden; dieser kann in Form eines Verlustrück- oder -vortrages herbeigeführt werden. Idealtypischerweise wäre für einen Verlustvortrag eine Verzinsung zu fordern, da dieser bewirkt, dass im Gegensatz zu einem Verlustrücktrag kein sofortiger Ausgleich des Verlustes stattfindet.

Für Unternehmen ist diese Regelung ebenfalls nachteilig, da die Mindestbesteuerung im Kern wie eine Substanzbesteuerung wirkt, denn Unternehmen, die nach einer langwierigen Verlustphase in die Gewinnzone gelangen, müssen, um die Steuerlasten aufzubringen, ggf. zusätzliches Kapital aufnehmen, was mit erheblichen Zinsnachteilen für das Unternehmen verbunden ist. Ziel der Mindestbesteuerung ist aus Sicht des Gesetzgebers eine Verstetigung des Steueraufkommens, da er bei einer ertragsabhängigen Steuer, wie dies die Einkommensteuer ist, in Zeiten von Verlusten keine Steuereinnahmen erhält. Hinter der Mindestbesteuerung steht ausschließlich das Fiskalziel. Es wird keinesfalls berücksichtigt, dass Unternehmen oder Privatleute, die Verluste erlitten haben, diese auch wirtschaftlich tragen müssen. Allerdings können auf Seiten des Steuerpflichtigen, vor allem aber auf Seiten der Unternehmen, ggf. Maßnahmen ergriffen werden, um diese negativen Effekte der Mindestbesteuerung zumindest abzumindern. Die wohl wichtigste Maßnahme liegt auf Seiten der Unternehmen darin, Bilanzpolitik zu betreiben, in dem ein bestehender Verlust durch Ausübung von Wahlrechten verringert wird, um so das Verlustvortragsvolumen gering zu halten.

5.4 Sonderausgaben

Grundsätzlich besteht im Einkommensteuerrecht gemäß § 12 EStG der Grundsatz der Nichtabzugsfähigkeit von Aufwendungen, die die private Lebensführung betreffen. Die Abzugsfähigkeit der Sonderausgaben durchbricht diesen Grundsatz.

Der Begriff „Sonderausgaben" ist im Einkommensteuergesetz nicht definiert. Es erfolgt jedoch eine abschließende Aufzählung in den §§ 10, 10a, 10b EStG. Sonderausgaben zeichnen sich dadurch aus, dass sie weder Betriebsausgaben noch Werbungskosten sind; sie sind demnach ausschließlich privat veranlasst. Ferner dürfen Sonderausgaben nicht im Zusammenhang mit steuerfreien Einnahmen stehen.

Für den Abzug der Sonderausgaben gilt grundsätzlich das Abflussprinzip nach § 11 Abs. 2 EStG. Ein Sonderausgabenabzug läuft regelmäßig jedoch dann ins Leere, wenn bereits der Gesamtbetrag der Einkünfte negativ ist. Mit dem Abzug der Sonderausgaben vom Gesamtbetrag der Einkünfte wird das Ziel verfolgt, dass Sonderausgaben eine Minderung des verfügbaren Einkommens bewirken. Bedingt durch die Progression des Einkommensteuertarifs erfolgt durch den Abzug eine stärkere Verringerung der Einkommensteuerschuld, je höher das Einkommen des Steuerpflichtigen ist.

Sonderausgaben können in Form unbeschränkt abzugsfähiger oder beschränkt abzugsfähiger Sonderausgaben bestehen.

5.4.1 Unbeschränkt abzugsfähige Sonderausgaben

Zu den **unbeschränkt abzugsfähigen** Sonderausgaben gehören:

- auf besonderen Verpflichtungsgründen beruhende **Versorgungsleistungen,** **§ 10 Abs. 1 Nr. 1a EStG.**

Nach der bisherigen Rechtsprechung und Verwaltungsauffassung war es möglich, sog. existenzsicherndes Vermögen gegen Versorgungsleistungen unter Fortführung der Buchwerte zu übertragen, § 6 Abs. 3 EStG. Die Versorgungsleistungen sind beim Versorgungsverpflichteten (= Übernehmer des Vermögens) gemäß § 10 Abs. 1 Nr. 1a EStG als Sonderausgaben abziehbar und werden beim Versorgungsempfänger (= Übergeber des Vermögens) spiegelbildlich als sonstige Einkünfte gemäß § 22 Nr. 1b EStG erfasst. Die Neuregelung beschränkt diese Gestaltungen künftig auf Fälle, in denen ein Betrieb, Teilbetrieb, ein Mitunternehmeranteil an einer Personengesellschaft, die eine Tätigkeit i.S.d. §§ 13, 15 Abs. 1 Nr. 1 oder 18 Abs. 1 EStG ausübt, oder ein mindestens 50 % betragender Anteil an einer GmbH bei Geschäftsführertätigkeit von Übergeber und Übernehmer, übertragen wird.

Nach der Neuregelung ist insbesondere die Übertragung von Grundstücken gegen Versorgungsleistungen nicht mehr möglich. Auf Vermögensübertragungen, die vor dem 01.01.2008 vereinbart wurden, ist jedoch die weiter gefasste bisherige Regelung anzuwenden, § 52 Abs. 23e EStG.

- Leistungen auf Grund eines **schuldrechtlichen Versorgungsausgleichs, § 10 Abs. 1 Nr. 1b EStG.**

Während Leistungen auf Grund eines schuldrechtlichen Versorgungsausgleichs beim Verpflichteten als Sonderausgaben abzugsfähig sind, sind sie spiegelbildlich beim Empfänger als sonstige Einkünfte gemäß § 22 Nr. 1c EStG zu erfassen. Liegt der Ausgleichszahlung eine nur mit dem Ertragsanteil steuerpflichtige Rente zugrunde, so ist auch nur der Ertragsanteil als Sonderausgaben abzugsfähig. Ebenso wird beim Empfänger nur der Ertragsanteil als sonstige Einkünfte erfasst. Wird jedoch ein Versorgungsbezug gemäß § 19 Abs. 2 EStG (z.B. eine Pension) ausgeglichen, dann erfolgen Sonderausgabenabzug und Erfassung als sonstige Einkünfte in voller Höhe.

- die gezahlte **Kirchensteuer, § 10 Abs. 1 Nr. 4 EStG.**

Bei Einkünften aus Kapitalvermögen, die ab 2009 der Abgeltungsteuer unterliegen, wird die Abzugsfähigkeit der Kirchensteuer als Sonderausgabe bereits bei der Bemessung des Abgeltungsteuersatzes berücksichtigt. Dieser ermäßigt sich entsprechend, § 32d Abs. 1 S. 3-5 EStG. Ein zusätzlicher Abzug der Kirchensteuer, die auf diese Einkünfte entfällt, scheidet deshalb aus.

Steuerberatungskosten sind seit dem Veranlagungszeitraum 2006 nicht mehr als Sonderausgaben abziehbar. Steuerberatungskosten, die Betriebsausgaben oder Werbungskosten darstellen, sind dagegen weiterhin als solche abziehbar.[36] Ob die Nichtabzugsfähigkeit als Sonderausgaben verfassungsgemäß ist, wird demnächst vom BFH zu klären sein.

5.4.2 Beschränkt abzugsfähige Sonderausgaben

Bei den **beschränkt abzugsfähigen** Sonderausgaben, die nur bis zu einem Höchstbetrag abzugsfähig sind, wird zwischen Vorsorgeaufwendungen und Ausgaben, die keine Vorsorgeaufwendungen sind, unterschieden.

Beschränkt abzugsfähige Aufwendungen, die keine Vorsorgeaufwendungen darstellen, sind:

- **Unterhaltsleistungen** bis zu 13.805 €, **§ 10 Abs. 1 Nr. 1 EStG,** sofern der unbeschränkt einkommensteuerpflichtige Empfänger dem Antrag des Gebers zustimmt.

Der Empfänger versteuert die Unterhaltsleistungen dann spiegelbildlich nach § 22 Nr. 1a EStG. Stimmt der Empfänger nicht zu, können die Leistungen als au-

---

[36] Zur Abgrenzung nimmt das BMF-Schreiben vom 21.12.2007 Stellung, BStBl. I 2008, S. 256.

ßergewöhnliche Belastung gemäß § 33a Abs. 1 EStG bis zu einem Betrag in Höhe von 7.680 € berücksichtigt werden.

- Zwei Drittel, maximal 4.000 €, der **Aufwendungen zur Betreuung eines Kindes, § 10 Abs. 1 Nr. 5 und Nr. 8 EStG.**

Für alle zum Haushalt des Steuerpflichtigen gehörenden Kinder können vom dritten Lebensjahr bis zur Vollendung des sechsten Lebensjahrs zwei Drittel der Kinderbetreuungskosten als Sonderausgaben abgezogen werden, maximal 4.000 € je Kind, § 10 Abs. 1 Nr. 5 EStG. Der Sonderausgabenabzug ist unabhängig von der Erwerbstätigkeit der Eltern.

Für Kinder, die das 14. Lebensjahr noch nicht vollendet haben bzw. sich wegen einer Behinderung nicht selbst unterhalten können, können ebenfalls zwei Drittel der Aufwendungen, maximal 4.000 €, als Sonderausgaben abgezogen werden, § 10 Abs. 1 Nr. 8 EStG. Ein Sonderausgabenabzug kann hier jedoch nur erfolgen, wenn sich ein Elternteil in Ausbildung befindet, behindert oder krank ist, und der andere Elternteil ebenfalls in Ausbildung ist, behindert, krank oder berufstätig ist.

- Aufwendungen für die eigene **Berufsausbildung** bis zu 4.000 €, **§ 10 Abs. 1 Nr. 7 EStG.**

Grundsätzlich sind Aufwendungen des Steuerpflichtigen für seine erstmalige Berufsausbildung und für ein Erststudium (Ausnahme: im Rahmen eines Dienstverhältnisses; in diesem Fall liegen Werbungskosten vor) nichtabzugsfähige Ausgaben, § 12 Nr. 5 EStG. Dieser Grundsatz wird von § 10 Abs. 1 Nr. 7 EStG durchbrochen.[37]

- 30 % der **Privatschulgelder, § 10 Abs. 1 Nr. 9 EStG** (im Referentenentwurf des Jahressteuergesetzes 2009 ist ein Maximalbetrag von 3.000 € vorgesehen).

- Zuwendungen (**Spenden** und Mitgliedsbeiträge) zur Förderung steuerbegünstigter Zwecke bis zu 20 % des Gesamtbetrages der Einkünfte oder 4‰ der Summe aus Umsätzen sowie Löhnen und Gehältern, **§ 10b Abs. 1 EStG**, bzw. Spenden in den Vermögensstock einer Stiftung bis zu 1 Million Euro, **§ 10b Abs. 1a EStG**, und Mitgliedsbeiträge an politische Parteien bis zu 1.650 € (3.300 € bei Zusammenveranlagten), **§ 10b Abs. 2 EStG**.

Durch das Gesetz zur weiteren Stärkung des bürgerschaftlichen Engagements vom 10.10.2007 wurden die Möglichkeiten zum Spendenabzug weitgehend verbessert. Ab 2007 wurde damit für alle steuerbegünstigten Zwecke der §§ 52 bis 54 AO ein einheitlicher Spendenabzug geschaffen. Wie bisher sind Mitgliedsbeiträge für bestimmte Zwecke, bspw. für Sportvereine, Musikvereine o.ä. vom Spendenabzug ausgeschlossen, § 10b Abs. 1 S. 2 EStG. Überschreiten die Zuwendungen die ab-

---

37 Zu den Einzelheiten: BMF vom 04.11.2005, BStBl. I 2005, S. 955; siehe Gliederungspunkt 4.4.4.2.

ziehbaren Höchstbeträge, ist ein unbegrenzter Spendenvortrag in die folgenden Veranlagungsräume möglich, § 10b Abs. 1 S. 3 und 4 EStG. Bei Zuwendungen bis 200 € genügt als Nachweis der Bareinzahlungsbeleg oder die Buchungsbestätigung des Kreditinstituts; auf eine Spendenbescheinigung nach amtlich vorgeschriebenem Vordruck wird verzichtet, § 50 Abs. 2 EStDV.

Bei Spenden an Stiftungen ist nicht mehr zwischen Neugründungen und Zustiftungen zu unterscheiden. Zusätzlich zum Abzug gemäß § 10b Abs. 1 EStG können Spenden an Stiftungen im Veranlagungszeitraum und in den folgenden neun Veranlagungszeiträumen bis zu einem Gesamtbetrag von 1 Million Euro abgezogen werden.

Beispiel:

Der Steuerpflichtige gründet im VZ 2008 eine Stiftung und leistet 1 Million Euro in das Vermögen der Stiftung. Im VZ 2009 gründet er eine weitere Stiftung und bezahlt wiederum 1 Million Euro in das Stiftungsvermögen ein.

Der Abzugszeitraum für die Spende an Stiftung 1 läuft von 2008 bis 2017. Die Spende kann in einem Betrag oder innerhalb des Abzugszeitraumes verteilt berücksichtigt werden.

Der Abzugszeitraum für die Spende an Stiftung 2 läuft von 2009 bis 2018. Da der Abzugsbetrag nach § 10b Abs. 1a EStG nur einmal im Zehnjahreszeitraum in Anspruch genommen werden kann, kann die Spende an die Stiftung 2 nur im VZ 2018 berücksichtigt werden.

Bei den Vorsorgeaufwendungen, die nur bis zu bestimmten Höchstbeträgen als Sonderausgaben abgezogen werden können, ist zu unterscheiden in:

- **Altersvorsorgeaufwendungen (sog. Basisversorgung), § 10 Abs. 1 Nr. 2 EStG.**

  Darunter fallen Beiträge zur gesetzlichen Rentenversicherung (einschließlich des steuerfreien Arbeitgeber-Anteils, § 10 Abs. 1 Nr. 2 Bst. b S. 2 EStG), zu den landwirtschaftlichen Ersatzkassen und zu berufsständischen Versorgungseinrichtungen (z.B. Versorgungswerk der Steuerberater) sowie Beiträge des Steuerpflichtigen zum Aufbau einer privaten, kapitalgedeckten Altersversorgung auf Rentenbasis (sog. Rürup-Rente).

- **Sonstige Vorsorgeaufwendungen, § 10 Abs. 1 Nr. 3 EStG.**

  Dazu gehören Beiträge zu Arbeitslosenversicherungen, zu Erwerbs- und Berufsunfähigkeitsversicherungen, Kranken- und Pflegeversicherungen, Unfallversicherungen, Haftpflichtversicherungen, Risikolebensversicherungen, die nur im Todesfall eine Leistung vorsehen sowie Rentenversicherungen oder Kapitallebensversicherungen, wenn deren Vertragsschluss vor dem 01.01.2005 erfolgt ist und bis zum 31.12.2004 mindestens ein Beitrag geleistet wurde (sog. Altverträge).

Für beide Fallgruppen gibt es einen eigenen Höchstbetrag. Für Arbeitnehmer wird im Rahmen der Veranlagung von Amts wegen überprüft, ob statt der Höchstbeträge die Vorsorgepauschale gemäß § 10c Abs. 2 bis 5 EStG zur Anwendung kommt.

Nicht als Sonderausgaben abzugsfähig sind Beiträge zu Vollkasko-, Teilkasko-, Hausrat-, Rechtsschutz- und Feuerversicherungen.

Die **Höchstbetragsberechnung für die Basisversorgung** bestimmt sich gemäß § 10 Abs. 3 EStG in folgenden vier Schritten:

1. Der Höchstbetrag beträgt 20.000 € (bei zusammenveranlagten Ehegatten 40.000 €).

2. Die tatsächlich geleisteten Altersvorsorgeaufwendungen werden mit dem (ggf. gekürzten) Höchstbetrag verglichen. Dann wird mit dem niedrigeren Betrag weitergerechnet.

3. Der nach den Schritten 1 und 2 ermittelte Betrag ist nur zu einem bestimmten Prozentsatz anzusetzen; im Jahr 2008 sind es 66 %.

4. Von diesem Betrag ist der gemäß § 3 Nr. 62 EStG steuerfreie Arbeitgeberanteil zur gesetzlichen Rentenversicherung und ein diesem gleichgestellter steuerfreier Zuschuss des Arbeitgebers in voller Höhe abzuziehen.

Bei Personen mit Anspruch auf eine Altersversorgung ohne eigene Beiträge (z.B. Beamte, Richter, beherrschende Gesellschafter-Geschäftsführer einer GmbH mit Pensionszusage, Bundestags- und Landtagsabgeordnete) ist der Höchstbetrag um einen fiktiven Gesamtbeitrag zur allgemeinen Rentenversicherung zu kürzen. Maßgebend sind die erzielten steuerpflichtigen Einnahmen aus der entsprechenden Tätigkeit, höchstens der Betrag der Beitragsbemessungsgrenze (Ost) in der allgemeinen Rentenversicherung. Im VZ 2008 beträgt der Kürzungsbetrag 19,9 % des Arbeitslohns, höchstens 54.000 €.

Beispiel 1:

Arbeitnehmer A zahlt im Jahr 2008 einen Arbeitnehmer-Anteil zur gesetzlichen Rentenversicherung in Höhe von 4.000 €. Sein Arbeitgeber leistete einen steuerfreien Arbeitgeber-Anteil in Höhe von 4.000 €.

1	Gesetzl. Rentenversicherung	8.000 €
2	Landwirtschaft. Alterskasse, berufsst. Versorgungseinrichtung	-
3	„Rürup-Rente"	-
4	Summe	8.000 €
5	Höchstbetrag (20.000 €/40.000 €)	20.000 €
6	Arbeitslohn als Beamter, Gesellschafter-Geschäftsführer mit Pensionszusage, max. 54.000 €	-
7	Maßgebender Höchstbetrag	20.000 €
8	Niedrigerer Betrag, Zeile 4 oder 7	8.000 €
9	66 % davon	5.280 €
10	Abzügl. steuerfreier Arbeitgeber-Anteil zur RV	- 4.000 €
11	**Höchstbetrag**	**1.280 €**

Beispiel 2:

Der Beamte B zahlt 20.000 € im Jahr 2008 an einen „Rürup-Vertrag" (Bruttoarbeitslohn 2008: 50.000 €). Seine Frau F ist als selbständige Steuerberaterin tätig und zahlte im Jahr 2008 15.000 € an das Versorgungswerk der Steuerberater. Die Ehegatten werden zusammenveranlagt.

1	Gesetzl. Rentenversicherung	-
2	Landwirtschaft. Alterskasse, berufsst. Versorgungseinrichtung	15.000 €
3	„Rürup-Rente"	20.000 €
4	Summe	35.000 €
5	Höchstbetrag (20.000 €/40.000 €)	40.000 €
6	Arbeitslohn als Beamter, Gesellschafter-Geschäftsführer mit Pensionszusage, max. 54.000 €	50.000 € x 19,9 % = 9.950 €
7	Maßgebender Höchstbetrag	30.050 €
8	Niedrigerer Betrag, Zeile 4 oder 7	30.050 €
9	66 % davon	19.833 €
10	Abzügl. steuerfreier Arbeitgeber-Anteil zur RV	-
11	**Höchstbetrag**	**19.833 €**

Die **Höchstbetragsberechnung für die sonstigen Vorsorgeaufwendungen** (z.B. Krankenversicherung, Unfallversicherung) bestimmt sich gemäß **§ 10 Abs. 4 EStG**. Der Höchstbetrag beträgt 2.400 € (Selbständige) bzw. 1.500 € (Arbeitnehmer, Beamte, Rentner). Bei zusammenveranlagten Ehegatten bestimmt sich der gemeinsame Höchstbetrag aus der Summe der jedem Ehegatten jeweils zustehenden Beträge.

Beispiel:

Der Steuerpflichtige S ist als selbständiger Unternehmensberater tätig. Seine Ehefrau E ist Arbeitnehmerin; sie werden zusammenveranlagt.

Im Jahr 2008 fielen folgende sonstige Vorsorgeaufwendungen an:

- Beiträge zur privaten Kranken- und Pflegeversicherung des S: 4.000 €

- Arbeitnehmeranteil zur Kranken- und Pflegeversicherung der E: 3.000 €

- Arbeitnehmeranteil zur Arbeitslosenversicherung der E: 1.000 €

- Private Haftpflichtversicherung des S: 500 €

- Beitrag zur privaten Rechtsschutzversicherung: 300 €

1	Kranken-, Pflege-, Arbeitslosenversicherung	8.000 €
2	Unfall-, Haftpflicht-, Risikolebensversicherung	500 €
3	Alte Rentenversicherung (vor 1.1.2005)	-
4	Summe	8.500 €
5	Höchstbetrag für S	2.400 €
6	Höchstbetrag für E	1.500 €
7	Summe der Höchstbeträge	3.900 €
8	Höchstbetrag = Niedrigerer Betrag, Zeile 4 oder 7	3.900 €

Beiträge für Rechtsschutzversicherungen können nicht als Sonderausgaben abgezogen werden.

Falls keine höheren Versicherungsbeiträge nachgewiesen werden können, erlaubt der Gesetzgeber den Abzug eines **Sonderausgaben-Pauschbetrags** (für Sonderausgaben i.S.d. § 10 Abs. 1 Nr. 1, 1a, 4, 5, 7-9 EStG und § 10 b EStG), **§ 10c Abs. 1 EStG**. Der Sonderausgaben-Pauschbetrag wird in Höhe von 36 € (72 € bei Zusammenveranlagten) für nicht in Vorsorgeaufwendungen bestehende Sonderausgaben gewährt, wenn der Steuerpflichtige keine höheren Aufwendungen nachweist.

Für Steuerpflichtige, die Arbeitslohn bezogen haben, ist zu prüfen, ob statt den tatsächlichen Vorsorgeaufwendungen der Ansatz einer ggf. günstigeren **Vorsorgepauschale** gemäß § 10c Abs. 2 - 5 EStG zu gewähren ist.

Die Vorsorgepauschale für Steuerpflichtige, die Arbeitslohn bezogen haben, bemisst sich nach § 10c Abs. 2 EStG, wobei für Beamte und gleichgestellte Personen eine besondere gekürzte Vorsorgepauschale gemäß § 10c Abs. 3 EStG zu ermitteln ist, auf die in der nachfolgenden Erläuterung verzichtet wird.

Die ungekürzte Vorsorgepauschale nach § 10c Abs. 2 S. 2 EStG setzt sich wie folgt zusammen:

- einem Betrag für die Beiträge zur gesetzlichen Rentenversicherung und

- einem Betrag für die Beiträge zur Kranken-, Pflege- und Unfallversicherung.

Die Berechnung der ungekürzten Vorsorgepauschale erfolgt in drei Schritten:

1. Vom maßgebenden Arbeitslohn sind 50 % des Gesamtbeitrags in der gesetzlichen Rentenversicherung (2008: 19,9 %) anzusetzen.

2. Vom nach Schritt 1 ermittelten Betrag ist im Rahmen einer Übergangsregelung nur ein bestimmter Prozentsatz anzusetzen (2008: 32 %).

3. Für die Beiträge zur Kranken-, Pflege- und Unfallversicherung ist pauschal ein Betrag i.H.v. 11 % des maßgebenden Arbeitslohns anzusetzen, maximal 1.500 € (bei Zusammenveranlagung 3.000 €).

Maßgebender Arbeitslohn ist der um den Versorgungsfreibetrag (§ 19 Abs. 2 EStG) und den Altersentlastungsbetrag (§ 24a EStG) verminderte Arbeitslohn.

Beispiel:

Der sozialversicherungspflichtige Arbeitnehmer X erzielte im Jahr 2008 einen Bruttoarbeitslohn in Höhe von 32.161 €.

1	Arbeitslohn	32.161 €
2	Abzügl. Versorgungsfreibetrag	-
3	Abzügl. Altersentlastungsbetrag	-
4	Maßgebender Arbeitslohn	32.161 €
5	Zeile 4 x 19,9 %	6.400 €
6	Zeile 5 x 50 %	3.200 €
7	Zeile 6 x 32 %	1.024 €
8	Zeile 4 x 11 %, maximal 1.500 €	1.500 €
9	Vorsorgepauschale, Summe aus Zeile 7 und 8	2.524 €

Der Sonderausgabenabzug wurde durch das Alterseinkünftegesetz ab dem VZ 2005 neu geregelt. Er kann niedriger sein als der Abzug nach dem bis 2004 geltenden Recht. Deshalb kann im Übergangszeitraum 2005 bis 2019 der Sonderausgabenabzug nach der alten Rechtslage erfolgen, wenn sich dadurch ein höherer Abzugsbetrag ergibt. Eine solche Günstigerprüfung wird sowohl für die Ermittlung der Vorsorgeaufwendungen (Basisvorsorge und sonstige Vorsorgeaufwendungen) als auch für die Ermittlung der Vorsorgepauschale durchgeführt, § 10 Abs. 4a EStG und § 10c Abs. 5 EStG. Die Günstigerprüfung muss nicht vom Steuerpflichtigen durchgeführt werden, sondern wird von Amts wegen vorgenommen.

Die Regelung in § 10a EStG sieht für besondere Formen der Altersvorsorge (sog. **Riester-Rente**) alternativ zu einer Zulage gemäß §§ 79 ff. EStG einen Sonderausgabenabzug vor. Die entsprechenden Anbieter von Altersvorsorgeverträgen müssen bestimmten Anforderungen des Altersvorsorgeverträge-Zertifizierungsgesetzes genügen, um überhaupt begünstigte Produkte anbieten zu können. Zu den förderungswürdigen Personen gehören jene, die nach den §§ 10a Abs. 1, 79 EStG in der gesetzlichen Rentenversicherung pflichtversichert sind (z.B. Arbeitnehmer, Wehr- und Zivildienstleistende). Zudem können bspw. auch Beamte, Arbeitnehmer im öffentlichen Dienst und bestimmte Selbständige wie Lehrer oder Künstler gefördert werden.

Die steuerliche Förderung dieser Vorsorgeverträge erfolgt auf zweierlei Weise. Ist es für den Steuerpflichtigen günstiger, wird ihm eine Altersvorsorgezulage nach den §§ 83-85 EStG gewährt, die zum einen abhängig von der Zahl der Kinder ist, zum anderen aber davon, ob der Steuerpflichtige seinen Mindesteigenbeitrag nach § 86 EStG leistet. Der Mindesteigenbeitrag wird als Prozentgröße des rentenversicherungspflichtigen Einkommens vorgegeben. Leistet der Steuerpflichtige nicht in voller Höhe seinen Mindesteigenbeitrag, so ist die Zulage zu kürzen. Um Kleinstbeiträge zu vermeiden, ist nach § 86 Abs. 1 S. 5 EStG ein Sockelbetrag zu leisten; dieser soll, so sieht es das Alterseinkünftegesetz vor, ab 2005 einheitlich 60 € betragen. Liegt der Sockelbetrag über dem Mindesteigenbeitrag, so ist dennoch der Sockelbetrag zu leisten. Ist die Zulage für den Steuerpflichtigen nicht günstiger, so wird nach § 10a EStG ein Sonderausgabenabzug gewährt. In § 10a Abs. 1 EStG sind Höchstbeträge für Altersvorsorgebeiträge in nachstehender Höhe vorgeschrieben:

Veranlagungszeitraum 2002-2003:	525 €,
Veranlagungszeitraum 2004-2005:	1.050 €,
Veranlagungszeitraum 2006-2007:	1.575 €,
ab dem Veranlagungszeitraum 2008:	2.010 €.

Stellt sich der Sonderausgabenabzug nach einer Prüfung von Amts wegen für den Steuerpflichtigen als günstiger heraus, so erhöht sich die tarifliche Einkommensteuer um die Altersvorsorgezulage. Somit reduziert sich die Einkommensteuer nur um den Betrag, um den die Sonderausgaben über die Altersvorsorgezulage hinausgehen.

5.5 Außergewöhnliche Belastungen

Der Grundsatz der Nichtabziehbarkeit der Aufwendungen für die private Lebensführung wird auch durch den Abzug der außergewöhnlichen Belastungen durchbrochen.

Außergewöhnliche Belastungen hat ein Steuerpflichtiger gemäß § 33 Abs. 1 EStG dann, wenn ihm zwangsläufig größere Aufwendungen erwachsen als der überwiegenden Mehrzahl der Steuerpflichtigen gleicher Einkommensverhältnisse, gleicher Vermögensverhältnisse und gleichen Familienstandes, sofern es sich nicht um Betriebsausgaben, Werbungskosten oder Sonderausgaben handelt. Zwangsläufigkeit liegt vor, wenn sich der Steuerpflichtige aus rechtlichen, tatsächlichen oder sittlichen Gründen der Belastung nicht entziehen kann und die Aufwendungen den Umständen nach notwendig sind und einen angemessenen Betrag nicht übersteigen.

Außergewöhnliche Belastungen können in allgemeiner Art oder in besonderen Fällen auftreten. Zu den außergewöhnlichen Belastungen allgemeiner Art gehören gemäß § 33 EStG tatsächlich vorliegende Aufwendungen, die den Steuerpflichtigen wirtschaftlich belasten und die für ein außergewöhnliches Ereignis, dessen Beseitigung seiner Folgen zwangsläufig anfallen, entstehen. Diese außergewöhnlichen Belastungen des § 33 EStG sind nur insofern abziehbar, als sie eine zumutbare Belastung übersteigen. Der bei der zumutbaren Belastung maßgebende Prozentsatz (von 1 % bis 7 % des Gesamtbetrags der Einkünfte) hängt gemäß § 33 Abs. 3 EStG von dem Familienstand, der Zahl der Kinder und der Höhe des Gesamtbetrags der Einkünfte, der sog. Bemessungsgrundlage, ab. Die in den § 33a EStG und § 33b EStG kodifizierten typisierten außergewöhnlichen Belastungen unterscheiden sich von den nicht typisierten außergewöhnlichen Belastungen dadurch, dass für sie keine Zumutbarkeitsgrenze besteht, sie wohl aber in ihrer Abzugshöhe beschränkt sind.

Eine abschließende Aufzählung der außergewöhnlichen Belastungen ist nicht im Gesetz verankert, vielmehr ist jeweils eine Einzelfallentscheidung unter Beachtung der einschlägigen Rechtsprechung notwendig.

Außergewöhnliche Belastungen in besonderen Fällen sind gemäß § 33a EStG in begrenzter Höhe abziehbar. Danach sind z.B. Unterhaltsleistungen in Höhe von 7.680 € als außergewöhnliche Belastungen vom Gesamtbetrag der Einkünfte abziehbar, sofern weder der Steuerpflichtige noch eine andere Person Anspruch auf einen Freibetrag nach § 32 Abs. 6 EStG oder auf Kindergeld hat und die unterhaltene Person keine oder nur geringe Einkünfte und Bezüge oder nur geringes eigenes Vermögen besitzt, § 33a Abs. 1 EStG. Sofern die unterhaltene Person eigene Einkünfte und Bezüge erhält, ist das eigene Einkommen des Unterhaltsberechtigten, vermindert um 624 €, auf den maximal zu gewährenden Betrag anzurechnen.

Für Aufwendungen, die dem Steuerpflichtigen für die Berufsausbildung eines auswärtig untergebrachten volljährigen Kindes, für das er einen Freibetrag nach § 32 Abs. 6 EStG oder Kindergeld erhält, erwachsen, wird auf Antrag ein Ausbildungsfreibetrag in Höhe von 924 € vom Gesamtbetrag der Einkünfte abgezogen, § 33a Abs. 2 EStG. Der Ausbildungsfreibetrag vermindert sich um die eigenen Einkünfte des Kindes, soweit sie 1.848 € im Kalenderjahr übersteigen, sowie um Förderungsbeihilfen (z.B. BAföG).

Als außergewöhnliche Belastungen können auch Aufwendungen für die Unterbringung in einem Heim, eine Unterbringung zur dauernden Pflege oder eine Haushaltshilfe in Höhe von maximal bis zu 924 € abgezogen werden, sofern die Voraussetzungen des § 33a Abs. 3 EStG vorliegen.

Wegen der außergewöhnlichen Belastungen, die einem Behinderten unmittelbar infolge seiner Behinderung erwachsen, kann er statt einer Ermäßigung nach § 33 EStG einen Behinderten-Pauschbetrag nach § 33b Abs. 3 EStG, der sich nach dem Grad der Behinderung richtet, geltend machen.

Auf Antrag erhalten Personen, denen laufende Hinterbliebenenbezüge bewilligt und geleistet wurden, einen Hinterbliebenen-Pauschbetrag gemäß § 33b Abs. 4 EStG in Höhe von 370 €.

5.6 Steuerbegünstigung der zu eigenen Wohnzwecken genutzten Immobilien

Steuerpflichtige können gemäß § 10e EStG von den Herstellungskosten einer Wohnung in einem im Inland belegenen eigenen Haus oder einer im Inland belegenen eigenen Eigentumswohnung zuzüglich der Hälfte der Anschaffungskosten für den dazugehörigen Grund und Boden, sofern sie gemäß § 52 Abs. 26 S. 6 EStG im Fall der Herstellung vor dem 1. Januar 1996 mit der Herstellung des Objektes begonnen haben oder im Fall der Anschaffung das Objekt vor dem 1. Januar 1996 angeschafft haben, im Jahr der Fertigstellung und in den drei folgenden Jahren jeweils bis zu 6 %, höchstens jeweils 10.124 € und in den vier darauffolgenden Jahren jeweils bis zu 5 %, höchstens jeweils 8.437 € wie Sonderausgaben abziehen. (Zur Förderung selbstgenutzten Wohneigentums ab 1996 mittels sog. **Eigenheimzulage** siehe Gliederungspunkt 6.4.). Steuerpflichtige konnten letztmalig im Veranlagungszeitraum 2003 diese Steuerbegünstigung in Anspruch nehmen.

Aufwendungen für zu eigenen Wohnzwecken genutzte Baudenkmale und Gebäude in Sanierungsgebieten und städtebaulichen Entwicklungsbereichen kann ein Steuerpflichtiger gemäß § 10f EStG im Kalenderjahr des Abschlusses der Baumaßnahme und in den neun folgenden Kalenderjahren jeweils bis zu 10 % (ab dem Veranlagungszeitraum 2004 9 %) wie Sonderausgaben abziehen, wenn es sich hierbei um Gebäude handelt, die in Sanierungsgebieten belegen sind oder es sich bei diesen um Baudenkmäler handelt.

Steuerpflichtige können gemäß § 10g EStG die öffentliche oder private Zuwendungen oder etwaige aus diesen Kulturgütern erzielte Einnahmen übersteigenden Aufwendungen für die Herstellungs- und Erhaltungsmaßnahmen an eigenen schutzwürdigen Kulturgütern im Inland, die weder zur Einkunftserzielung noch zu eigenen Wohnzwecken genutzt werden, im Kalenderjahr des Abschlusses der Maßnahme und in den neun folgenden Kalenderjahren jeweils bis zu 10 % (ab dem Veranlagungszeitraum 2004 9 %) wie Sonderausgaben abziehen.

Aufwendungen für die Herstellung einer unentgeltlich zu Wohnzwecken überlassenen Wohnung im eigenen Haus können gemäß § 10h EStG im Jahr der Fertigstellung und in den drei folgenden Jahren jeweils bis zu 6 %, höchstens jeweils 10.124 €, und in den vier darauffolgenden Jahren jeweils bis zu 5 %, höchstens jeweils 8.437 € wie Sonderausgaben abgezogen werden, sofern ab dem 1. Oktober 1991 der Bauantrag gestellt bzw. mit der Herstellung zwischen dem 1. Oktober 1991 und dem 31. Dezember 1995 begonnen wurde.

Vorkosten gemäß § 10i EStG bei einer nach dem Eigenheimzulagengesetz (siehe Gliederungspunkt 6.4.) begünstigten Wohnung kann der Steuerpflichtige nur noch abziehen, wenn das Objekt vor dem 1. Januar 1999 angeschafft oder mit seiner Herstellung begonnen wurde.

5.7 Hinzurechnung gemäß § 15 AStG

Gemäß § 15 AStG werden Vermögen und Einkommen ausländischer Familienstiftungen einem in Deutschland unbeschränkt steuerpflichtigen Stifter, Bezugs- oder Anfallsberechtigten entsprechend seinem Anteil unmittelbar hinzugerechnet. In diesem Zusammenhang ist es unerheblich, ob die Stiftung den in § 15 Abs. 1 AStG näher bezeichneten Personenkreis Einkommen oder Vermögen tatsächlich zugewandt hat. Der Begriff der Familienstiftung ist in § 15 Abs. 2 AStG definiert; hierbei handelt es sich um Stiftungen, bei denen der Stifter und seine Angehörigen und deren Abkömmlinge zu mehr als der Hälfte bezugs- oder anfallsberechtigt sind. Wird dem von der in der Regelung betroffenen Personenkreis tatsächlich Einkommen zugewandt, so unterliegt dieses nicht mehr der Besteuerung. Ziel der Norm ist die Vermeidung von Steuerflucht.

5.8 Freibetrag nach § 32 Abs. 6 EStG

Das Einkommen, vermindert um den Freibetrag nach § 32 Abs. 6 EStG und einen Härteausgleich, ergibt das **zu versteuernde Einkommen**.

Ein sog. Familienleistungsausgleich gemäß § 31 EStG besteht in der Zahlung von Kindergeld oder der Gewährung eines Freibetrages nach § 32 Abs. 6 EStG bestehend aus Kinderfreibetrag und einem Freibetrag für den Betreuungs- und Erziehungs- oder Ausbildungsbedarf.

Kindergeld wird für Kinder, die im ersten Grad mit dem Steuerpflichtigen verwandt (das sind eheliche, für ehelich erklärte, nichteheliche und angenommene Kinder) oder Pflegekinder sind, die das 18. Lebensjahr noch nicht vollendet haben und Kinder, die zwar das 18. Lebensjahr vollendet haben, jedoch gewisse Kriterien erfüllen, die wiederum vom Alter abhängig sind, wie z.B. Arbeitslosigkeit, Berufsausbildung, Pflegebedürftigkeit und eigene Einkünfte bis 7.664 €, gewährt.

Das Kindergeld wird i.d.R. monatlich von den Familienkassen des Arbeitsamtes ausgezahlt. Das zu berücksichtigende Kindergeld beträgt gemäß § 66 Abs. 1 EStG, unabhängig von der Höhe des Einkommens der Eltern, monatlich für das erste, zweite und dritte Kind jeweils 154 €, für das vierte und jedes weitere Kind 179 €.

Ein **Kinderfreibetrag** wird gemäß § 32 Abs. 6 EStG pro Kind nur gewährt, wenn er günstiger ist als das Kindergeld. Bei Abzug des Kinderfreibetrages muss das gezahlte Kindergeld der tariflichen Einkommensteuer hinzugerechnet werden. Die Überprüfung der günstigeren Lösung wird vom Finanzamt, d.h. von Amts wegen, bei der Veranlagung zur Einkommensteuer berücksichtigt.

Der Kinderfreibetrag beträgt für jedes zu berücksichtigende Kind 1.824 € (3.648 € bei Zusammenveranlagten).

Für die Berechnung des Solidaritätszuschlags und der Kirchensteuer ist der Abzug des Kinderfreibetrages unabhängig von der Berücksichtigung des eventuell günstigeren Kindergeldes durchzuführen.

Für Betreuung, Erziehung und Ausbildung kann zudem nach § 32 Abs. 6 S. 1 EStG ein Freibetrag von 1.080 € (bei Zusammenveranlagten von 2.160 €) für jedes zu berücksichtigende Kind vom Einkommen abgezogen werden; dieser Freibetrag bildet mit dem oben angesprochenen Kinderfreibetrag den sog. Freibetrag nach § 32 Abs. 6 EStG.

5.9 Härteausgleich

Ein Härteausgleich gemäß § 46 Abs. 3 EStG oder § 46 Abs. 5 EStG i.V.m. § 70 EStDV ist für Steuerpflichtige, die Einkünfte aus nichtselbständiger Arbeit beziehen, bei der Ermittlung des zu versteuernden Einkommens zu gewähren, sofern diese Einkünfte abzüglich eines Altersentlastungsbetrages gemäß § 46 Abs. 3 EStG weniger als 410 € betragen oder gemäß § 46 Abs. 5 EStG i.V.m. § 70 EStDV zwar mehr als 410 €, aber nicht höher als 820 € sind.

6 Ermittlung der Einkommensteuerschuld

6.1 Steuertarif (inkl. außerordentliche Einkünfte)

6.1.1 Die tarifliche Einkommensteuer

Die **tarifliche Einkommensteuer** wird gemäß § 2 Abs. 5 EStG von dem zu versteuernden Einkommen ermittelt. Dieser ermittelte Steuerbetrag ergibt sich aufgrund der Anwendung des Grundtarifs oder Splittingtarifs (Splitting-Verfahren) gemäß § 32a EStG bzw. unter Berücksichtigung von Tarifbesonderheiten (Abgeltungsteuer ab 2009, Progressionsvorbehalt gemäß § 32b EStG, ermäßigter Steuersatz gemäß § 34 Abs. 3 EStG, Thesaurierungsbegünstigung gemäß § 34a EStG).

Der **Grundtarif** findet Anwendung bei ledigen Steuerpflichtigen, verwitweten und geschiedenen Steuerpflichtigen, wenn nicht ausnahmsweise das Splitting-Verfahren anzuwenden ist, getrennt veranlagten Ehegatten und bei Ehegatten, die die besondere Veranlagung für den Veranlagungszeitraum der Eheschließung wählen, es sei denn, der Ehegatte war zu Beginn des Veranlagungszeitraums verwitwet und ist ausnahmsweise nach dem Splitting-Verfahren zu besteuern. Der Einkommensteuer-Grundtarif ist in fünf Tarifzonen gegliedert:

- In die Nullzone, d.h. bis zu einem zu versteuernden Einkommen von 7.664 € fällt keine tarifliche Einkommensteuer an (= **Grundfreibetrag**).

- In die erste Progressionszone, in der bei einem zu versteuernden Einkommen von 7.665 € bis 12.739 € Einkommensteuer in Höhe von $(883,74 \cdot y + 1.500) \cdot y$ entsteht. y ist ein Zehntausendstel des 7.664 € übersteigenden Teils des auf den vollen Euro-Betrag abgerundeten zu versteuernden Einkommens. Der **Eingangssteuersatz** liegt bei 15 %.

- In die zweite Progressionszone, bei der die Einkommensteuer bei einem zu versteuernden Einkommen von 12.740 € bis 52.151 € $(228,74 \cdot z + 2397) \cdot z + 989$ beträgt. z ist ein Zehntausendstel des 12.739 € übersteigenden Teils des auf den vollen Euro-Betrag abgerundeten zu versteuernden Einkommens.

- In die erste Proportionalzone, bei der die Einkommensteuer bei einem zu versteuernden Einkommen von 52.152 € bis 250.000 € $0,42 \cdot x - 7914$ beträgt; x ist das auf einen vollen Euro-Betrag abgerundete zu versteuernde Einkommen. Der Grenzsteuersatz beträgt konstant 42 %.

- In die zweite Proportionalzone, bei der ab 250.001 € zu versteuerndes Einkommen die Einkommensteuer $0,45 \cdot x - 15.414$ beträgt (sog. „Reichensteuer"); x ist das auf einen vollen Euro-Betrag abgerundete zu versteuernde Einkommen. Der Grenzsteuersatz beträgt konstant 45 %.

Bei Ehegatten, die gemäß § 32a Abs. 5 EStG zusammenveranlagt werden, bei verwitweten Steuerpflichtigen gemäß § 32a Abs. 6 Nr. 1 EStG in dem Folgejahr, in dem der Ehegatte verstorben ist - sofern der Steuerpflichtige und sein verstorbener Ehegatten im Zeitpunkt des Todes unbeschränkt steuerpflichtig waren und nicht dauernd getrennt lebten -, und bei geschiedenen Steuerpflichtigen gemäß § 32a Abs. 6 Nr. 2 EStG, wenn die Geschiedenen im Zeitpunkt der Scheidung die Voraussetzungen für eine Zusammenveranlagung erfüllten, wird das **Splitting-Verfahren** angewendet. Nach dem Splitting-Verfahren beträgt gemäß § 32a Abs. 5 S. 1 EStG die tarifliche Einkommensteuer das Zweifache des Steuerbetrags, der sich für die Hälfte des abgerundeten zu versteuernden Einkommens bei Anwendung des Grundtarifs ergibt.

6.1.2 Besondere Steuersätze

Besondere Steuersätze ergeben sich durch

- die Abgeltungsteuer (§§ 20, 32d EStG),

- den sog. Progressionsvorbehalt (§ 32b EStG),

- die Besteuerung außerordentlicher Einkünfte (§ 34 Abs. 3 EStG) und

- die Thesaurierungsbegünstigung (§ 34a EStG).

6.1.2.1 Die Abgeltungsteuer

Ab 2009 unterliegen Einkünfte aus Kapitalvermögen einem gesonderten Steuertarif, der Abgeltungsteuer gemäß § 32d EStG. Die Abgeltungsteuer beträgt einheitlich 25 % (+ SolZ und ggf. KiSt).

Durch den Steuerabzug an der Quelle gemäß §§ 43, 43a EStG gilt die Einkommensteuer für die Einkünfte aus Kapitalvermögen als abgegolten. Sollte jedoch der individuelle Steuersatz unter dem Abgeltungsteuersatz liegen, kommt dieser aufgrund einer Günstigerprüfung im Rahmen einer individuellen Veranlagung zur Anwendung.

Zu den Einzelheiten der Besteuerung von Einkünften aus Kapitalvermögen siehe Gliederungspunkt 4.5.3.

6.1.2.2 Der Progressionsvorbehalt

Beim **Progressionsvorbehalt** gemäß § 32b EStG werden steuerfreie Einnahmen (z.B. Arbeitslosengeld, Krankengeld, Mutterschaftsgeld) in die Berechnung des Einkommensteuersatzes einbezogen, obwohl sie nicht in der Bemessungsgrundlage der Einkommensteuer enthalten sind. Sie werden aber bei Ermittlung des Durchschnittsteuersatzes, der auf die steuerpflichtigen Einkünfte anzuwenden ist, berücksichtigt. Dies geschieht wie folgt: Die steuerfreien Einnahmen erhöhen das zu versteuernde Einkommen in voller Höhe, außerordentliche Einkünfte gehen mit 1/5 in das zu versteuernde Einkommen ebenso ein wie ausländische Einkünfte, die nicht der deutschen Einkommensteuer unterliegen oder die nach DBA steuerfrei sind, § 32b Abs. 2 Nr. 2 EStG. Von diesem Betrag wird ein besonderer Steuersatz ermittelt, der sich nach dem Grund- oder Splittingtarif ergibt. Zur Ermittlung des Einkommensteuerbetrages wird dieser errechnete besondere Steuersatz auf das tatsächlich zu versteuernde Einkommen angewendet.

Eine Besserstellung der Steuerpflichtigen, die bestimmte steuerfreie Einnahmen erzielen, gegenüber den Steuerpflichtigen, die nur steuerpflichtige Einnahmen erzielen, soll somit hinsichtlich des anzuwendenden Steuersatzes vermieden werden.

6.1.2.3 Ermäßigter Einkommensteuersatz

Mit Einführung des ermäßigten Steuersatzes wird das Ziel verfolgt, unbillige Härten auszugleichen, die aus der Progression des Einkommensteuertarifes entstehen würden. Dies ist immer dann gegeben, wenn im Veranlagungszeitraum neben den laufenden Einkünften auch außerordentliche, also „geballt" anfallende Einkünfte auftreten.

Sind in dem zu versteuernden Einkommen **außerordentliche Einkünfte**, wie z.B.

- Veräußerungsgewinne, z.B. durch die Veräußerung eines land- und forstwirtschaftlichen Betriebes oder Teilbetriebes, eines Gewerbebetriebes oder Teilbetriebs oder eines freiberuflichen Betriebs (Achtung: Kein i.S.d. § 34 EStG begünstigter Veräußerungsgewinn ist der aus der Veräußerung von Anteilen an einer Kapitalgesellschaft, da für solche Veräußerungsgewinne bereits das Halbeinkünfteverfahren (ab 2009 das Teileinkünfteverfahren bzw. die Abgeltungsteuer) gilt und sie somit keine außerordentlichen Einkünfte darstellen!), § 34 Abs. 2 Nr. 1 EStG,

- Entschädigungen nach §§ 24 Nr. 1, 34 Abs. 2 Nr. 2 EStG,

- Nutzungsvergütungen und Zinsen i.S.d. §§ 24 Nr. 3 EStG, 34 Abs. 2 Nr. 3 EStG,

- Vergütungen für mehrjährige Tätigkeiten, § 34 Abs. 2 Nr. 4 EStG oder

- Einkünfte aus außerordentlichen Holznutzungen gemäß §§ 34b Abs. 1 Nr. 1 EStG, 34 Abs. 2 Nr. 5 EStG

enthalten, ist gemäß § 34 Abs. 1 EStG eine besondere Einkommensteuerberechnung durchzuführen.

Die Einkommensteuer für die außerordentlichen Einkünfte beträgt das Fünffache des Unterschiedsbetrags zwischen der Einkommensteuer für das um diese Einkünfte verminderte zu versteuernde Einkommen (verbleibendes zu versteuerndes Einkommen) und der Einkommensteuer für das verbleibende zu versteuernde Einkommen zuzüglich eines Fünftels dieser Einkünfte. Ist das verbleibende zu versteuernde Einkommen negativ und das zu versteuernde Einkommen positiv, so beträgt die Einkommensteuer das Fünffache der auf ein Fünftel des zu versteuernden Einkommens entfallenden Einkommensteuer. Dieser „Multiplikator-Mischtarif" führt zu einer rechnerischen Verteilung der außerordentlichen Einkünfte auf fünf Jahre.

Die außerordentlichen Einkünfte haben keine Progressionswirkung, d.h. die tarifliche Einkommensteuer setzt sich zusammen aus der Einkommensteuer für das nach dem Normaltarif zu versteuernde Einkommen zuzüglich der Einkommensteuer auf die außerordentlichen Einkünfte. Eine Progressionsverschärfung tritt nur bei 1/5 der außerordentlichen Einkünfte auf.

Beispiel:

Ein lediger Steuerpflichtiger hat im Veranlagungszeitraum 2007 ein zu versteuerndes Einkommen i.H.v. 250.000 €. Darin sind außerordentliche Einkünfte i.H.v. 200.000 € enthalten.

Berechnung der Einkommensteuer 2007:

1. Schritt:	Berechnung der Einkommensteuer auf das zu versteuernde Einkommen ohne außerordentliche Einkünfte

Bemessungsgrundlage = 50.000 €

Einkommensteuer	13.096 €

2. Schritt:	Berechnung der Einkommensteuer auf das zu versteuernde Einkommen zuzüglich 1/5 der außerordentlichen Einkünfte

Bemessungsgrundlage = 90.000 € (= 50.000 € + 40.000 €)

Einkommensteuer	29.886 €

3. Schritt:	Berechnung der Einkommensteuer auf die außerordentlichen Einkünfte

Einkommensteuer = 5 x Einkommensteuerdifferenz aus Schritt 2 und Schritt 1

5 x (29.886 € - 13.096 €)	83.950 €

4. Schritt:	Ermittlung der gesamten Einkommensteuer

Einkommensteuer ohne außerordentliche Einkünfte	13.096 €
+ Einkommensteuer auf außerordentliche Einkünfte	83.950 €
= Einkommensteuer 2007	97.046 €

Ohne die sog. Fünftelregelung würde die Einkommensteuer 2007 für 250.000 € zu versteuerndes Einkommen 97.086 € betragen. Das Ergebnis dieses Beispiels verwundert und ist erklärungsbedürftig, denn die Differenz zwischen der Besteuerung nach dem in § 34 Abs. 1 EStG geregelten Mischtarif und der Besteuerung der ordentlichen und außerordentlichen Einkünfte nach dem herkömmlichen Einkommensteuertarif beträgt lediglich 40 €. Die Gründe für dieses „Phänomen" liegen darin, dass die ordentlichen Einkünfte in dem gewählten Beispiel bereits in dem oberen Progressionsbereich des Einkommensteuertarifs liegen. Dieser endet bereits bei 52.151 €, ab dann beginnt der Proportionalbereich. Die ordentlichen Einkünfte nutzen bereits den Progressionsbereich aus, sodass für die Entlastung der außerordentlichen Einkünfte nahezu kein Raum mehr bleibt. Hier greifen einige steuerplanerische Überlegungen. Diese konkretisieren sich dahingehend, dass beim Zusammentreffen von ordentlichen und außerordentlichen Einkünften darauf zu achten ist, dass die ordentlichen Einkünfte nicht den ganzen Progressionsbereich ausnutzen; sie sollten nach Möglichkeit gering gehalten werden.

Auf Antrag kann für Veräußerungsgewinne i.S.d. § 34 Abs. 2 Nr. 1 EStG keine Besteuerung nach § 34 Abs. 1 EStG (sog. Fünftelregelung) durchgeführt, sondern ein ermäßigter Steuersatz angewandt werden. Voraussetzung dabei ist, dass der Steuerpflichtige das 55. Lebensjahr erreicht hat oder er im sozialversicherungsrechtlichen Sinne dauernd berufsunfähig ist und diese außerordentlichen Einkünfte den Betrag von 5 Millionen € nicht übersteigen. Der ermäßigte Steuersatz beträgt ab dem Veranlagungszeitraum 2004 56 % des Durchschnittssteuersatzes, der sich ergäbe, wenn die tarifliche Einkommensteuer nach dem gesamten zu versteuernden Einkommen zuzüglich der dem Progressionsvorbehalt unterliegenden Einkünften zu bemessen wäre, mindestens jedoch 15 %, § 34 Abs. 3 EStG. Der Steuerpflichtige kann diese Ermäßigung allerdings nur einmal im Leben in Anspruch nehmen.

6.1.2.4 Die Thesaurierungsbegünstigung

Ein erklärtes Ziel der Unternehmensteuerreform 2008 ist es, eine weitgehende Rechtsformneutralität hinsichtlich der steuerlichen Belastung von Kapitalgesellschaften und Personenunternehmen herzustellen.[38] Nach dem Absenken der Thesaurierungsbelastung von Kapitalgesellschaften auf 29,83 % soll die sog. Thesaurierungsbegünstigung die steuerliche Attraktivität und Investitionsfähigkeit von Personenunternehmen sicherstellen: Die Besteuerung von Personenunternehmen erfolgt grundsätzlich unabhängig von der Gewinnverwendung. Von diesem Prinzip weicht die Thesaurierungsbegünstigung gemäß § 34a EStG ab. Ab dem Veranlagungszeitraum 2008 kann der Steuerpflichtige für bestimmte nicht entnommene Gewinne aus Land- und Forstwirtschaft, Gewerbebetrieb oder selbständiger Arbeit einen Sondersteuersatz von 28,25 % (zuzüglich SolZ) beantragen, § 34a Abs. 1 EStG. Werden die Gewinne in späteren Jah-

---

[38] Vgl. BT-Drs. 16/4841, S. 58.

ren entnommen, erfolgt jedoch eine Nachversteuerung in Höhe von 25 % des entnommenen Betrags, § 34a Abs. 4 EStG.

Die Wirkungsweise von Thesaurierungsbegünstigung und Nachversteuerung soll folgendes (vereinfachtes) Beispiel verdeutlichen:

Der Gewinn des laufenden Jahres soll vollständig thesauriert werden; vom Einbezug der Gewerbesteuer wird abgesehen.

Gewinn des laufenden Jahres (Begünstigungsbetrag)	100.000 €
Thesaurierungsbelastung 28,25 %	- 28.250 €
= thesaurierungsfähiger Betrag	
= nachversteuerungspflichtiger Betrag	71.750 €
Bei späterer Entnahme:	
Nachversteuerung 25 % von 71.750 €	17.940 €
Gesamtbelastung 28.250 € + 17.940 €	46.190 €

Letztendlich handelt es sich bei der Thesaurierungsbegünstigung nur um ein Steuerstundungsmodell. Da die Gesamtbelastung mit 46,19 % sogar höher als der Spitzensteuersatz von 45 % ist, sollte die Thesaurierungsbegünstigung nur bei einem hohen persönlichen Einkommensteuersatz und bei einer hohen Unternehmensrendite beantragt werden und dies auch nur, wenn die Gewinne über einen längeren Zeitraum im Unternehmen verbleiben sollen.

Die Thesaurierungsbegünstigung kann von Einzelunternehmern und Mitunternehmern beantragt werden. Mitunternehmer müssen zu mehr als 10 % am Gewinn beteiligt sein oder ihr Gewinnanteil muss 10.000 € übersteigen. Damit sind Kleinstbeteiligungen von der Thesaurierungsbegünstigung ausgeschlossen. Der Antrag ist für jeden Betrieb oder Mitunternehmeranteil für jeden Veranlagungszeitraum gesondert bei dem für die Einkommensbesteuerung zuständigen Finanzamt zu stellen, § 34a Abs. 1 S. 2 EStG.

Begünstigt werden nicht entnommene Gewinne aus Land- und Forstwirtschaft, Gewerbebetrieb oder selbständiger Arbeit, wenn sie gemäß § 4 Abs. 1 S. 1 EStG oder § 5 EStG (Betriebsvermögensvergleich) ermittelt wurden, § 34a Abs. 2 EStG. Möchte bspw. ein Freiberufler die Thesaurierungsbegünstigung in Anspruch nehmen, wird er im Regelfall von der Überschussrechnung nach § 4 Abs. 3 EStG zur Bilanzierung nach § 4 Abs. 1 S. 1 EStG übergehen müssen.

Die Begünstigung kann nicht für Veräußerungsgewinne beantragt werden, soweit der Freibetrag nach § 16 Abs. 4 EStG oder die Steuerermäßigung nach § 34 Abs. 3 EStG in Anspruch genommen wird oder es sich um Gewinne im Sinne des § 18 Abs. 1 Nr. 4 EStG handelt, § 34a Abs. 1 S. 1 EStG.

Begünstigt werden kann maximal der Gewinn des laufenden Jahres, soweit er den Saldo aus den Entnahmen und den Einlagen übersteigt, § 34a Abs. 2 EStG. Bei Mitunternehmeranteilen werden sowohl die Entnahmen und Einlagen des Gesamthandsvermögens als auch die des Sonderbetriebsvermögens berücksichtigt. Sondervergütungen i.S.d. § 15 Abs. 1 S. 1 Nr. 2 EStG führen nur dann zu Entnahmen i.S.d. § 34a EStG, wenn sie auf ein privates Konto des Mitunternehmers gezahlt werden; werden sie auf einem betrieblichen Konto gutgeschrieben, liegen keine Entnahmen, die den Begünstigungsbetrag vermindern, vor.

Der Antrag auf Begünstigung muss jedoch nicht den gesamten Gewinn umfassen. Er kann auch auf Teile beschränkt werden, § 34a Abs. 1 S. 1 EStG. Den Gewinn, für den die Begünstigung beantragt wird, bezeichnet man als Begünstigungsbetrag, § 34a Abs 3 EStG.

> Steuerbilanzgewinn (Einzelunternehmen) bzw. Anteil am Gewinn der Personengesellschaft
>
> + bei Personengesellschaft: Gewinn aus der Ergänzungsbilanz und der Sonderbilanz
>
> ───────────────────────────
>
> = Gewinn nach § 4 Abs. 1 S. 1 EStG bzw. § 5 EStG
>
> - positiver Saldo der Entnahmen und Einlagen
>
> ───────────────────────────
>
> = nicht entnommener Gewinn nach § 34a Abs. 2 EStG
>
> = maximaler Begünstigungsbetrag nach § 34a Abs. 3 EStG

Die nicht abzugsfähigen Betriebsausgaben gemäß § 4 Abs. 5, 5a und 5b EStG haben den nach § 4 Abs. 1 S. 1 EStG bzw. § 5 EStG ermittelten Gewinn gemindert. Da sie erst außerbilanziell hinzugerechnet werden, kann für diese keine Thesaurierungsbegünstigung in Anspruch genommen werden.

Aus dem Begünstigungsbetrag wird der nachversteuerungspflichtige Betrag durch Abzug der auf den Begünstigungsbetrag entfallenden Thesaurierungsbelastung (28,25 % zzgl. Solidaritätszuschlag) ermittelt, § 34a Abs. 3 EStG. Dieser nachversteuerungspflichtige Betrag wird gesondert festgestellt und ist jährlich fortzuschreiben, § 34a Abs. 3 Satz 3 EStG.

Die Ermittlung des nachversteuerungspflichtigen Betrags bestimmt sich wie folgt:

Begünstigungsbetrag nach § 34a Abs. 3 EStG

- Thesaurierungsbelastung 28,25 % (zzgl. SolZ)

= nachversteuerungspflichtiger Betrag zum 31.12./01.01.

Die jährliche Feststellung und Fortschreibung des nachversteuerungspflichtigen Betrags wird durch folgendes Schema veranschaulicht:

Übernahme des nachversteuerungspflichtigen Betrags aus dem Vorjahr

+ nachversteuerungspflichtiger Betrag des laufenden Veranlagungszeitraums

+ /- nachversteuerungspflichtiger Betrag, der nach § 34a Abs. 5 EStG auf einen anderen Betrieb/Mitunternehmeranteil übertragen wird

- Nachversteuerungsbetrag des laufenden Veranlagungszeitraums, § 34a Abs. 4 und 6 EStG)

= nachversteuerungspflichtiger Betrag zum 31.12. des Veranlagungszeitraums

Zu einer Nachversteuerung kommt es, wenn die begünstigten Gewinne in späteren Jahren entnommen werden. Sie wird durchgeführt, wenn eine Überentnahme vorliegt, d.h. wenn der positive Saldo von Entnahmen und Einlagen den laufenden Gewinn des Wirtschaftsjahres übersteigt, § 34a Abs. 4 EStG:

Positiver Saldo der Entnahmen und Einlagen

- Gewinn des laufenden Wirtschaftsjahres nach § 4 Abs. 1 S. 1 EStG bzw. § 5 EStG

= Überentnahme = Nachversteuerungsbetrag nach § 34a Abs. 4 EStG

Die Einkommensteuer auf den Nachversteuerungsbetrag beträgt 25 % (zzgl. SolZ).

Kommt es zu einer Überentnahme, ist folgende, von der Finanzverwaltung vorgegebene, Verwendungsreihenfolge zu unterstellen:

1. Begünstigt besteuerte Gewinne der Vorjahre

    ➔ Nachversteuerung in Höhe von 25 % (zzgl. SolZ)

2. Nicht begünstigt besteuerte Gewinne der Vorjahre (einschließlich der Gewinne, die vor dem Jahr 2008 entstanden sind)

    ➔ Keine Nachversteuerung

Damit werden zuerst die Gewinne entnommen, für die die Thesaurierungsbegünstigung in Anspruch genommen wurde. Es kommt zur Nachversteuerung in Höhe von 25 %. Gewinne, die dem Regelsteuersatz unterlagen oder sog. Altgewinne, d.h. Gewinne aus Jahren von vor 2008, für die eine Thesaurierungsbegünstigung nicht existierte, gelten erst als danach entnommen. Sie sind im Unternehmen „eingeschlossen" (sog. Lock-in-Effekt). Diese Regelung ist für den Steuerpflichtigen denkbar ungünstig. Vor erstmaliger Inanspruchnahme der Thesaurierungsbegünstigung sollten deshalb die im Unternehmen vorhandenen Altgewinne entnommen werden.

Um die ungünstige Wirkung der Verwendungsreihenfolge abzumildern, wurden folgende Ausnahmen von der Nachversteuerung vorgesehen:

-   Entnahmen für die Zahlung der Erbschaft-/Schenkungsteuer, § 34a Abs. 4 S. 3 EStG.
-   Bei der Übertragung eines Wirtschaftsgutes nach § 6 Abs. 5 S. 1 bis 3 EStG kann eine Nachversteuerung umgangen werden, wenn gleichzeitig der nachversteuerungspflichtige Betrag mitübertragen wird, § 34a Abs. 5 EStG.
-   Bei unentgeltlichen Übertragungen nach § 6 Abs. 3 EStG und bei Einbringungen zu Buchwerten nach § 24 UmwStG ist eine Nachversteuerung nicht vorgesehen, da der nachversteuerungspflichtige Betrag auf den Rechtsnachfolger übergeht, § 34a Abs. 7 EStG.

Zu einer Nachversteuerung kommt es jedoch nicht nur in Fällen der Überentnahme. § 34a Abs. 6 EStG zählt weitere Fälle auf, in denen eine Nachversteuerung durchzuführen ist:

-   Betriebsveräußerungen/-aufgaben (zinslose Stundung bis zehn Jahre möglich),
-   Umwandlungsfälle (zinslose Stundung bis zehn Jahre möglich),
-   Wechsel der Gewinnermittlungsart und
-   auf Antrag des Steuerpflichtigen.

Abschließendes Beispiel:

Der Gewinn (§ 4 Abs. 1 S. 1 EStG oder § 5 EStG) eines Unternehmens beträgt im VZ 2008 120.000 €. Der Unternehmer hat Entnahmen in Höhe von 60.000 € und Einlagen in Höhe von 40.000 € getätigt. Der Steuerpflichtige beantragt, 80.000 € des nicht entnommenen Gewinns nach § 34a Abs. 1 EStG zu besteuern.

Im VZ 2009 beträgt der Gewinn (§ 4 Abs. 1 S. 1 EStG oder § 5 EStG) 50.000 €. Entnahmen wurden in Höhe von 60.000 € getätigt.

VZ 2008:

Gewinn nach § 4 Abs. 1 S. 1 EStG bzw. § 5 EStG	120.000 €
- positiver Saldo der Entnahmen und Einlagen	- 20.000 €
= nicht entnommener Gewinn nach § 34a Abs. 2 EStG	
= maximaler Begünstigungsbetrag nach § 34a Abs. 3 EStG	100.000 €
Begünstigungsbetrag nach § 34a Abs. 3 EStG	80.000 €
- Thesaurierungsbelastung 28,25 % (zzgl. SolZ)	- 22.600 €
= nachversteuerungspflichtiger Betrag zum 31.12.08	57.400 €

Der nachversteuerungspflichtige Betrag wird gesondert festgestellt.

VZ 2009:

Positiver Saldo der Entnahmen und Einlagen	60.000 €
- Gewinn des laufenden Wirtschaftsjahres	
nach § 4 Abs. 1 S. 1 EStG bzw. § 5 EStG	50.000 €
= Überentnahme	
= Nachversteuerungsbetrag nach § 34a Abs. 4 EStG	10.000 €
Nachversteuerung 25 % (zzgl. SolZ)	2.500 €

Obwohl sich im Unternehmen Gewinne in Höhe von 20.000 € (100.000 € - 80.000 €) befinden, die der Regelbesteuerung unterlegen haben, ist aufgrund der Verwendungsreihenfolge eine Nachversteuerung durchzuführen.

Fortschreibung des nachversteuerungspflichtigen Betrags:

Übernahme nachversteuerungspflichtiger Betrag 2008	57.400 €
- Nachversteuerungsbetrag 2009	- 10.000 €
= nachversteuerungspflichtiger Betrag zum 31.12.2009	47.400 €

Hintergrund

Der durch die Unternehmensteuerreform 2008 neu eingeführte § 34a EStG sollte zu einer Rechtsformneutralität im Sinne einer Belastungsneutralität zwischen Kapital- und Personengesellschaften führen.

Die steuerliche Belastung von **Kapitalgesellschaften** beträgt - bei einem Hebesatz von 400 % - 29,83 % (KSt 15%, SolZ 5,5% x 15% = 0,83 %, GewSt 14%).

Bei einer Gewinnausschüttung beträgt die steuerliche Belastung des Gesellschafters - unter Anwendung der Abgeltungsteuer (ab 2009) - 18,50 % (100 abzgl. 29,83 % = 70,17; 70,17 x 25 % Abgeltungsteuer = 17,54 %; SolZ 5,5 % x 17,54 = 0,96 %).

Damit ergibt sich eine Gesamtsteuerbelastung von Kapitalgesellschaften in Höhe von **29,83 + 18,50 = 48,33 %.**

Die steuerliche Belastung von **Personengesellschaften** beträgt - bei einem Hebesatz von 400 % und unterstellter Vollthesaurierung - 29,77 % (GewSt 14%, ESt 28,25 % - GewSt-Anrechnung gem. § 35 EStG 13,3 % = 14,95 %, SolZ 5,5 % x 14,95 % = 0,83 %).

Bei einer späteren Entnahme ergibt sich eine Nachversteuerung in Höhe von 18,52 % (100 abzgl. 28,25 % abzgl. SolZ 5,5 % x 28,25 % = 70,20; 70,20 x 25 % Nachversteuerungssatz = 17,55; SolZ 5,5 % x 17,55 = 0,97 %).

Damit ergibt sich eine Gesamtsteuerbelastung von Personengesellschaften in Höhe von **29,77 + 18,52 = 48,29 %.**

Jedoch wird eine Vollthesaurierung des Gewinns der Personengesellschaft in der Praxis nicht erreicht werden können: Anders als im theoretischen Modell angenommen, unterliegt die GewSt als nichtabzugsfähige Betriebsausgabe nicht der Begünstigung. Zudem muss die ESt (zzgl. SolZ) bezahlt und damit entnommen werden, sollte dafür keine Privateinlage getätigt werden. Der mögliche Begünstigungsbetrag vermindert sich um diese Beträge; aufgrund dieser Zwangsentnahme steigt die Steuerbelastung im Thesaurierungsfall auf 34,82 %; bei einer späteren Nachversteuerung ergibt sich eine Belastung in Höhe von 12,07 % (vgl. Kessler/Ortmann-Babel/Zipfel, BB 2007, S. 523 ff., Siegel, FR 2008, S. 663 ff.).

Eine Annäherung der Steuerbelastung von Kapital- und Personengesellschaften wird daher selten erreicht werden. § 34a EStG wird im Regelfall nicht zur angestrebten Rechtsformneutralität führen.

6.1.3   Die festzusetzende Einkommensteuer

Die festzusetzende Einkommensteuer ist gemäß § 2 Abs. 6 S. 1 EStG i.V.m. R 2 Abs. 2 EStR die tarifliche Einkommensteuer vermindert um den Entlastungsbetrag nach § 32c EStG, um die anzurechnenden ausländischen Steuern und die im Einkommensteuergesetz oder anderen Gesetzen genannten Steuerermäßigungen, vermehrt um die Steuer gemäß § 34c Abs. 5 EStG, die Nachsteuer gemäß § 10 Abs. 5 EStG und den Zuschlag gemäß § 3 Abs. 4 S. 2 des Forstschäden-Ausgleichsgesetzes. Ist das Einkommen um einen Freibetrag nach § 32 Abs. 6 EStG vermindert worden, so wird gemäß § 36 Abs. 2 S. 1 EStG der tariflichen Einkommensteuer noch das Kindergeld hinzugerechnet. Gleiches gilt für Fälle des § 10a Abs. 2 EStG, in denen der Gesamtbetrag der Einkünfte um Sonderausgaben des § 10a Abs. 1 EStG gemindert wurde; auch in diesem Fall ist für die Ermittlung der festzusetzenden Einkommensteuer der Anspruch auf Zulage für Altersvorsorge der tariflichen Einkommensteuer hinzuzurechnen.

Ermittlung der festzusetzenden Einkommensteuer:

  tarifliche Einkommensteuer, § 32a Abs. 1 und 5 EStG

– Minderungsbetrag nach Punkt 11 Ziffer 2 des Schlussprotokolls zu Artikel 23 DBA Belgien

– ausländische Steuern nach § 34c Abs. 1 und 6 EStG, § 12 AStG

– Steuerermäßigung nach § 35 EStG

– Steuerermäßigung für Steuerpflichtige mit Kindern bei Inanspruchnahme erhöhter Absetzungen für Wohngebäude oder der Steuerbegünstigungen für eigengenutztes Wohneigentum, § 34f Abs. 1, 2 EStG

– Steuerermäßigung bei Mitgliedsbeiträgen und Spenden an politische Parteien und unabhängige Wählervereinigungen, § 34g EStG

– Steuerermäßigung nach § 34f Abs. 3 EStG

– Steuerermäßigung nach § 35a EStG

+ Steuern nach § 34c Abs. 5 EStG

+ Nachsteuer nach § 10 Abs. 5 EStG i.V.m. § 30 EStDV

+ Zuschlag nach § 3 Abs. 4 S. 2 Forstschäden-Ausgleichsgesetz

+ Anspruch auf Zulage zur Altersvorsorge nach § 10a Abs. 2 EStG

+ Kindergeld oder vergleichbare Leistungen, soweit in den Fällen des § 31 EStG das Einkommen um einen Freibetrag nach § 32 Abs. 6 EStG gemindert wurde

= festzusetzende Einkommensteuer, § 2 Abs. 6 EStG.

6.2 Steuerzahlung

Die vom Steuerpflichtigen persönlich geschuldete Einkommensteuer entsteht, soweit das EStG keine abweichenden Regelungen kennt, mit Ablauf des Veranlagungszeitraums, § 36 Abs. 1 EStG. Sonderregelungen bestehen bspw. für die Entstehung der Lohnsteuer, § 38 Abs. 2 S. 2 EStG.

Es findet eine Anrechnung der bereits gezahlten Beträge auf die festzusetzende Einkommensteuer statt. Angerechnet werden gemäß § 36 Abs. 2 S. 2 EStG die Einkommensteuervorauszahlungen i.S.v. § 37 EStG und die durch Steuerabzug erhobene Einkommensteuer (Lohnsteuer, Kapitalertragsteuer und Bauabzugsteuer).

Die Einkommensteuervorauszahlungen auf die Einkommensteuer, die sich grundsätzlich nach der Einkommensteuer, die sich nach Anrechnung der Steuerabzugsbeträge und der Körperschaftsteuer bei der letzten Veranlagung ergeben hat, bemessen, werden durch Vorauszahlungsbescheid vom Finanzamt festgesetzt. Vorauszahlungen hat der Steuerpflichtige am 10. März, 10. Juni, 10. September und 10. Dezember zu entrichten.

Die Einkommensteuer wird bei Einkünften aus nichtselbständiger Arbeit gemäß § 38 EStG durch Abzug vom Arbeitslohn erhoben (Lohnsteuer).

Die Einkommensteuer z.B. bei Einnahmen gemäß § 43 Abs. 1 EStG i.V.m. § 20 Abs. 1 EStG, das sind u.a. Dividenden, wird gemäß § 43a Abs. 1 Nr. 1 EStG durch Abzug vom Kapitalertrag (Kapitalertragsteuer) i.d.R. in Höhe von 20 % des Kapitalertrags erhoben, sofern der Gläubiger die Kapitalertragsteuer trägt (ab 2009: 25 %). Trägt der Schuldner die Kapitalertragsteuer, beträgt diese 25 % des tatsächlich ausgezahlten Betrages.

Ein sich ergebender Nachzahlungsbetrag ist innerhalb eines Monats nach Bekanntgabe des Steuerbescheids zu entrichten (sog. Abschlusszahlung).

6.3 Veranlagung

Veranlagung ist das förmliche Verfahren, in dem die Einkommensteuer nach Ablauf des Kalenderjahres (Veranlagungszeitraum) festgesetzt wird. Im Einkommensteuergesetz wird zwischen den Veranlagungsformen Einzelveranlagung und Ehegattenveranlagung unterschieden.

Ein Steuerpflichtiger hat nach der Einzelveranlagung eine Einkommensteuererklärung abzugeben. Der Steuerpflichtige wird für das Einkommen veranlagt, das er in dem Veranlagungszeitraum bezogen hat. Zur Einkommensteuerberechnung wird bei der Einzelveranlagung gemäß § 32a Abs. 1 EStG der Grundtarif angewendet.

Ehegatten können, abweichend von dem Grundsatz der **Einzelveranlagung**, die **Zusammenveranlagung** nach § 26b EStG, die **getrennte Veranlagung** nach § 26a EStG oder die besondere Veranlagung für den Zeitraum der Eheschließung nach § 26c EStG wählen. Um das Wahlrecht der Veranlagungsform auszuüben, dürfen die Ehegatten nicht dauernd getrennt leben und sie müssen beide unbeschränkt einkommensteuerpflichtig gemäß § 1 Abs. 1 oder Abs. 2 oder § 1a EStG sein. Beide Voraussetzungen müssen zu Beginn des Veranlagungszeitraums vorgelegen haben oder im Laufe des Veranlagungszeitraums eingetreten sein.

Ehegatten, die durch schriftliche Erklärung die Zusammenveranlagung wählen bzw. die keine Angabe zur Veranlagungsform machen, werden zusammen veranlagt. Dabei werden die Einkünfte, die die Ehegatten bezogen haben, nach der jeweils gesonderten Ermittlung zusammengerechnet und die Ehegatten gemeinsam als Steuerpflichtiger behandelt. Es wird bei der Einkommensteuerberechnung gemäß § 32a Abs. 5 EStG der Splittingtarif angewendet.

Wählen die Ehegatten bzw. einer der Ehegatten durch schriftlichen Antrag die getrennte Veranlagung, werden jedem Ehegatten gemäß § 26a Abs. 1 EStG die von ihm bezogenen Einkünfte zugerechnet. Bei jedem Ehegatten ist der Grundtarif anzuwenden. Sonderausgaben nach § 10 Abs. 1 Nr. 5 und Nr. 8 EStG und außergewöhnliche Belastungen nach §§ 33 bis 33b EStG werden zunächst wie bei einer Zusammenveranlagung ermittelt und bei den Ehegatten jeweils zur Hälfte abgezogen. (Zu den Sonderausgaben und außergewöhnlichen Belastungen siehe Kapitel 5.4 und 5.5).

Für den Veranlagungszeitraum der Eheschließung können die Ehegatten die besondere Veranlagung gemäß § 26c EStG durch schriftlichen Antrag wählen. Sie werden nach der besonderen Veranlagung so behandelt, als ob sie diese Ehe nicht geschlossen hätten. Die Einkommensbesteuerung findet nach dem Grundtarif statt.

6.4 Eigenheimzulage/"Wohn-Riester"

Die steuerliche Förderung des selbstgenutzten Wohneigentums, die zunächst ausschließlich in den §§ 10e und 34f EStG verankert war, wurde ab 1996 durch die Eigenheimzulage nach dem Eigenheimzulagengesetz (EigZulG) ersetzt. Die Förderung nach den §§ 10e und 34f EStG stieg progressionsbedingt mit steigendem Einkommen. Um diesen Effekt zu vermeiden, wurde im EigZulG ein progressionsunabhängiger Förderbetrag eingeführt, der gemäß § 11 EigZulG unabhängig von der Einkommensteuerveranlagung ermittelt wird.

Unbeschränkt einkommensteuerpflichtige Personen können gemäß § 1 EigZulG die Eigenheimzulage beanspruchen, sofern sie als zivilrechtlicher oder wirtschaftlicher Eigentümer eines begünstigten Objektes dessen Herstellungs- oder Anschaffungskosten getragen haben.

Begünstigtes Objekt ist gemäß § 2 Abs. 1 und 2 EigZulG die Herstellung oder Anschaffung eines im Inland belegenen eigenen Hauses oder einer im Inland belegenen eigenen Eigentumswohnung. Vor dem 31.12.2003 begonnene Ausbauten oder Erweiterungen von einem im Inland belegenen Haus oder einer Eigentumswohnung werden ebenfalls begünstigt.

Voraussetzung zur Förderung ist gemäß § 4 EigZulG, dass die Wohnung zu eigenen Wohnzwecken genutzt oder unentgeltlich an einen Angehörigen zu Wohnzwecken überlassen wird.

Der Steuerpflichtige kann für Objekte gemäß § 5 EigZulG die Förderung nach dem Eigenheimzulagengesetz ab dem Jahr in Anspruch nehmen, in dem die Summe der positiven Einkünfte nach § 2 Abs. 2 EStG des Anspruchsjahres (Erstjahr) zuzüglich der Summe der positiven Einkünfte des dem Anspruchsjahr vorangegangenen Jahres 70.000 € (140.000 € bei Zusammenveranlagten) nicht übersteigt. Bis zum 31.12.2003 wurde auf den Gesamtbetrag der Einkünfte rekurriert.

Die Förderung kann der Anspruchsberechtigte gemäß § 3 EigZulG frühestens im Jahr der Fertigstellung oder Anschaffung und in den sieben folgenden Jahren in Anspruch nehmen (Förderzeitraum). Die Beträge nach den Sätzen 1 und 2 des § 5 EigZulG erhöhen sich für jedes Kind, für das im Erstjahr die Voraussetzungen für die Inanspruchnahme der Kinderzulage nach § 9 Abs. 5 S. 1 und 2 EigZulG bestehen, um 30.000 € und in Fällen des § 9 Abs. 5 S. 3 EStG um 15.000 € für jeden Anspruchsberechtigten.

Die Eigenheimzulage umfasst gemäß § 9 EigZulG den Fördergrundbetrag und die Kinderzulage.

Als **Fördergrundbetrag** kann der Anspruchsberechtigte von den Anschaffungs- oder Herstellungskosten der Wohnung zuzüglich der Anschaffungskosten für den dazugehörigen Grund und Boden bzw. bei Ausbauten und Erweiterungen von den Herstellungskosten des Objektes (= Bemessungsgrundlage) im Jahr 1 %, höchstens 1.250 € für Neubauten in Anspruch nehmen.

Die **Kinderzulage** beträgt jährlich 800 € pro Kind, sofern der Anspruchsberechtigte oder sein Ehegatte für diese Kinder im jeweiligen Kalenderjahr einen Freibetrag nach § 32 Abs. 6 EStG oder Kindergeld erhält (durch das Jahressteuergesetz 2009 soll festgelegt werden, dass die Kinderzulage im Rahmen der Eigenheimzulage weiterhin bis zum 27. Lebensjahr gewährt wird).

Die Eigenheimzulage, d.h. der Fördergrundbetrag zuzüglich der Kinderzulage, für den Förderzeitraum darf gemäß § 9 Abs. 6 EigZulG die Bemessungsgrundlage nicht überschreiten.

Die Eigenheimzulage kann der Anspruchsberechtigte nur für ein Objekt in Anspruch nehmen. Zusammenveranlagte Ehegatten können die Eigenheimzulage für insgesamt zwei Objekte in Anspruch nehmen. Konnte der Anspruchsberechtigte die Eigenheimzulage beim Erstobjekt mangels Nutzung zu eigenen Wohnzwecken nicht bis Ende des achtjährigen Förderzeitraums in Anspruch nehmen, kann er die Eigenheimzulage bei einem Folgeobjekt fortsetzen.

Die Eigenheimzulage wurde **letztmals** für Objekte gewährt, die auf Grund eines **vor dem 01.01.2006** geschlossenen Kaufvertrags erworben worden sind oder bei denen der Bauantrag vor dem 01.01.2006 gestellt wurde.

Eine steuerliche Förderung selbstgenutzten Wohneigentums soll zukünftig über den Einbezug in die Riesterförderung (sog. **„Wohn-Riester")** bewirkt werden.[39] Das angesparte Kapital kann dann entnommen und für den Kauf, Bau oder für die Entschuldung einer Immobilie oder für den Erwerb von Geschäftsanteilen an Wohnungsgenossenschaften verwendet werden.

Um auch hier eine nachgelagerte Besteuerung zu ermöglichen, muss ein sogenanntes „Wohnförderkonto" gebildet werden, auf dem die geförderten Beträge erfasst werden, die in die Immobilie investiert wurden. Dieses Konto wird mit 2 % jährlich verzinst. Bei Renteneintritt fließt dem Steuerpflichtigen dann keine Rente mehr zu; er muss stattdessen den Betrag des „Wohnförderkontos" besteuern. Dabei besteht ein Wahlrecht: Der Steuerpflichtige kann sich zwischen einer nachgelagerten laufenden Besteuerung oder einer Einmalbesteuerung entscheiden. Bei einer Einmalbesteuerung müssen nur 70 % des Betrags des „Wohnförderkontos" besteuert werden. Bei einer jährlichen Steuerzahlung muss das „Wohnförderkonto" über 17 bis 25 Jahre hinweg mit dem individuellen Steuersatz des Steuerpflichtigen versteuert werden.

---

[39] Am 20.06.2008 hat der Bundestag das Gesetz zur verbesserten Einbeziehung der selbstgenutzten Wohnimmobilie in die geförderte Altersvorsorge (Eigenheimrentengesetz - EigRentG) beschlossen; vgl. BT-Drucks. 16/8869.

7 Besteuerung ausgewählter Rechtsformen

7.1 Die einkommensteuerliche Behandlung der GmbH & Co. KG

7.1.1 Aufbau und Erscheinungsformen der GmbH & Co. KG

Neben den reinen Kapital- bzw. Personengesellschaften existieren noch Rechtsformtypen, die zwischen diesen beiden Grundformen liegen. Eine besonders bedeutsame Form der Typenvermischung ist die Beteiligung einer Kapitalgesellschaft an einer Personengesellschaft, die sog. **Kapitalgesellschaft & Co**. Die am weitesten verbreitete Form bildet die Beteiligung einer GmbH an einer KG. Die Gestaltungen AG & Co. KG, GmbH & Co. OHG und AG & Co. OHG sind hingegen relativ selten. Kennzeichnungsmerkmal einer GmbH & Co. KG ist die Übernahme der Komplementärstellung im Rahmen der Kommanditgesellschaft durch eine GmbH. Meist ist die Komplementär-GmbH dabei der einzige Vollhafter der KG. An der KG beteiligte natürliche Personen treten im Regelfall nur als Kommanditisten ein. Unter einer **GmbH & Co. KG im engeren Sinne** versteht man eine GmbH & Co. KG, bei der die Gesellschafter der Komplementär-GmbH gleichzeitig Kommanditisten der KG sind **(Personenidentität)** und die Beteiligungsverhältnisse am Stammkapital der Komplementär-GmbH und am Kommanditkapital übereinstimmen **(Beteiligungsidentität)**. Hierbei besitzen die beteiligten natürlichen Personen also Anteile an zwei Gesellschaften (Komplementär-GmbH und KG). Diese beiden Gesellschaften sind zu einem Unternehmen verbunden (GmbH & Co. KG).

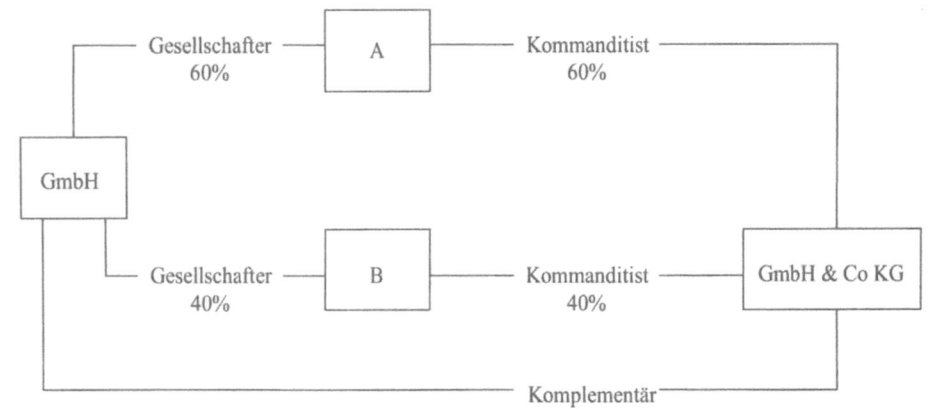

Abb. 10: Beispiel einer GmbH & Co. KG i.e.S.

Von einer **GmbH & Co. KG im weiteren Sinne** spricht man, wenn keine Personenidentität zwischen den Anteilseignern der Komplementär-GmbH und den Kommanditisten der (GmbH & Co.-) KG besteht und/oder die Beteiligungsquoten am (Stamm-) Kapital der beiden Gesellschaften voneinander abweichen.

Bezüglich der vielfältigen Ausprägungen der GmbH & Co. KG unterscheidet man vier voneinander abgrenzbare Erscheinungsformen:

1. **Ein-Mann-GmbH & Co. KG:** Besitzt eine GmbH & Co. KG nur einen einzigen Kommanditisten und ist dieser zugleich Alleingesellschafter der Komplementär-GmbH (Ein-Mann-GmbH), so spricht man von einer Ein-Mann-GmbH & Co. KG.

2. **Einheitsgesellschaft:** Bei einer Einheitsgesellschaft werden die Anteile der Komplementär-GmbH von der KG gehalten. Die Kommanditisten sind lediglich am Kommanditkapital beteiligt. Somit liegt zugleich immer eine GmbH & Co. KG im engeren Sinne vor, da die Beteiligungsverhältnisse an der GmbH und der KG nicht auseinanderfallen können. Die Willensbildung wird also ausschließlich in der KG vollzogen. Werden Anteile der Komplementär-GmbH durch den/die Kommanditisten auf die KG übertragen, so wird dieser Vorgang daher nicht als haftungsbefreiende Einlage anerkannt (§ 172 Abs. 6 HGB).

3. **Doppelstöckige GmbH & Co. KG:** Wird die Komplementärstellung einer GmbH & Co. KG nicht von einer GmbH, sondern wiederum von einer GmbH & Co. KG übernommen, so spricht man von einer „doppelstöckigen GmbH & Co. KG". Die Komplementär – GmbH & Co. KG kann ihrerseits gemäß obiger Darstellung ge-

staltet sein (mit der GmbH als Vollhafter und den natürlichen Personen A und B als Gesellschafter der GmbH und als Kommanditisten der KG).

4. **Publikums-GmbH & Co. KG:** Charakteristisches Merkmal der Publikums-GmbH & Co. KG ist die Beteiligung von zahlreichen, oft hunderten von Kommanditisten, zwischen denen keinerlei persönliche Beziehungen bestehen. Die Anteile an der Komplementär-GmbH und die Geschäftsführung stehen den Gründern (Initiatoren) zu. Die Kontrollrechte der Kommanditisten werden häufig von einem Aufsichtsrat oder Beirat ausgeübt. Der Beitritt eines Kommanditisten erfolgt zumeist über einen standardisierten Gesellschaftsvertrag, auf dessen Ausgestaltung der einzelne Gesellschafter keinen Einfluss hat und in dem festgelegt ist, dass ohne (erneute) Zustimmung der Kommanditisten weitere Gesellschafter eintreten können. Das wichtigste Anwendungsgebiet einer Publikums-GmbH & Co. KG ist bzw. war das der Abschreibungs- bzw. Verlustzuweisungsgesellschaften.

7.1.2 Die rechtliche Behandlung der GmbH & Co. KG

Im Wesentlichen gelten die für die KG bestimmten Normen des HGB und des BGB auch für die GmbH & Co. KG. Im Handelsrecht finden sich einige für die GmbH & Co. KG spezifische Vorschriften. Insbesondere gilt dies für die Behandlung von Gesellschafterdarlehen, Insolvenzgründe und die Arbeitnehmermitbestimmung. In Bezug auf die Komplementär-GmbH gelten weiterhin die Bestimmungen für Kapitalgesellschaften.

Da eine GmbH & Co. KG eine Personen**handels**gesellschaft ist, setzt ihre Gründung - wie bei jeder OHG oder KG - das Betreiben eines Handelsgewerbes voraus, das nach Art und Umfang der Tätigkeit einen in kaufmännischer Weise eingerichteten Geschäftsbetrieb erfordert (§ 1 Abs. 1 HGB).

Für die Geschäftsführungs- und Vertretungsbefugnisse gelten die Vorschriften für die KG auch für die GmbH & Co. KG, und die Vorschriften für die GmbH gelten für die Komplementär-GmbH. Charakteristisch für die GmbH & Co. KG ist das Nebeneinander von Geschäftsführung und Vertretung der (GmbH & Co.) KG und Geschäftsführung und Vertretung der Komplementär-GmbH. Zur Geschäftsführung und Vertretung der (GmbH & Co.) KG ist i.d.R. ausschließlich die Komplementär-GmbH berechtigt, da sie alleiniger Vollhafter der KG ist. Die unmittelbar an der GmbH & Co. KG beteiligten natürlichen Personen sind in ihrer Eigenschaft als Kommanditisten gemäß §§ 164, 170 HGB grundsätzlich von der Geschäftsleitung der KG ausgeschlossen. Die Geschäftsführung und Vertretung der Komplementär-GmbH übernehmen die von der Gesellschaftsversammlung der Komplementär-GmbH bestellten Geschäftsführer. Zunächst einmal führen diese unmittelbar die Geschäfte der Komplementär-GmbH. Da die Komplementär-GmbH sich als juristische Person natürlicher Personen als Geschäftsführer der GmbH & Co. KG bedienen muss, können die

Geschäftsführer der Komplementär-GmbH zugleich die Geschäftsführung und Vertretung der GmbH & Co. KG wahrnehmen. Da dies aber nicht zwangsläufig der Fall ist, besteht grundsätzlich auch die Möglichkeit, dass ein Kommanditist die Geschäfte der KG führt, wenn dieser von der Geschäftsleitung der GmbH zum Geschäftsführer der (GmbH & Co.) KG bestellt wird. Innerhalb einer GmbH & Co. KG sind auf drei Ebenen Gesellschaft-Gesellschafter-Beziehungen bzw. überhaupt Rechtsbeziehungen denkbar:

- zwischen der Komplementär-GmbH und der GmbH & Co. KG,

- zwischen der Komplementär-GmbH und ihren Gesellschaftern und

- zwischen der GmbH & Co. KG und den Kommanditisten.

Zwischen den jeweiligen Beteiligten können außerhalb der gesellschaftsvertraglichen Verbindung Dienst-, Miet- bzw. Pacht-, Darlehens-, Lizenz- und Beratungsverträge sowie Veräußerungsgeschäfte abgeschlossen werden. Bei einer GmbH & Co. KG ist zwischen dem Gesellschaftsvermögen der KG und dem der Komplementär-GmbH, dem Privatvermögen der Kommanditisten sowie dem der GmbH-Gesellschafter zu trennen.

Für die Zahlungsverpflichtungen der GmbH & Co. KG haftet außer dem Gesellschaftsvermögen der KG die Komplementär-GmbH unbeschränkt und unmittelbar mit ihrem Vermögen. Für die Zahlungsverpflichtungen der Komplementär-GmbH können deren Gesellschafter nicht persönlich in Anspruch genommen werden. Da nur die Komplementär-GmbH unbeschränkt mit ihrem gesamten Vermögen haftet, ist die Haftung gegenüber Gläubigern aus der Sicht der beteiligten natürlichen Personen auf einen vorgegebenen Betrag begrenzt - in der Mehrzahl aller Fälle auf das Mindeststammkapital von 25.000 €. Eine Erweiterung der Rechnungslegungspflichten gegenüber der „reinen" KG resultiert daraus, dass sowohl die GmbH als auch die KG der **Buchführungspflicht** unterliegen. Beide Rechnungslegungskreise sind voneinander zu trennen.

Für die **Komplementär-GmbH** gelten sowohl die Vorschriften des allgemeinen Teils als auch die des speziellen Teils des Dritten Buchs des HGB, §§ 238 ff. HGB und §§ 264 ff. HGB. Die Komplementär-GmbH hat also außer der Bilanz und der Gewinn- und Verlustrechnung einen Anhang und ggf. einen Lagebericht aufzustellen. Beschränkt sich die Geschäftstätigkeit der Komplementär-GmbH auf die Beteiligung an der KG und deren Geschäftsführung, ist sie in den meisten Fällen als kleine Kapitalgesellschaft einzustufen, § 267 Abs. 1 HGB. Sie ist damit nicht prüfungspflichtig nach § 316 Abs. 1 HGB, und die Offenlegungspflichten umfassen nur die Einreichung der Bilanz und des Anhanges beim Betreiber des elektronischen Bundesanzeigers, § 326 HGB.

Die **GmbH & Co. KG** selbst wird - zumindest wenn keine natürliche Person als Vollhafter auftritt - seit dem sog. KapCoRiLiG gemäß § 264a HGB in die für Kapitalgesell-

gerschützendes Element"; damit wird die GmbH & Co. KG im Prinzip den **Kapitalgesellschaften zugeordnet.**

Mittlerweile geht auch die Gesetzgebung von der Existenz einer eigenständigen Rechtsform der GmbH & Co. KG aus. Dabei zielen freilich viele der einschlägigen Vorschriften darauf ab, die GmbH & Co. KG - entgegen den Absichten ihrer Gründer - nicht als Personen-, sondern als Kapitalgesellschaft zu behandeln: § 4 Abs. 1 MitbestG ordnet an, dass die Arbeitnehmer der KG der Komplementär-GmbH zugerechnet werden; daraus kann sich die Pflicht zur Bildung eines dem MitbestG entsprechend zusammengesetzten Aufsichtsrats ergeben. Gemäß §§ 130a, 130b und 177a HGB wird jede Personenhandelsgesellschaft, bei der keine natürliche Person unbeschränkt haftet, insofern wie eine Kapitalgesellschaft behandelt, als nicht nur (drohende) Zahlungsunfähigkeit, sondern auch Überschuldung Insolvenztatbestand ist; das entspricht der für die AG in §§ 17, 18, 19 InsO und für die GmbH in § 64 GmbHG statuierten Rechtslage. Auch im Bilanzrecht wird die GmbH & Co. KG seit dem sog. KapCoRiLiG als Kapitalgesellschaft behandelt.

Die Steuergerichte folgten dem Reichsgericht keineswegs unverzüglich hinsichtlich einer Anerkennung der GmbH & Co. KG. Der RFH lehnte am 30.06.1922, d.h. im gleichen Jahre, in dem das Reichsgericht die handelsrechtliche Anerkennung der GmbH vollzog, die steuerliche Anerkennung ab und sah ihre Bildung als **Missbrauch von Formen und Gestaltungsmöglichkeiten des bürgerlichen Rechts** an, durch welche die steuerliche Belastung reduziert werden sollte.

Allerdings konnte im Streitfalle, auf den sich das zitierte Urteil bezieht, eindeutig der Nachweis erbracht werden, dass die Form der GmbH & Co. KG nur zum Zwecke der Steuerersparnis gewählt worden war und sich betriebswirtschaftlich nicht begründen ließ. Durch dieses Urteil war allerdings noch nicht entschieden, dass die GmbH & Co. KG grundsätzlich steuerlich nicht anerkannt wird. In seinem Urteil vom 13.03.1929 stellte der RFH fest, dass die Finanzbehörde, welche die GmbH & Co. KG nicht anerkennt und einen Betrieb dieser Rechtsform wie eine Kapitalgesellschaft besteuert, den Nachweis erbringen müsse, dass diese Gesellschaftsform für den Betrieb nicht die geeignetste Form ist, seine konkreten wirtschaftlichen Ziele zu verfolgen.

Allmählich setzte sich auch in der Steuerrechtsprechung die Auffassung durch, dass es jedem Steuerpflichtigen überlassen bleiben müsse, die Rechtsform zu bestimmen, in der er seinen Betrieb führen wolle.

Im Urteil des RFH vom 18.02.1933 wurde festgestellt, dass § 5 RAO der Steuerbehörde nicht das Recht einräumte, die Betriebe zu zwingen, die Rechtsform zu wählen, bei der sie die meisten Steuern zu zahlen hätten. „Ist die gewählte Rechtsform nicht ungewöhnlich, dann kann ihr die Steuerbehörde grundsätzlich nicht die steuerliche Anerkennung versagen mit der Begründung, eine andere - etwa steuerlich für den Fiskus günstigere - Form sei für die von den Beteiligten erstrebten Zwecke die natürliche gewesen."

In seinem grundlegenden Urteil vom 22.08.1951 gelangte der BFH schließlich zu dem Ergebnis, dass es nicht als Missbrauch von Formen und Gestaltungsmöglichkeiten des bürgerlichen Rechts angesehen werden könne, wenn ein Steuerpflichtiger **zur Einsparung von Steuern die für ihn günstigste Rechtsform** wählt. Von der Notwendigkeit einer wirtschaftlichen Zweckmäßigkeit der Rechtsform ist nicht mehr die Rede.

Der Steuergesetzgeber hat die Anerkennung der GmbH & Co. KG nicht ausdrücklich vollzogen; sie ergibt sich aber implizit aus verschiedenen gesetzlichen Vorschriften, so z.B. aus § 15 Abs. 3 Nr. 2 EStG. Für die Erfolg- und Substanzsteuern ist die GmbH & Co. KG heute eine **Personengesellschaft**. Dies folgt zwingend aus § 1 Abs. 1 Nr. 1 KStG. Dort sind die Kapitalgesellschaften umfassend aufgezählt, und die GmbH & Co. KG wird nicht genannt.

7.1.3 Qualifikation der Einkunftsart

Die erfolgsteuerrechtliche Einstufung der GmbH & Co. KG als Personengesellschaft lässt grundsätzlich noch offen, Einkünfte welcher Einkunftsart die GmbH & Co. KG ihren Gesellschaftern vermittelt. Gemäß den allgemeinen, für alle Personengesellschaften geltenden Grundsätzen ist die GmbH & Co. KG dann Gewerbebetrieb, wenn sie auch eine gewerbliche Tätigkeit ausübt (Gewerbebetrieb kraft Betätigung, § 15 Abs. 3 Nr. 1 EStG). Es greift also die allgemeine Qualifikation der Gewerblichkeit nach § 15 Abs. 2 EStG mit den positiven Tatbestandsmerkmalen der selbständigen, nachhaltigen Betätigung mit Gewinnerzielungsabsicht und Beteiligung am allgemeinen wirtschaftlichen Verkehr, dem (expliziten) negativen Tatbestandsmerkmal, dass die Tätigkeit weder Ausübung von Land- und Forstwirtschaft noch Ausübung selbständiger Arbeit ist, sowie dem (impliziten, sich aus § 14 AO ergebenden) negativen Tatbestandsmerkmal, dass die Tätigkeit keine reine Vermögensverwaltung darstellt.

Insoweit könnte es auch eine nichtgewerbliche GmbH & Co. KG geben. Da Personenhandelsgesellschaften stets (Form-)Kaufleute sind (§ 6 Abs. 1 HGB), ist eher zu prüfen, ob einer Tätigkeit, die kein Handelsgewerbe i.S.v. § 1 Abs. 1 HGB ist, überhaupt die Rechtsform der Personenhandelsgesellschaft und damit der GmbH & Co. KG offensteht. Bei Betrieben der Land- und Forstwirtschaft ist dies nach § 3 HGB zu bejahen. Bei freiberuflicher Tätigkeit (dritte Einkunftsart) und bei vermögensverwaltender Tätigkeit (fünfte bzw. sechste Einkunftsart) kommt grundsätzlich die Rechtsform der Personenhandelsgesellschaft nicht in Betracht. Gem. § 105 Abs. 2 HGB gibt es für vermögensverwaltende und kleingewerbetreibende Gesellschaften jedoch eine Option der Handelsregistereintragung mit konstitutiver Wirkung. Diese sog. „Kann-KG" besitzt die Kaufmannseigenschaft und ist buchführungspflichtig. Es kann also auch eine rein vermögensverwaltende KG eingetragen werden.

Der somit grundsätzlich bestehende Bereich nichtgewerblicher Gesellschaften wird freilich eingeschränkt durch die **gewerblich geprägte Personengesellschaft** (Gewerbebetrieb kraft Rechtsform, § 15 Abs. 3 Nr. 2 EStG). Für die Einkünftequalifikation solcher nicht gewerblich tätiger Gesellschaften sind drei Zeitabschnitte relevant:

-   1966 bis 1984: Gültigkeit der sog. Geprägerechtsprechung nach dem Urteil des BFH vom 17.03.1966; unabhängig von der Art der Betätigung gilt der Betrieb einer GmbH & Co. KG als Gewerbebetrieb, wenn es neben der Komplementär-GmbH keinen weiteren Vollhafter gibt.

-   1984 bis 1986: Ablehnung der Geprägerechtsprechung aufgrund des bereits angesprochenen Beschlusses des Großen Senats des BFH vom 25.06.1984; nur wenn die GmbH & Co. KG tatsächlich gewerblich tätig ist, unterhält sie auch einen Gewerbebetrieb (Gewerbebetrieb kraft Betätigung).

-   seit 1986: gesetzliche Kodifizierung der Geprägerechtsprechung in § 15 Abs. 3 Nr. 2 EStG.

Durch die Einführung des § 15 Abs. 3 Nr. 2 EStG wurde im Rahmen des Steuerbereinigungsgesetzes von 1986 die Geprägerechtsprechung in das Einkommensteuergesetz übernommen. Jede mit Einkünfteerzielungsabsicht unternommene Tätigkeit einer Personengesellschaft, „bei der ausschließlich eine oder mehrere Kapitalgesellschaften persönlich haftende Gesellschafter sind und nur diese oder Personen, die nicht Gesellschafter sind, zur Geschäftsführung befugt sind", gilt hiernach als Gewerbebetrieb.

Begründet wird die Geprägerechtsprechung und damit die Qualifikation einer GmbH & Co. KG als **Gewerbebetrieb kraft Rechtsform** damit, dass eine GmbH & Co. KG aus wirtschaftlicher Sicht eher mit einer Kapitalgesellschaft als mit einer Personengesellschaft zu vergleichen ist. Da eine Kapitalgesellschaft nur Einkünfte aus Gewerbebetrieb erzielen kann (§ 2 Abs. 2 S. 1 GewStG), ist als Folge dieser Betrachtungsweise und im Rahmen des Gleichbehandlungsgrundsatzes bei einer GmbH & Co. KG grundsätzlich vom Vorliegen eines Gewerbebetriebes auszugehen. In der Geprägerechtsprechung ist eine konsequente Weiterentwicklung der Rechtsprechung des Bundesfinanzhofs zu sehen, da die Abhängigkeit der Besteuerungsfolgen von der wirtschaftlichen Betrachtungsweise stark im Gegensatz zur bislang gültigen Anknüpfung an der Rechtsform des Unternehmens abweicht. Wenn weiterhin die Rechtsform das wesentliche Anknüpfungsmerkmal für die Besteuerung bilden würde, könnte eine GmbH & Co. KG wie jede andere Personengesellschaft nur dann als Gewerbebetrieb angesehen werden, wenn sie selbst auch eine gewerbliche Tätigkeit entfaltet.

Die Tatsache, dass sich die Anwendung der Geprägerechtsprechung gemäß BFH-Urteil vom 23.05.1996 auf einfache Weise gestalten lässt, gibt Grundlage zu weiterer Kritik an der Umsetzung der Geprägerechtsprechung in das Einkommensteuergesetz. Die gewerbliche Prägung lässt sich z.B. wie folgt abwenden: Da die Kommanditisten gemäß § 164 Abs. 1 HGB von der Geschäftsführung der GmbH & Co. KG ausgeschlossen sind, es sich hierbei aber um dispositives Recht handelt, kann die Einsetzung eines Kommanditisten als Geschäftsführer im Gesellschaftsvertrag vereinbart werden. Zu beachten ist hierbei, dass er die Geschäfte der KG nicht nur im Auftrag, sondern neben der GmbH führen muss, da die gewerbliche Prägung ansonsten fortbesteht. Die Steuerpflichtigen besitzen somit indirekt die Möglichkeit, die Einkunftsart zu wählen.

7.1.4 Besteuerung der Gewinnanteile

Im Grundsatz entspricht die Gewinnermittlung der GmbH & Co. KG wie bei jeder anderen gewerblich tätigen Personengesellschaft dem in Gliederungspunkt 4.2.3.2 dargestellten Verfahren. Der Gewinnanteil der GmbH & Co. KG, welcher auf die Komplementär-GmbH entfällt, unterliegt bei dieser der Körperschaftsteuer. Die Gewinne der Komplementär-GmbH werden gemäß dem Zuflussprinzip auf Gesellschafterebene erst dann besteuert, wenn sie diesen auch im Rahmen der Gewinnausschüttung zufließen. Die den Kommanditisten zustehenden Gewinnanteile unterliegen bei diesen zusammen mit ihren weiteren Einkünften nach den individuellen Verhältnissen der Einkommensteuer.

Sind die Kommanditisten der GmbH & Co. KG gleichzeitig an der Komplementär-GmbH beteiligt (insbesondere wie im Falle der GmbH & Co. KG im engeren Sinne), so bestehen zwischen der Komplementär-GmbH und den Kommanditisten keine Interessengegensätze wie zwischen fremden Dritten. Daher wird die Beteiligung der Komplementär-GmbH am Erfolg der KG auf ihre Angemessenheit überprüft. Fließt der Komplementär-GmbH ein geringerer Anteil zu, als fremde Dritte unter gleichen Umständen akzeptieren würden, so werden den Kommanditisten Vorteile zugestanden, die Nicht-Gesellschaftern nicht zugewendet würden. Die Gewinnverteilung ist derart zu korrigieren, dass die GmbH angemessen beteiligt wird. Dies führt zu dem Ergebnis, dass die Differenz zwischen dem tatsächlichen und dem angemessenen Betrag als **verdeckte Gewinnausschüttung** an die Kommanditisten betrachtet wird.

Im Hinblick auf die Kapitalbeteiligung der Komplementär-GmbH an der GmbH & Co. KG wird eine Gewinnverteilung nach dem Verhältnis der Kapitalkonten als angemessen betrachtet. Erbringt die Komplementär-GmbH keine Kapitaleinlage, sondern beschränkt sie sich neben der Geschäftsführung auf die Übernahme der persönlichen Haftung, ist ihr für letztere ein Entgelt zu gewähren, das einer banküblichen Avalprovision entsprechen muss (BFH vom 03.02.1977).

7.1.5 Die Besteuerung der Ausschüttungen der Komplementär-GmbH

Die Gewinnausschüttungen der Komplementär-GmbH führen bei Anteilseignern, die nicht zugleich auch als Kommanditisten an der GmbH & Co. KG beteiligt sind, zu

Einkünften aus Kapitalvermögen gemäß § 20 Abs. 1 Nr. 1 EStG. Beteiligen sich die Gesellschafter der Komplementär-GmbH gleichzeitig als Kommanditisten an der GmbH & Co. KG, gehören die Anteile an der Komplementär-GmbH i.d.R. zum notwendigen Sonderbetriebsvermögen der Kommanditisten.

Durch die unmittelbare Beteiligung an der Komplementär-GmbH haben die Kommanditisten einen mittelbaren Einfluss auf die GmbH & Co. KG. Die Anteile an der Komplementär-GmbH dienen somit der Beteiligung der Kommanditisten an der GmbH & Co. KG. Einkommensteuerlich führt dies gemäß BFH-Urteil vom 05.12.1979 zur Zuordnung der GmbH-Anteile zum Sonderbetriebsvermögen II und in Folge dessen dazu, dass die Gewinnausschüttungen der Komplementär-GmbH als Sonderbetriebseinnahmen der Kommanditisten einzustufen sind. Ohne die Einstufung als Sonderbetriebsvermögen würden die Kommanditisten Einkünfte aus Kapitalvermögen erzielen. Diese werden nun umqualifiziert zu Einkünften aus Gewerbebetrieb. Gewinne aus der Veräußerung von GmbH-Anteilen sind - anders als bei privaten Veräußerungsgeschäften außerhalb der Spekulationsfrist nach § 23 Abs. 1 Nr. 2 EStG oder bei Beteiligungsveräußerungen im Sinne von § 17 EStG - steuerpflichtig. Die Begünstigung des § 34 EStG kann nicht in Anspruch genommen werden. Diese Begünstigung kommt zusammen mit der Freibetragsregelung nach § 16 Abs. 4 EStG nur dann in Betracht, wenn mit dem GmbH-Anteil zugleich der Kommanditanteil veräußert wird. Die Rückzahlungsverpflichtung des Gesellschafters aus einer eventuellen Fremdfinanzierung der Beteiligung führt zum Ausweis einer Betriebsschuld des Gesellschafters im Rahmen des Sonderbetriebsvermögens II, und die damit zusammenhängenden Kreditzinsen mindern als Sonderbetriebsausgaben die Einkünfte aus Gewerbebetrieb des Gesellschafters.

Die Anteile an der Komplementär-GmbH bilden nach dem Urteil des BFH vom 31.10.1989 auch dann Sonderbetriebsvermögen des Kommanditisten, wenn die Komplementär-GmbH neben ihrer Geschäftsführertätigkeit für die GmbH & Co. KG einen eigenen Gewerbebetrieb unterhält, sofern dieser nur von untergeordneter Bedeutung ist. Doch selbst wenn dieses Kriterium überschritten wird, der eigene Geschäftsbetrieb der Komplementär-GmbH indes mit der KG verflochten ist, wie z.B. durch Verkauf der Produkte der KG, liegt dennoch gemäß BFH-Urteil vom 07.03.1996 Sonderbetriebsvermögen II vor.

7.1.6   Die Besteuerung der Vergütungen für Sonderleistungen der GmbH & Co. KG-Gesellschafter

Erhält die Komplementär-GmbH von der KG Sondervergütungen im Sinne von § 15 Abs. 1 S. 1 Nr. 2 EStG, so werden diese in der Sonderbilanz der GmbH als gewerbliche Einkünfte erfasst. Es kommen also die allgemeinen, für Leistungsbeziehungen zwischen Personengesellschaften und ihren Gesellschaftern geltenden Grundsätze zum Tragen. Somit sind auch von der GmbH der KG zur Nutzung überlassene Wirtschaftsgüter in der Sonderbilanz der GmbH auszuweisen. Die Gewerblichkeit der GmbH kraft Rechtsform ändert daran nichts; § 15 Abs. 1 S. 1 Nr. 2 EStG ist als Zurechnungsnorm vorrangig.

Keine Besonderheiten ergeben sich auch bei den Beziehungen zwischen der KG und ihren Kommanditisten. Die Zuordnung von Sondervergütungen zu den Einkünften aus Gewerbebetrieb erfolgt unabhängig davon, ob nun der Kommanditist zusätzlich Anteile an der Komplementär-GmbH hält.

Die an die Kommanditisten gezahlten Vergütungen sind allerdings wie die Gewinnanteile auf ihre Angemessenheit hin zu überprüfen. Maßstab der Angemessenheit ist dabei, ob sich eine GmbH, deren Gesellschafter nicht zugleich Kommanditisten der (GmbH & Co.) KG sind, mit dem gleichen Gewinnanteil zufrieden geben würde (BFH vom 25.04.1968). Im Fall überhöhter Vergütungen ist die unangemessene Teilzuwendung als Gewinn aller Gesellschafter anzusehen. Der davon auf die Komplementär-GmbH entfallende Anteil ist als verdeckte Gewinnausschüttung der GmbH an ihr beteiligte und durch die überhöhten Vergütungen begünstigte Kommanditisten zu behandeln. Als Maßstab der Angemessenheit der Gewinnverteilung dienen die von der Komplementär-GmbH erbrachten Leistungen, wie z.B. Arbeitseinsatz, Kapitaleinsatz und Haftungsrisiko. Als angemessene Vergütung für die Geschäftsführung der Komplementär-GmbH gilt der Ersatz sämtlicher Aufwendungen, die durch die Bestellung des Geschäftsführers entstehen. Diese umfassen im Einzelfall das laufende Gehalt, den Arbeitgeberanteil zu den gesetzlichen Sozialversicherungen und den Aufwand für die betriebliche Altersversorgung des Geschäftsführers, z.B. Zuführungen zu den Pensionsrückstellungen.

7.1.7 Die Besteuerung der Vergütungen für Sonderleistungen der GmbH-Gesellschafter

Zur Beurteilung schuldrechtlicher Verträge einer Kapitalgesellschaft ist es grundsätzlich gleichgültig, ob die andere Vertragsseite Gesellschafter ist oder nicht. Bei der Komplementär-GmbH einer GmbH & Co. KG ist allerdings zu untersuchen, ob aufgrund der Beteiligung an der GmbH & Co. KG den Mitunternehmergrundsätzen Vorrang eingeräumt werden muss. Hierfür ist zu differenzieren, ob der Gesellschafter nur an der Komplementär-GmbH beteiligt ist oder ob er gleichzeitig Kommanditist der GmbH & Co. KG ist. Schließt die Komplementär-GmbH schuldrechtliche Verträge mit Anteilseignern ab, die **nicht gleichzeitig als Kommanditisten** an der GmbH & Co. KG beteiligt sind, werden diese Verträge, sofern die Leistungsvergütung angemessen ist, also keine verdeckte Gewinnausschüttung vorliegt, in vollem Umfang anerkannt. Wie bei jeder Kapitalgesellschaft mindern die von der Komplementär-GmbH bezahlten Vergütungen deren Gewinn und werden beim Empfänger einer der sieben Einkunftsarten zugeordnet. § 15 Abs. 1 S. 1 Nr. 2 EStG kommt nicht zum Zuge.

Ist der Vertragspartner der Komplementär-GmbH **gleichzeitig Kommanditist** der GmbH & Co. KG, werden gemäß Urteil des BFH vom 21.03.1968 die Sonderleistungen, die er an die GmbH erbringt - zumindest wenn seine Anteile an der Komplementär-GmbH als Sonderbetriebsvermögen II eingestuft werden - als indirekte Leistung an die KG betrachtet, mittelbar als Beitrag des Kommanditisten zur Förderung des Betriebes der GmbH & Co. KG angesehen. Diese Vertragsbeziehungen werden also in den Anwendungsbereich des § 15 Abs. 1 S. 1 Nr. 2 EStG einbezogen, und zwar auch dann, wenn der Kommanditist an der Komplementär-GmbH nicht beteiligt ist. Entscheidend ist allein die Mitunternehmerstellung bei der GmbH & Co. KG.

Unterhält die Komplementär-GmbH einen **eigenen**, von der Beteiligung an der GmbH & Co. KG **abgrenzbaren Gewerbebetrieb** und fallen dessen Geschäfte **ins Gewicht,** so gelten die beschriebenen Grundsätze nicht. Insoweit bezieht der Kommanditist keine Sondervergütungen, also keine gewerblichen Mitunternehmereinkünfte, sondern Einkünfte in der jeweils originär betroffenen Einkunftsart (nichtselbständige Arbeit, Kapitalvermögen, Vermietung und Verpachtung).

Die Konsequenz einer Anwendung des § 15 Abs. 1 S. 1 Nr. 2 EStG auf Fälle, in denen ein Kommanditist der GmbH & Co. KG eine Sonderleistung an die Komplementär-GmbH erbringt, zeigt sich besonders deutlich, wenn der Kommanditist im Auftrag der GmbH die Geschäfte der KG führt. Ähnliches ergibt sich z.B. auch, wenn der Kommanditist ein Wirtschaftsgut an die GmbH vermietet.

Zur Klärung der Besonderheiten sei vorab der Fall betrachtet, dass der Geschäftsführer **nicht Kommanditist** der GmbH & Co. KG ist. In der Steuerbilanz der Personengesellschaft, hier also der GmbH & Co. KG, mindert die an die GmbH geleistete Sondervergütung für die Geschäftsführung den Gewinn. Hierdurch werden die Gewinnanteile der Gesellschafter (Komplementär-GmbH und Kommanditisten) ebenfalls gemindert. In der Sonderbilanz der Komplementär-GmbH wird die Sondervergütung den gewerblichen Einkünften aus der Beteiligung an der GmbH & Co. KG hinzugerechnet. Die bei der GmbH entstehenden Aufwendungen für den Geschäftsführer können von ihr als Sonderbetriebsausgaben abgezogen werden. Die empfangenen Sondervergütungen und die geleistete Vergütung stehen sich in der Sonderbilanz der Komplementär-GmbH größengleich gegenüber, beeinflussen somit den Gewinn der GmbH nicht. Der Geschäftsführer bezieht Einkünfte aus nichtselbständiger Arbeit. Dabei ist es gleichgültig, ob der Geschäftsführer Gesellschafter der Komplementär-GmbH ist oder nicht.

Beispiel 1:

An der GmbH & Co. KG sind als Komplementär die GmbH sowie der Kommanditist A beteiligt. Der GmbH entstehen für ihren Geschäftsführer B, der nicht an der GmbH & Co. KG beteiligt ist, Aufwendungen in Höhe von insgesamt 100 T€. Diesen Betrag erhält sie von der GmbH & Co. KG ersetzt.

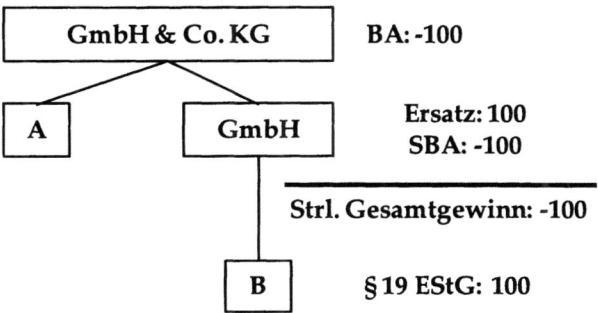

Ist der Geschäftsführer jedoch **Kommanditist** der GmbH & Co. KG, so bleiben die Bedingungen nur in der ersten Stufe der steuerlichen Gewinnermittlung, in der Steuerbilanz der GmbH & Co. KG, die gleichen. Die Geschäftsführervergütung wird aber nun nicht als an die Komplementär-GmbH fließend betrachtet, sondern als sogleich an den Geschäftsführer-Kommanditisten geleistet angesehen. Unerheblich ist, ob die Vergütung tatsächlich direkt oder indirekt über die Komplementär-GmbH zum Geschäftsführer-Kommanditisten gelangt. Der BFH hat mit Urteil vom 23.02.1972 so entschieden, weil bei wirtschaftlicher Betrachtungsweise die Tätigkeit des Kommanditisten als Geschäftsführer, auch wenn sie im Auftrage der Komplementär-GmbH erfolgt, nicht von seiner Stellung als Kommanditist getrennt werden könne.

Beispiel 2:

Wie Beispiel 1, nur ist A der Geschäftsführer-Kommanditist.

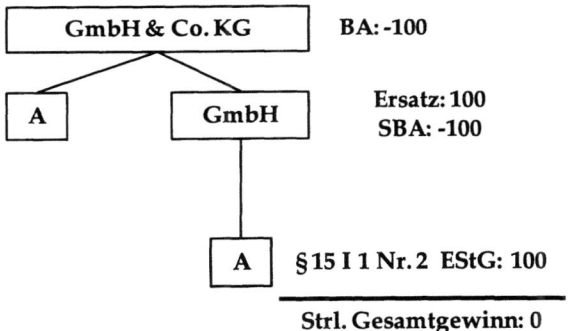

Konsequenzen hat diese Auffassung vor allem bei der Belastung mit Gewerbesteuer und für die Behandlung der Sozialversicherungsbeiträge. Die von der GmbH bzw. der GmbH & Co. KG gezahlten Beiträge (entspricht dem Arbeitgeberanteil) sind ebenfalls Sondervergütungen an den Gesellschafter, d.h. mit Gewerbe- und Einkommensteuer belastet. Der „Arbeitnehmeranteil" jedoch wird nicht diskriminiert, weil die Abzugsregelung als Sonderausgaben nach § 10 Abs. 3 EStG von der Einkunftsart unabhängig ist.

7.2 Die einkommensteuerliche Behandlung der GmbH & Still

7.2.1 Aufbau und Besonderheiten der GmbH & Still

Will man in einer Gesellschaft die Haftung aller beteiligten natürlichen Personen auf die Kapitaleinlagen beschränken, aber die dafür in Betracht kommende Rechtsform der „reinen" GmbH aus steuerlichen Überlegungen vermeiden, so bietet sich neben der GmbH & Co. KG eine andere Rechtsformkombination an: die GmbH & Still. Sie ist eine GmbH, deren Gesellschafter nur einen Teil ihres im Unternehmen insgesamt investierten Kapitals in Form von Stammkapital, den übrigen Teil dagegen als **stille Beteiligung** zur Verfügung stellen. Bei dieser Gesellschaftsform erfolgt eine Verbindung der gesellschaftsrechtlichen Strukturelemente der stillen Gesellschaft nach den §§ 230 ff. HGB mit den Wesenszügen einer GmbH als juristischer Person, sodass hier ebenfalls **eine Kombination gesellschaftsrechtlich geregelter Grundformen** vorliegt.

Eine Personengesellschaft, bei der sich eine Person (**stiller Gesellschafter**) am Handelsgewerbe eines anderen (**Hauptgesellschafter**) mit einer Einlage beteiligt, die in das Vermögen des Hauptgesellschafters übergeht und die dem stillen Gesellschafter eine Beteiligung am Erfolg des Unternehmens sichert, bezeichnet man nach §§ 230 Abs. 1, 231 Abs. 2 HGB als stille Gesellschaft.

Die stille Gesellschaft ist in Einzelfällen nicht leicht von schuldrechtlichen Verträgen abgrenzbar, bei denen als Gegenleistung für die Kapitalhergabe eine Gewinnbeteiligung eingeräumt wird (partiarisches Darlehen)[40]. Unterscheidungskriterium zwischen den beiden Gestaltungen ist, dass die stille Beteiligung ein **Gesellschaftsverhältnis** darstellt; der stille Gesellschafter und der Hauptgesellschafter schließen sich zur Verfolgung eines **gemeinsamen Zwecks** zusammen. Zusätzlich zu den §§ 230 ff. HGB gelten ergänzend die Vorschriften der §§ 705 ff. BGB für die stille Gesellschaft. Im Gegensatz hierzu fehlt bei einem partiarischen Darlehen die gemeinsame Zielsetzung. Es handelt sich vielmehr um einen **schuldrechtlichen Austausch von Leistung und Gegenleistung**, auf den die bürgerlich-rechtlichen Regelungen für einen Darlehensvertrag angewendet werden, §§ 607 ff. BGB. Obwohl dieses Abgrenzungsmerkmal eindeutig erscheint, kann die Unterscheidung zwischen einer stillen Gesellschaft und einem partiarischen Darlehen häufig nur bei einer umfassenden Würdigung aller Umstände vorgenommen werden. Ähnlich wie bei der Beitragstheorie fällt die Entscheidung letztlich im Kopf des Betroffenen.

---

[40] Zur Abgrenzung vgl. z.B. BFH vom 08.03.1984.

Wie bei der KG sind auch an der stillen Gesellschaft zwei Typen von Gesellschaftern beteiligt. Da ist zunächst ein tätiger Gesellschafter oder Komplementär; er ist Inhaber des Handelsgeschäftes, also Kaufmann. Beim tätigen Gesellschafter kann es sich um eine natürliche Person, eine Personengesellschaft, aber auch um eine juristische Person, insbesondere um eine GmbH, handeln. Im letzteren Fall besteht die hier primär interessierende GmbH & Still. Neben dem tätigen Gesellschafter steht mindestens ein weiterer, der stille Gesellschafter. Dabei kann es sich ebenfalls um eine natürliche Person, eine Personengesellschaft oder eine juristische Person handeln. Der stille Gesellschafter ist nicht notwendigerweise Kaufmann; ebenso ist die stille Gesellschaft nicht Kaufmann. Dies resultiert daraus, dass die stille Gesellschaft eine reine **Innengesellschaft** ist. Sie ist nicht ins Handelsregister einzutragen und hat keine Außenbeziehungen. Es entsteht keine Gesamthandsgemeinschaft, keine Handelsgesellschaft; am rechtsgeschäftlichen Verkehr nimmt nur der Hauptgesellschafter teil. Darin unterscheidet sich im Kern die stille Gesellschaft von der ansonsten sehr ähnlichen KG. Der **Hauptgesellschafter** betreibt das Geschäft in seinem Namen und wird aus diesem allein berechtigt und verpflichtet, § 230 Abs. 2 HGB. Eine Notwendigkeit, die stille Gesellschaft (nach außen) zu vertreten, ergibt sich nicht.

Nach § 233 HGB beschränkt sich die Einflussnahme des stillen Gesellschafters auf ein Kontrollrecht, das sich auf die Abschrift des Jahresabschlusses und die Prüfung seiner Richtigkeit durch Einsichtnahme der Bücher beschränkt. Die **Geschäftsführung der stillen Gesellschaft** obliegt dementsprechend ausschließlich dem **Hauptgesellschafter**. Durch vertragliche Zusatzvereinbarung können jedoch dem stillen Gesellschafter weitergehende Rechte eingeräumt werden, wie z.B. Zustimmungserfordernis bei wichtigen Geschäften, über das gesetzliche Leitbild hinausgehende Kontrollrechte oder Bevollmächtigung gegenüber Außenstehenden durch Erteilung einer Prokura oder Handlungsvollmacht.

Die das Innenverhältnis betreffenden Regelungen des HGB sind - abgesehen von § 231 Abs. 2 HGB - dispositiv, können also im Gesellschaftsvertrag anders gestaltet sein. Insbesondere können dem stillen Gesellschafter weitergehende Rechte eingeräumt werden (atypische stille Gesellschaft im Gegensatz zur gesetzlichen Gestaltung, der typischen stillen Gesellschaft). Während der **typische stille Gesellschafter** wirtschaftlich die Stellung eines Darlehensgebers hat, der nach dem Gesetz statt einer festen Verzinsung einen Gewinnanteil erhält und - soweit der Vertrag dies nicht ausschließt - auch am Verlust beteiligt wird, ist der **atypische stille Gesellschafter** darüber hinaus auch am Vermögen (stille Rücklagen, Firmenwert) beteiligt und übt ggf. auch unternehmerische Funktionen aus. Er wird deshalb steuerlich als Mitunternehmer im Sinne des § 15 Abs. 1 S. 1 Nr. 2 EStG behandelt, wenn er Mitunternehmerrisiko und Mitunternehmerinitiative wie ein Kommanditist einer KG trägt.

Der atypische stille Gesellschafter ist Mitunternehmer; er bezieht deshalb Einkünfte aus einer Gewinneinkunftsart, im Regelfall - und bei der GmbH & Still immer - Einkünfte aus Gewerbebetrieb. Demgegenüber hat der typische stille Gesellschafter Einkünfte aus Kapitalvermögen, wenn die Beteiligung im Privatvermögen liegt.

Die stille Beteiligung des Gesellschafters einer Einmann-GmbH oder einer GmbH, an der er mehrheitlich beteiligt ist, bewirkt gemäß BFH-Urteil vom 21.06.1983 nicht zwingend die Qualifikation als atypische GmbH & Still. Auf eine atypische stille Beteiligung schließt man dann, wenn das Interesse an der Gesellschaft aufgrund der stillen Beteiligung größer ist als aufgrund der GmbH-Anteile, weil der Kapitaleinsatz als stiller Gesellschafter größer ist. Hier bejaht man eine Mitunternehmerstellung schon dann, wenn mit der stillen Beteiligung nicht die ansonsten konstitutiven Bedingungen der Mitunternehmerschaft, Vermögensbeteiligung und weitreichende Mitspracherechte, eingeräumt worden sind.

Die Abgrenzung zwischen typischer und atypischer stiller Gesellschaft ist **steuerrechtlicher** Natur. **Handelsrechtlich** bleibt es grundsätzlich dabei, dass die Vermögenseinlage des stillen Gesellschafters als Verbindlichkeit in der Bilanz des Geschäftsinhabers (der GmbH) auszuweisen ist. Abweichend davon stellt die Einlage des atypisch still Beteiligten steuerlich Eigenkapital dar. Dies folgt zwingend aus der Subsumtion der atypischen stillen Beteiligung unter die Vorschrift des § 15 Abs. 1 S. 1 Nr. 2 EStG. Für die atypische stille Beteiligung ergeben sich deshalb entsprechend die Rechtsfolgen, wie sie bei anderen Mitunternehmerschaften zum Zuge kommen (Sonderbetrieb, Spiegelbildmethode o.ä.). Nachfolgend wird vornehmlich die atypische GmbH & Still behandelt. Die typische GmbH & Still wird nur vereinzelt zur Abgrenzung und zur Verdeutlichung angesprochen.

7.2.2 Qualifikation des steuerlichen Betriebsvermögens

Bei der typischen stillen Beteiligung an einer GmbH ist die Einlage des stillen Gesellschafters steuerlich in aller Regel Fremdkapital, mindert also das Reinvermögen und den Einheitswert des Betriebsvermögens der GmbH. Betriebsvermögen hat somit nur die GmbH; die Beteiligung ist beim typisch stillen Gesellschafter Privatvermögen bzw. sonstiges Vermögen, sofern der stille Gesellschafter seinen Anteil nicht im Betriebsvermögen hält.

Im Falle einer atypischen stillen Beteiligung an einer GmbH ist die Situation komplexer. Da die Vermögenseinlage des stillen Gesellschafters nach § 230 Abs. 1 HGB in das Vermögen des Inhabers des Handelsgeschäftes, der GmbH, übergeht, kann es, abweichend von anderen Mitunternehmerschaften, ein Gesamthandsvermögen der stillen Gesellschaft nicht geben. So wie der Gesellschafter einer Personenhandelsgesellschaft seine Einlage in das Gesamthandsvermögen, in das Betriebsvermögen der Gesellschaft erbringt, leistet der stille Gesellschafter seine Einlage in das Betriebsvermögen des Geschäftsinhabers der GmbH. Damit nimmt das Betriebsvermögen des Geschäftsinhabers bei der atypischen stillen Gesellschaft die Stellung ein, die bei der Personenhandelsgesellschaft das Gesamthandsvermögen innehat. Es besteht kein Anlass, von dieser Sichtweise, die handelsrechtlich zweifelsfrei ist, für steuerliche Zwecke abzuweichen. Die Handelsbilanz des Geschäftsinhabers, die bei der stillen Gesellschaft an die Stelle der Handelsbilanz der Personengesellschaft tritt, wird - nach den erforderlichen steuerlichen Ansatz- und Bewertungsmodifikationen, §§ 5 ff. EStG - zur Steuerbilanz des Geschäftsinhabers. Sie stellt zugleich die Steuerbilanz (1. Stufe) der Personenhandelsgesellschaft dar, so dass es gemäß Urteil des BFH vom 24.11.1988 keine gesonderte Steuerbilanz (1. Stufe) der stillen Gesellschaft gibt.

Die Steuerbilanz 1. Stufe ist gemäß Urteil des BFH vom 02.05.1984 bei der stillen Gesellschaft also die Steuerbilanz des Geschäftsinhabers (hier der GmbH). Aus diesem Grunde kann es einen Sonderbetrieb und damit eine Sonderbilanz des Geschäftsinhabers nicht geben: Wenn alle Wirtschaftsgüter eines (Haupt-)Betriebes einer Person gehören, dann ist ein Sonderbetrieb eben dieser Person abwegig; alle Wirtschaftsgüter dieses Sonderbetriebes können unmittelbar dem (Haupt-)Betrieb zugeordnet werden.

Allerdings gibt es Sonderbetriebsvermögen des stillen Gesellschafters. Zum Sonderbetriebsvermögen eines Gesellschafters gehören allgemein all die Wirtschaftsgüter, die der Gesellschafter seiner Personengesellschaft zur Nutzung überlässt (Sonderbetriebsvermögen I) bzw. die der Beteiligung an der Personengesellschaft zu dienen bestimmt und in der Lage sind (Sonderbetriebsvermögen II). Zwar trifft dies in unmittelbarer Weise bei der stillen Gesellschaft nicht zu; die Nutzungsüberlassung erfolgt nicht gegenüber einer Personengesellschaft (der stillen Gesellschaft), sondern gegenüber dem Geschäftsinhaber (der GmbH), da keine Beteiligung an einer Personengesellschaft (der stillen Gesellschaft) besteht, sondern am Vermögen des Geschäftsinhabers (der GmbH). Doch wie im Falle der Beteiligung an einer Personenhandelsgesellschaft dienen auch bei der stillen Gesellschaft die überlassenen Wirtschaftsgüter einem gemeinsamen Zweck, sind Beitrag zur Förderung des gemeinsamen Interesses, und die der stillen Beteiligung dienenden Wirtschaftsgüter haben bei wirtschaftlicher Betrachtungsweise die gleiche Funktion wie die der Beteiligung an einer Personenhandelsgesellschaft dienenden Wirtschaftsgüter. Wird die stille Beteiligung unter die Vorschrift des § 15 Abs. 1 S. 1 Nr. 2 EStG subsumiert, so müssen für die Bestimmung von Sonderbetriebsvermögen des stillen Gesellschafters die Grundsätze angewendet werden, die auch bei Personenhandelsgesellschaften zum Zuge kommen.

Bei der GmbH & atypisch Still und entsprechend bei der atypischen stillen Gesellschaft schlechthin gibt es damit im allgemeinen Fall zwei Gruppen von Betriebsvermögen: Das Betriebsvermögen der GmbH, an dem der Stille aufgrund seiner Vermögenseinlage beteiligt ist, und das Sonderbetriebsvermögen des stillen Gesellschafters.

7.2.3 Qualifikation der Einkunftsart

Bei der typischen stillen Gesellschaft bezieht der stille Gesellschafter Einkünfte aus Kapitalvermögen, § 20 Abs. 1 Nr. 4 EStG, oder, wenn die Beteiligung in einem Betriebsvermögen liegt, Einkünfte in der betrieblichen Einkunftsart. Die Zuordnung der Einkünfte des Geschäftsinhabers zu einer Einkunftsart erfolgt nach allgemeinen Grundsätzen (kraft Betätigung oder kraft Rechtsform). Eine GmbH hat stets Einkünfte aus Gewerbebetrieb.

Für die GmbH ändert sich daran bei der atypischen GmbH & Still nichts. Für die Qualifikation der Einkunftsart des stillen Gesellschafters ist von Bedeutung, ob man die stille Gesellschaft als Gebilde mit einem eigenständigen Tätigkeitsfeld begreift oder ob man davon ausgeht, dass allein der Geschäftsinhaber bzw. die GmbH tätig wird. Bejaht man ein eigenes Tätigkeitsfeld der stillen Gesellschaft, so kann bei einer nicht-gewerblichen Betätigung, wie etwa Vermietung und Verpachtung, der stille Gesellschafter auch bei der GmbH & Still nicht-gewerbliche Einkünfte, in diesem Fall aus Vermietung und Verpachtung, haben. Bedenkt man indes, dass der stille Gesellschafter eine Einlage in das Vermögen des Geschäftsinhabers leistet, so folgt notwendig, dass nur dieser und nicht die stille Gesellschaft tätig wird. Hat nun der stille Gesellschafter als Mitunternehmer Anteil am Gewinn des Geschäftsinhabers, so wird dieser Gewinnanteil stets der gleichen Einkunftsart wie der Gewinn des Geschäftsinhabers zuzuordnen sein. Somit hat der atypisch stille Gesellschafter einer GmbH & Still gemäß BMF-Erlass vom 26.11.1987 notwendig immer **Einkünfte aus Gewerbebetrieb** und zwar unabhängig davon, ob die Tätigkeit der GmbH die Voraussetzungen eines Gewerbebetriebs nach § 15 Abs. 2 EStG erfüllt.

7.2.4 Ermittlung und Besteuerung der Gewinnanteile

Die GmbH als tätiger Gesellschafter der GmbH & Still führt für ihr Betriebsvermögen, in das der stille Gesellschafter seine Vermögenseinlage geleistet hat, eine Gewinnermittlung durch Vermögensvergleich durch. Dabei gelten die allgemeinen Grundsätze der Einkommensermittlung, §§ 7 ff. KStG, §§ 5 ff. EStG; die stille Beteiligung führt zu keinerlei Besonderheiten auf Ebene der Einkommensermittlung.

Das ermittelte Einkommen ist gemäß den mit dem stillen Gesellschafter geschlossenen Vereinbarungen auf die GmbH und den stillen Gesellschafter aufzuteilen. In der Steuerbilanz der GmbH, die zugleich Steuerbilanz 1. Stufe der GmbH & atypisch Still ist, muss für den stillen Gesellschafter ein eigenständiges Kapitalkonto geführt werden, welches in der Handelsbilanz der GmbH als Fremdkapitalkonto erscheint. Dieses Konto übernimmt die gleiche Funktion wie das Kapitalkonto eines Gesellschafters in der Steuerbilanz 1. Stufe einer Personenhandelsgesellschaft. Der Gewinnanteil der GmbH unterliegt der Körperschaftsteuer. In der Steuerbilanz der GmbH wirkt sich die stille Beteiligung also allein in einem für den stillen Gesellschafter gesondert geführten Eigenkapitalkonto aus.

Der Gewinnanteil des stillen Gesellschafters unterliegt also bei der GmbH nicht der Körperschaftsteuer. Dies ist zum einen deshalb zwingend, weil andernfalls eine Einkommensbesteuerung beim stillen Gesellschafter erst mit Ausschüttung von Gewinnanteilen in Betracht käme, eine Handhabe, die der Mitunternehmerstellung des atypisch still Beteiligten widerspräche. Zum anderen hieße die Körperschaftsteuerbelastung von Gewinnanteilen des Stillen, dass Gewinne eines Gesellschafters einer Mitunternehmerschaft (der atypischen GmbH & Still) beim anderen Gesellschafter besteuert würden. Bedenkt man, dass bei der GmbH & Still die GmbH die gleiche Stellung und Funktion einnimmt wie der Einzelhandelskaufmann bei der „Einzelkaufmann & Still", so hieße eine Belastung des Gewinnanteils des stillen Gesellschafters einer GmbH mit Körperschaftsteuer, dass konsequenterweise auch der Einzelkaufmann den Gewinnanteil des Stillen mit der Einkommensteuer zu unterwerfen hätte. Dies zeigt, dass eine Körperschaftsteuerbelastung des Gewinnanteils des stillen Gesellschafters bei der GmbH nicht in Betracht kommen kann. Der Gewinnanteil des Stillen unterliegt wie bei anderen Mitunternehmerschaften erst beim Gesellschafter der Einkommensteuer oder der Körperschaftsteuer. Besteht zwischen dem stillen Gesellschafter und der GmbH kein natürlicher Interessengegensatz, weil der Stille in einem wesentlich erscheinenden Umfang an der GmbH beteiligt ist, so liegt in einer zu hohen Gewinnbeteiligung des stillen Gesellschafters eine verdeckte Gewinnausschüttung.

7.2.5 Das Sonderbetriebsvermögen des stillen Gesellschafters

Da das Betriebsvermögen der GmbH, in das der stille Gesellschafter seine Vermögenseinlage geleistet hat, bei der atypischen GmbH & Still die Stellung einnimmt, die bei einer Personenhandelsgesellschaft das Gesamthandsvermögen verkörpert, kann auch dem stillen Gesellschafter Sonderbetriebsvermögen zugeordnet werden. Zum Sonderbetriebsvermögen I gehören die Wirtschaftsgüter, die der Stille der GmbH zur Nutzung überlässt. Zum Sonderbetriebsvermögen II sind die Wirtschaftsgüter zu rechnen, die der stillen Beteiligung dienen; zweifelsfrei gilt dies für das Fremdkapital, das der Stille zur Finanzierung seiner (stillen) Beteiligung aufgenommen hat.

Schwierig gestaltet sich die Bestimmung des Sonderbetriebsvermögens dann, wenn der stille Gesellschafter zugleich Gesellschafter der GmbH ist. Es stellt sich dann nämlich die Frage, ob der von der Rechtsprechung zur Besteuerung der GmbH & Co. KG erarbeitete Grundsatz, dass die Anteile eines Kommanditisten an der Komplementär-GmbH zu dessen Sonderbetriebsvermögen gehören, auch auf eine GmbH & Still übertragen werden kann. Dies würde bedeuten, dass die GmbH-Anteile des stillen Gesellschafters Sonderbetriebsvermögen II und die ihm daraus zufließenden Erträge gewerbliche Einkünfte wären.

Um die Frage zu beantworten, ist es notwendig, sich die Besteuerung einer GmbH & Co. KG nochmals ins Gedächtnis zu rufen. Sofern die Komplementär-GmbH keinen eigenen wirtschaftlichen Geschäftsbetrieb führt, verkörpern die Anteile des Kommanditisten an der Komplementär-GmbH Sonderbetriebsvermögen II, da der Kommanditist diese nur hält, um seine Position in der KG zu stärken. Anders verhält es sich, wenn die Komplementär-GmbH einen eigenen wirtschaftlichen Geschäftsbetrieb von nicht untergeordneter Bedeutung unterhält; in diesem Falle stellen die Anteile des Kommanditisten an der Komplementär-GmbH Privat- oder Betriebsvermögen dar, je nachdem, wo der Kommanditist die Anteile hält. Die Begründung ist darin zu sehen, dass der Kommanditist nunmehr die Anteile an der Komplementär-GmbH deshalb hält, um an deren (von der KG unabhängigen) Geschäftserfolg zu partizipieren.

Diese steuerliche Qualifikation der Anteile des Kommanditisten an der Komplementär-GmbH ist indes an die weitere Voraussetzung gekoppelt, dass zwischen den Geschäften der Komplementär-GmbH und denjenigen der GmbH & Co. KG keine wirtschaftlichen Verflechtungen bestehen dürfen. Ist dies nämlich der Fall, gilt die Rückausnahme, dass die Anteile des Kommanditisten an der Komplementär-GmbH auch hier als Sonderbetriebsvermögen II zu qualifizieren sind.

Vergleicht man diese Situation nunmehr mit der einer GmbH & atypisch Still, so lässt sich folgendes konstatieren: Bei einer GmbH & atypisch Still wird der Geschäftsbetrieb einzig nur von der GmbH nach außen ausgeübt; die GmbH & atypisch Still als reine Innengesellschaft verfolgt keinen eigenen Geschäftsbetrieb. Daraus jedoch vorschnell den Schluss zu ziehen, dass die Anteile des atypisch Stillen an der GmbH kein Sonderbetriebsvermögen II darstellen, ist m.E. falsch. Bei einer GmbH & atypisch Still ist es in der Praxis doch wohl so, dass eine sehr enge wirtschaftliche Verflechtung zwischen der GmbH und der stillen Gesellschaft besteht. Der (atypisch) Stille beteiligt sich doch gerade deshalb an der GmbH, um an deren wirtschaftlichem Erfolg zu partizipieren. Gemäß Urteil des BFH vom 07.03.1996 gilt das „vor allem dann, wenn die Personengesellschaft und die Kapitalgesellschaft derart eng miteinander verflochten sind, dass die eine Gesellschaft eine wesentliche wirtschaftliche Funktion der anderen erfüllt". Aus der engen wirtschaftlichen Verflechtung zwischen der GmbH und der GmbH & atypisch Still folgt demnach, dass die Beteiligung des atypisch Stillen an der GmbH Sonderbetriebsvermögen II ist[41], „denn eine bestehende wirtschaftliche Verflechtung lässt den Schluss zu, dass der Gesellschafter seine Machtstellung, die er kraft seines Anteilsbesitzes an der Kapitalgesellschaft über diese ausüben kann, in den Dienst des Unternehmens der Personengesellschaft stellt".

---

[41] Mit der Ausnahme, dass die GmbH nicht doch noch einen anderen Geschäftsbetrieb von nicht untergeordneter Bedeutung unterhält; ebenso BFH vom 15.10.1998.

Durch die Qualifikation der atypisch stillen Beteiligung als Betriebsvermögen und der GmbH-Geschäftsanteile als Sonderbetriebsvermögen ergibt sich auch die Einordnung der Einkünfte aus diesen Beteiligungen in die entsprechenden Einkunftsarten. Damit vermittelt nicht nur die atypische stille Beteiligung dem stillen Gesellschafter gewerbliche Einkünfte i.S.d. § 15 Abs. 1 S. 1 Nr. 2 EStG, sondern auch die Erträge aus der GmbH-Beteiligung sind Einkünfte aus Gewerbebetrieb. Dies hat unmittelbar zur Konsequenz, dass aber auch z.B. Vergütungen des atypisch Stillen für die Geschäftsführung der GmbH Einkünfte aus Gewerbebetrieb verkörpern. Beteiligt sich also ein GmbH-Gesellschafter-Geschäftsführer auch als stiller Gesellschafter an „seiner" GmbH, droht ihm nicht nur eine Einstufung seiner Person als atypisch Stiller, sondern er riskiert auch, dass seine Einkünfte aus nichtselbständiger Arbeit in Form seines Geschäftsführergehalts gewerblich infiziert werden.

7.2.6 Verlustverrechnung bei stillen Beteiligungen an Kapitalgesellschaften

Das sog. Trennungsprinzip verhindert grundsätzlich die Verlustverrechnung zwischen negativen Einkünften von Kapitalgesellschaften und positiven anderen Einkünften der Anteilseigner. Mittels der Begründung einer sog. Organschaft, welche an dieser Stelle nicht näher behandelt wird, wird dieses Prinzip durchbrochen. Sollte die Begründung einer Organschaft nicht möglich oder unerwünscht sein, so bietet sich eine stille Beteiligung an, um die Verluste nutzen zu können.

Durch die Einführung des § 15 Abs. 4 S. 6-8 EStG im Zuge des StVergAbG wurde diese Möglichkeit für mittelbar oder unmittelbar atypisch still beteiligte Kapitalgesellschaften allerdings abgeschafft; danach dürfen diese nur unter den Voraussetzungen des § 10d EStG Verluste aus ihrer atypisch stillen Beteiligung mit Gewinnen aus derselben Innengesellschaft ausgleichen. Diese Regelung wurde darüber hinaus ab dem 01.01.2004 auf mittelbar über Personengesellschaften beteiligte Kapitalgesellschaften ausgedehnt. Durch einen Verweis in § 20 Abs. 1 Nr. 4 S. 2 EStG wird der Anwendungsbereich dieser Vorschrift zudem auch auf typisch stille Beteiligungen von Kapitalgesellschaften an Kapitalgesellschaften - mittelbar oder unmittelbar - ausgeweitet.

7.2.7 Vermögensübertragungen im Gesellschafterkreis

Die steuerliche Behandlung von entgeltlichen und unentgeltlichen Vermögensübertragungen im Gesellschafterkreis wird dadurch bestimmt, welche Stellung man dem Betriebsvermögen des tätigen Gesellschafters, hier also der GmbH, zuordnet. Tritt dieses Vermögen mit allen Konsequenzen an die Stelle des Gesamthandsvermögens einer Personenhandelsgesellschaft, so sind die Rechtsfolgen von Vermögensübertragungen im Kreise von Gesellschaft und Gesellschaftern aus allgemeinen Grundsätzen unmittelbar ableitbar.

Überträgt die GmbH ein zu ihrem Betriebsvermögen gehörendes Wirtschaftsgut gegen ein marktkonformes Entgelt auf den stillen Gesellschafter (dessen Sonderbetrieb, dessen Einzelunternehmen oder dessen Privatvermögen), so ist von einem erfolgswirksamen Veräußerungsgeschäft auszugehen. Geht das Wirtschaftsgut in ein gewerbliches Betriebsvermögen des stillen Gesellschafters über (Sonderbetriebsvermögen oder eigenständiges gewerbliches Betriebsvermögen), so geschieht dies zum **Buchwert**, es sei denn, dass die Besteuerung der stillen Reserven nicht sichergestellt ist (§ 6 Abs. 5 S. 1 EStG).

7.3 Die einkommensteuerliche Behandlung der Betriebsaufspaltung (Doppelgesellschaft)

7.3.1 Allgemeine Kennzeichnung der Betriebsaufspaltung

Die Betriebsaufspaltung (Doppelgesellschaft) ist keine eigenständige Rechtsform; sie ist vielmehr eine vertragliche Verbindung von mindestens zwei **rechtlich selbständigen** Unternehmen, die trotz ihrer rechtlichen Trennung eine **wirtschaftliche Einheit** bilden. Die betrieblichen Funktionen, wie z.B. Beschaffung, Produktion, Absatz und Verwaltung von Anlagevermögen, sind auf die Gesellschaften verteilt. Wenngleich häufig zwischen den die Betriebsaufspaltung bildenden natürlichen Personen enge personelle Beziehungen bestehen, ist es nicht notwendig, dass an beiden Unternehmen die gleichen Personen (**Personenidentität**) im gleichen Verhältnis beteiligt sind (**Beteiligungsidentität**). Auch die Aufnahme von Gesellschaftern, die sich nur an einem der Unternehmen beteiligen, ist möglich. In der Literatur werden die vielfältigen Gestaltungsformen der Betriebsaufspaltung nach unterschiedlichen Kriterien eingeteilt, z.B. nach

- der Art ihrer Entstehung,

- der Art der Aufteilung von betrieblichen Funktionen oder

- der Rechtsform der beteiligten Unternehmen.

7.3.2 Einteilung nach Art der Entstehung

Bei einer Betriebsaufspaltung denkt man in erster Linie an den Fall, dass ein bisher einheitliches Unternehmen einen Teil seiner Aktivitäten auf eine neu gegründete, rechtlich selbständige Gesellschaft überträgt. Eine derartige Gestaltung wird gemäß Urteil des BFH vom 10.06.1966 als „**echte Betriebsaufspaltung**" bezeichnet.

Werden von vornherein zwei rechtlich selbständige Unternehmen errichtet und durch einen Pachtvertrag über Anlage- bzw. ggf. auch über Umlaufvermögen untereinander verbunden, so wird gemäß BFH-Urteil vom 24.11.1978 von einer **„unechten Betriebsaufspaltung"** gesprochen. Steuerrechtlich hat die Unterscheidung in echte und unechte Betriebsaufspaltung nach Urteil des BFH vom 12.11.1985 keine Bedeutung. Im Falle einer echten Betriebsaufspaltung kann man zudem zwischen der Ausgliederung aus einer Personengesellschaft (**„eigentliche Betriebsaufspaltung"**) bzw. aus einer Kapitalgesellschaft (**„uneigentliche Betriebsaufspaltung"**) differenzieren.

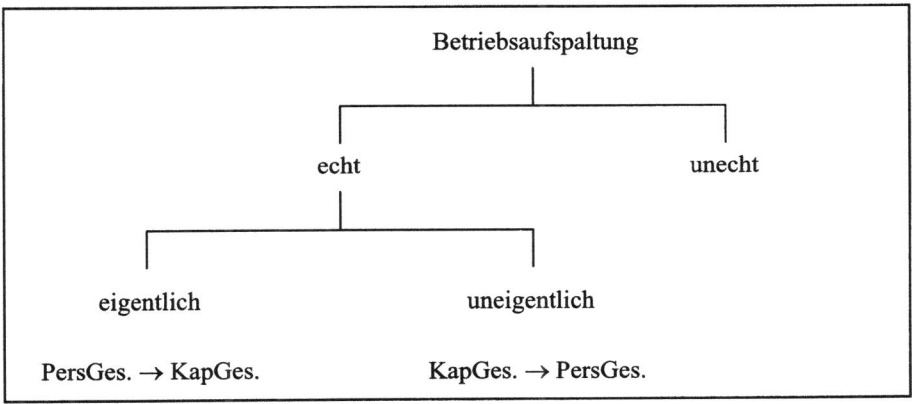

Abb. 11: Einteilung einer Betriebsaufspaltung nach der Art der Entstehung

Spricht man in der Literatur von Betriebsaufspaltung, so wird immer davon ausgegangen, dass diese Gesellschaftsform das Ergebnis einer **bewusst** durchgeführten Wahl zwischen verschiedenen Rechtsformalternativen ist. Oftmals wird in der Praxis aber eine Kapitalgesellschaft existieren, und der beherrschende Gesellschafter verpachtet „seiner" Gesellschaft einen Teil seines Vermögens. Gerade bei dieser Konstellation einer **„unbewussten Betriebsaufspaltung"** kann es für die Beteiligten zu überraschenden steuerlichen Auswirkungen kommen.

7.3.3   Einteilung nach der Funktionsaufteilung

Die verbreitetste Gestaltung ist die Aufteilung in Besitz- und Betriebsgesellschaft. Während dem Betriebsunternehmen die betrieblichen Funktionen Beschaffung, Produktion und Vertrieb übertragen werden, fällt dem Besitzunternehmen die Verwaltung von Anlagevermögen zu, welches an das Betriebsunternehmen verpachtet wird. Dabei sind von der Verpachtung eines ganzen Betriebs bis zur ausschließlichen Verpachtung von Grundbesitz sämtliche Varianten denkbar. Eine Aufspaltung in Besitz- und Betriebsgesellschaft kommt nach nicht-steuerlicher Betrachtungsweise besonders dann in Frage, wenn eine gesicherte Altersversorgung des Senior-Unternehmers oder eine vorgezogene Erbschaftsregelung angestrebt wird. Diese Konstellation empfiehlt sich aber auch bei der Durchführung risikoreicher Projekte, um die Haftung der kapitalintensiven Besitzgesellschaft auszuschalten.

Eine andere Form der Funktionsaufteilung ist die Aufspaltung in Produktions- und Vertriebsgesellschaft. Das Produktionsunternehmen wird regelmäßig verpflichtet, seine gesamten Erzeugnisse über die Vertriebsgesellschaft abzusetzen. Der Hersteller eines Produktes tritt hier nicht unmittelbar am Markt in Erscheinung. Das entscheidende Problem dieser Art von Betriebsaufspaltung liegt in der Festsetzung der Verrechnungspreise, zu denen die Vertriebsgesellschaft die produzierten Wirtschaftsgüter von der Produktionsgesellschaft übernimmt. Die damit verbundenen steuerlichen Anerkennungsschwierigkeiten sind auch der Grund, warum diese Form der Betriebsaufspaltung heute kaum noch praktische Beachtung findet.

Die Aufspaltung in **zwei** rechtlich selbständige Unternehmen ist die Norm, doch kommt auch eine **mehrfache Betriebsaufspaltung** vor. So können einem Besitzunternehmer gemäß Urteil des BFH vom 11.11.1982 mehrere Betriebsunternehmen gegenüberstehen und umgekehrt. Man begegnet darüber hinaus auch der Aufteilung in Besitz-, Produktions- und Vertriebsgesellschaft (**mehrstufige Betriebsaufspaltung**). Eine mehrfache bzw. mehrstufige Betriebsaufspaltung kann von Interesse sein, um die handelsrechtlichen Prüfungs- und Publizitätsvorschriften zu umgehen. Verteilen sich die in § 267 HGB angesprochenen Größenmerkmale auf mehrere Unternehmen, so können ggf. die an die Unternehmensgröße gekoppelten Prüfungs- und Publizitätspflichten vermieden oder vermindert werden. Ein ähnliches Problem stellt sich im Hinblick auf die gesetzlichen Mitbestimmungsregelungen.

7.3.4   Einteilung nach der Rechtsformkombination

Die häufigste Form einer Betriebsaufspaltung ist die Aufgliederung in eine Besitzpersonen- und eine Betriebskapitalunternehmung; man spricht von der „**klassischen Betriebsaufspaltung**". In der Regel ist die Besitzgesellschaft eine OHG oder KG; die Rechtsgrundsätze der Betriebsaufspaltung greifen jedoch ebenso, wenn die Besitzgesellschaft eine GbR oder ein Einzelunternehmen ist. Die Betriebskapitalgesellschaft ist zumeist eine GmbH. Gleichwohl greifen gemäß BFH-Urteil vom 28.01.1982 die Grundsätze der Betriebsaufspaltung auch, wenn die Betriebsgesellschaft eine AG ist.

Neben der klassischen Betriebsaufspaltung findet man verschiedene Sonderformen. Die sog. **umgekehrte Betriebsaufspaltung** bezeichnet nach dem Urteil des BFH vom 12.01.1977 die Aufspaltung in eine Besitzkapitalgesellschaft und eine Betriebspersonengesellschaft. Diese Form ist regelmäßig eine uneigentliche Betriebsaufspaltung. Ursprünglich waren es steuerliche Gründe, die zu einer derartigen Rechtsformgestaltung geführt haben. Diese Grundform erlebte ihren Höhepunkt in Zeiten, als der Körperschaftsteuersatz wesentlich höher lag als der durchschnittliche Einkommensteuersatz. Heute könnte diese Gesellschaftsform aufgrund der Prüfungs- und Publizitätsvorschriften des deutschen Handelsrechts erneut an Bedeutung gewinnen. Die in § 267 Abs. 1 HGB für kleine Kapitalgesellschaften angesprochenen Grenzen der Prüfungs- und Publizitätspflicht sollten in den meisten Fällen mit Hilfe einer derartigen Konstellation ohne weiteres unterschritten werden können. Zum ersten werden Marktumsätze nach der Aufspaltung ausschließlich bei der Betriebspersonengesellschaft anfallen; die Besitzkapitalgesellschaft hat nur die - niedrigeren - Umsätze aus ihrer vermietenden/verpachtenden Tätigkeit. Zum zweiten bringt eine Aufspaltung auch eine Aufteilung der Bilanzsumme auf die Gesellschaften mit sich. Zum dritten schließlich werden in der Besitzkapitalgesellschaft meistens nur wenige Arbeitnehmer beschäftigt sein, sodass auch die in § 267 HGB festgesetzte Zahl von 50 Arbeitnehmern unterschritten werden wird. Vorsicht ist jedoch bei der Rechtsformwahl der Betriebspersonengesellschaft geboten, seitdem auch die GmbH & Co. KG in die Prüfungs- und Publizitätspflichten einbezogen wird. Denn aus Haftungsgründen wird die Betriebspersonengesellschaft i.d.R. als GmbH & Co. KG geführt werden. In dieser Situation kann wichtig werden, ob es gelingt, die Arbeitnehmer derart auf die beiden Gesellschaften aufzuteilen, dass sowohl in dem Besitz- als auch in dem Betriebsunternehmen die Grenze von 50 Arbeitnehmern unterschritten wird.

Ebenfalls durch die Prüfungs- und Publizitätsvorschriften des neuen Handelsrechts bedingt, könnte die z.B. nach BFH-Urteil vom 01.08.1979 anerkannte Sonderform der sog. **kapitalistischen Betriebsaufspaltung** interessanter werden, eine Aufspaltung in eine Besitzkapitalgesellschaft und eine Betriebskapitalgesellschaft. Auch hier kommt es darauf an, inwieweit es gelingt, die Arbeitnehmer auf die beiden Gesellschaften zu verteilen. Kann man die Grenze von 50 Arbeitnehmern bei der Betriebsgesellschaft nicht unterschreiten, hat man wenigstens erreicht, dass die Prüfungs- und Offenlegungspflichten nicht bei der kapitalintensiven Besitzgesellschaft anfallen.

Die Verflechtung zwischen den Unternehmen der Doppelgesellschaft besteht in sachlicher und in personeller Hinsicht. Bei der Kombination Besitzunternehmen/Betriebsunternehmen - insbesondere also im Falle der klassischen Betriebsaufspaltung - liegt die **sachliche Verflechtung** darin, dass die Besitzunternehmung der Betriebsunternehmung für den Betrieb unentbehrliche Wirtschaftsgüter, eine der „**wesentlichen Betriebsgrundlagen**", zur Nutzung überlässt. Bei der Kombination Produktionsunternehmen/Vertriebsunternehmen besteht die sachliche Verflechtung in der Verpflichtung des Vertriebsunternehmens, die Erzeugnisse des Produktionsunternehmens im Markt abzusetzen.

Die **personelle Verflechtung** findet bei der Besitz-/Betriebsunternehmung ihren Niederschlag in einem **„einheitlichen geschäftlichen Betätigungswillen"**, der die hinter den Unternehmen stehenden Personen verbindet. Erst die personelle Verflechtung macht die Besitzpersonen- und die Betriebskapitalgesellschaft zu einer wirtschaftlichen Einheit, mit der Folge, dass die Besitzgesellschaft, trotz vermögensverwaltender Tätigkeit, als Gewerbebetrieb qualifiziert werden kann. Den Verflechtungsvoraussetzungen kommt also bei der klassischen Betriebsaufspaltung besondere Bedeutung zu, eine wesentlich größere Bedeutung jedenfalls als im Falle der Produktions-/Vertriebsunternehmung, wo die Gewerblichkeit beider Teilunternehmen ohnehin nicht in Frage steht.

Die Voraussetzungen einer Doppelgesellschaft sind unabhängig von der Rechtsform der beteiligten (beiden) Unternehmen. So ist es insbesondere auch möglich, dass beide Unternehmen Personengesellschaften sind (**mitunternehmerische Betriebsaufspaltung**). Die Grundsätze zur steuerlichen Behandlung der Doppelgesellschaft können folglich kollidieren mit der Anwendung des § 15 Abs. 1 S. 1 Nr. 2 EStG: Die Besteuerungsgrundsätze für Doppelgesellschaften kommen bei einer Verbindung zwischen Personengesellschaften nur zum Zuge, wenn eine Mitunternehmerschaft verneint wird. In diesem Fall gehen Rechtsprechung und Finanzverwaltung nunmehr (BFH-Urteil vom 23.04.1996 bzw. BMF-Schreiben vom 28.04.1998) übereinstimmend von der Vorrangigkeit des Rechtsinstituts der Betriebsaufspaltung aus. Ist hingegen eine Personengesellschaft selbst oder mittelbar an einer anderen Personengesellschaft als Mitunternehmer beteiligt, bleibt es bei der Anwendung der gesetzlichen Regelung zu doppel- oder mehrstöckigen Personengesellschaften in § 15 Abs. 1 S. 1 Nr. 2 S. 2 EStG.

Die bei der Betriebsaufspaltung bestehenden Gestaltungsmöglichkeiten erklären, dass Rechtsprechung und Finanzverwaltung einer steuerrechtlichen Anerkennung zunächst skeptisch gegenüberstanden. Die Rechtsprechung des RFH war uneinheitlich, doch lehnte er bereits in mehreren Urteilen, z.B. vom 01.07.1942, ab, die Betriebsaufspaltung generell als einen Missbrauch von Gestaltungsmöglichkeiten des bürgerlichen Rechts anzusehen. Am 16.11.1944 entschied dann der RFH, dass sachliche Gründe jenseits einer Minderung der Steuerlast nicht erforderlich seien, dass auch ausschließlich persönliche Motive der Anerkennung einer Betriebsaufspaltung nicht entgegenstehen sollten. Diese allgemeine steuerliche Akzeptanz der Betriebsaufspaltung setzte der OFH mit Urteil vom 30.03.1949 konsequent fort. Auch der BFH hat sich dieser Rechtsprechung in zahlreichen Urteilen angeschlossen, erstmals im Urteil vom 22.08.1951. So erklärte er bereits frühzeitig, dass es aufgrund der einschneidenden Natur der Steuertarife keinem Steuerpflichtigen verwehrt werden dürfe, die für ihn günstigste Rechtsform auch alleine nach steuerlichen Gesichtspunkten auszuwählen. Wichtig ist es allerdings, dass die Vereinbarungen klar und eindeutig getroffen werden, dass kein Scheingebilde vorgetäuscht wird, die tatsächliche Gestaltung also mit den abgeschlossenen Verträgen übereinstimmt.

Trotz der grundsätzlichen Akzeptanz der Betriebsaufspaltung bleibt jedoch stets zu prüfen, ob die im Einzelfall getroffenen Vereinbarungen anzuerkennen sind. Dies gilt etwa für die Angemessenheit von Pachtzinsen, Verrechnungspreisen und Tätigkeitsvergütungen. Von zentraler praktischer Bedeutung ist auch die Frage, wann überhaupt von einer Betriebsaufspaltung zu sprechen ist, wann also die einschlägigen Besteuerungsgrundsätze zum Zuge kommen. Dies ist die Frage nach den Merkmalen von Betriebsaufspaltungen, nach den Details der Verflechtungsvoraussetzungen. Wie schon angedeutet, sind diese Voraussetzungen vor allem für den Fall der Besitz-/Betriebsunternehmung, insbesondere für die klassische Betriebsaufspaltung (Besitzpersonen- und Betriebskapitalgesellschaft) von Bedeutung. Hierauf beschränken sich zunächst die nachfolgenden Überlegungen.

7.3.5 Steuerrechtliche Tatbestandsvoraussetzungen

7.3.5.1 Überlassung einer wesentlichen Betriebsgrundlage als Ausdruck sachlicher Verflechtung

Bei einer klassischen Betriebsaufspaltung wird das eigentliche Betriebsgeschehen von einer Betriebskapitalgesellschaft wahrgenommen. Wesentliche Betriebsgrundlagen verbleiben aber bei einer Besitzpersonengesellschaft. Diese wesentlichen Betriebsgrundlagen werden der Betriebsgesellschaft zur Nutzung überlassen (**sachliche Verflechtung**).

Die an die Betriebsgesellschaft überlassenen Wirtschaftsgüter müssen gemäß BFH-Urteil vom 24.11.1978 jedoch nur **eine**, nicht aber alle wesentlichen Betriebsgrundlagen darstellen. In diesem Punkt unterscheiden sich - neben der Tatsache, dass es sich bei einer Betriebsverpachtung um eine Verpachtung an einen fremden Dritten handelt - Betriebsaufspaltung und Betriebsverpachtung. Es ist also nicht erforderlich, dass die Besitzgesellschaft der Betriebsgesellschaft ihr **gesamtes** Anlagevermögen überlässt bzw. das Betriebsunternehmen **alle** wesentlichen Betriebsgrundlagen von dem Besitzunternehmen pachtet. Deshalb ist es unzweifelhaft möglich, einem Besitzunternehmen mehrere Betriebsunternehmen zuzuordnen bzw. umgekehrt. Nach h.M. kann allerdings Umlaufvermögen alleine keine wesentliche Betriebsgrundlage bilden, da nur das Anlagevermögen dazu bestimmt ist, dem Betrieb auf Dauer zu dienen, § 247 HGB.

Neben unbeweglichen (z.B. Betriebsgrundstücke) können gemäß Urteil des BFH vom 24.01.1968 bewegliche (z.B. Maschinen, Einrichtungsgegenstände, Fahrzeuge) Anlagegüter eine wesentliche Betriebsgrundlage bilden. Auch immaterielle Wirtschaftsgüter (z.B. gewerbliche Schutzrechte, Firmenname, Geschäftsbeziehungen, Warenzeichen) können gemäß BFH-Urteil vom 26.08.1993 wesentliche Betriebsgrundlage sein.

Eine unentgeltliche Überlassung an die Betriebsgesellschaft steht einer sachlichen Verflechtung nicht im Wege. Die Rechtsprechung stellt z.B. im Urteil vom 15.05.1975 darüber hinaus klar, dass die Eigentumsverhältnisse an der überlassenen Betriebsgrundlage für die Frage der sachlichen Voraussetzung ohne Bedeutung sind. Eigentümer kann die Besitzgesellschaft, aber auch ein Gesellschafter der Besitzgesellschaft sein.

Das Kernproblem der sachlichen Verflechtung liegt allerdings in der Frage nach dem Inhalt des Begriffs **wesentliche Betriebsgrundlage**, d.h. wann eine überlassene Betriebsgrundlage als wesentlich anzusehen ist. Beim Begriff der wesentlichen Betriebsgrundlage handelt es sich um einen **unbestimmten Rechtsbegriff**. Es ist deshalb nicht verwunderlich, dass eine eher umfangreiche Rechtsprechungskasuistik vorliegt und häufig nur im Einzelfall festgelegt werden kann, was eine wesentliche Betriebsgrundlage ist. Eine wesentliche Betriebsgrundlage liegt gemäß Urteil des BFH vom 21.09.1977 dann vor, wenn die überlassenen Wirtschaftsgüter für die Betriebsführung wirtschaftliches Gewicht haben, d.h. nach dem **Gesamtbild** der Verhältnisse von besonderer Bedeutung sind, und nicht jederzeit ausgetauscht werden können. Als weiteres Merkmal für das Vorliegen einer wesentlichen Betriebsgrundlage ist lt. BFH-Urteil vom 21.05.1974 zu nennen, dass die Betriebsgesellschaft ohne dieses Wirtschaftsgut nicht mehr in gleicher Art und Weise, in gleichem Umfang, in gleicher Lage, mit der gleichen Qualität, kurz gesagt, nicht mehr in gleicher wirtschaftlicher Marktsituation und Marktposition weiterarbeiten kann. Sehr umstritten ist die Frage, ob das überlassene Wirtschaftsgut nur dann als wesentlich eingestuft wird, wenn es für die Bedürfnisse des Betriebsunternehmens besonders hergerichtet ist.[42]

7.3.5.2 Einheitlicher geschäftlicher Betätigungswillen als Ausdruck personeller Verflechtung

Voraussetzung ist neben der sachlichen Verflechtung auch eine spezifische personelle Verflechtung zwischen Besitz- und Betriebsgesellschaft. Der I. Senat des BFH forderte in den Urteilen vom 03.12.1969 und 12.03.1970, nur dann von personeller Verflechtung zu sprechen, wenn völlige **Personen- und Beteiligungsidentität** an Besitz- und Betriebsgesellschaft besteht. Demgegenüber vertrat der IV. Senat des BFH in den Urteilen vom 09.07.1970 und 16.07.1970 die Auffassung, eine personelle Verflechtung zwischen Besitz- und Betriebsgesellschaft liege bereits bei einer beherrschenden Mehrheit vor. Dem IV. Senat genügte also schon eine sog. **Beherrschungsidentität.** Danach sind durchaus unterschiedliche Beteiligungsverhältnisse der Gesellschafter an den beiden Unternehmen zulässig. Es steht einer Betriebsaufspaltung nicht im Wege, wenn einzelne Gesellschafter nicht gleichzeitig Gesellschafter beider Unternehmen sind. Zur

---

[42] Ein Büro-/Verwaltungsgebäuden wird i.d.R. eine wesentliche Betriebsgrundlage darstellen, vgl. z.B. BFH vom 23.05.2000 und vom 13.07.2006.

Entscheidung der Frage, ob es zu einer personellen Verflechtung einer Personen- und Beteiligungsidentität bedarf, rief der IV. Senat 1970 den Großen Senat des BFH an. Dieser entschied mit Urteil vom 08.11.1971, Ausschlag gebendes Kriterium der personellen Verflechtung sei das Vorliegen eines **einheitlichen geschäftlichen Betätigungswillens** der hinter beiden Unternehmen stehenden Personen. „Dieser einheitliche geschäftliche Betätigungswille tritt zwar am klarsten zutage, wenn an beiden Unternehmen dieselben Personen im gleichen Verhältnis beteiligt sind." Nach Auffassung des Großen Senats genügt es aber auch, dass die Person oder die Personen, die das Besitzunternehmen tatsächlich beherrschen, in der Lage sind, auch in der Betriebsgesellschaft ihren Willen durchzusetzen.

Über die Frage, wann Gesellschafter in der Lage sind, die Besitzgesellschaft zu beherrschen und ihren Willen in dem Betriebsunternehmen durchsetzen können, kam es erneut zu Meinungsverschiedenheiten zwischen dem I. Senat und dem IV. Senat. Der I. Senat legte den Beschluss des Großen Senats des BFH im Urteil vom 11.12.1974 eher restriktiv aus und verlangte, der oder die Gesellschafter der Besitzgesellschaft müssten zu mindestens 75 % an der Betriebsgesellschaft beteiligt sein, weil diese Mehrheit in der typischerweise als GmbH geführten Betriebsgesellschaft notwendig ist, um eine Änderung des Gesellschaftsvertrages herbeizuführen, § 53 Abs. 2 GmbHG. In einem weiteren Urteil vom 19.04.1972 erklärte der I. Senat darüber hinausgehend bereits eine 10 %ige Sperrminorität bei der Betriebsgesellschaft für ausreichend, um eine Betriebsaufspaltung zu verneinen. Die Gesellschafter der Besitzgesellschaft seien in einem derartigen Fall aufgrund der durch die §§ 50, 61 Abs. 2 GmbHG eingeräumten Minderheitsrechte nicht in der Lage, in der Betriebs-GmbH ihren Willen gegen den der Minderheitsgesellschafter durchzusetzen.

Der IV. Senat sah dagegen mit Urteil vom 20.09.1973 eine personelle Verflechtung dann als gegeben an, wenn eine Person oder Personengruppe zu mehr als 50 % an Besitz- und Betriebsgesellschaft beteiligt ist. Bei einer Kapitalgesellschaft genüge zur Durchführung der laufenden Geschäfte die einfache Mehrheit der Anteile, §§ 47 Abs. 1 GmbHG, 133 Abs. 1 AktG; gesetzlich verlangte qualifizierte Mehrheiten z.B. für Satzungsänderungen oder Kapitalherabsetzungen bzw. -erhöhungen seien bei der Prüfung einer Betriebsaufspaltung ohne Bedeutung. Für die Mehrheitsbildung seien gemäß BFH-Urteil vom 02.08.1972 die an beiden Unternehmen beteiligten Gesellschafter als „eine durch gleichgerichtete Interessen **geschlossene Personengruppe"** anzusehen, die nicht zufällig, sondern zur Verfolgung eines bestimmten wirtschaftlichen Zwecks zusammengekommen seien (sog. **Gruppentheorie**). Weder sind zusätzliche Vereinbarungen über einheitliches, abgestimmtes Handeln erforderlich, noch können vereinzelte, bei Abstimmungen auftretende Meinungsdifferenzen an der Gültigkeit der Gruppentheorie etwas ändern.

Die Finanzverwaltung schloss sich in einem koordinierten Ländererlass vom 21.02.1974 der Meinung des IV. Senats an. Der I. Senat mit Urteil vom 28.11.1979 und auch der VIII. Senat mit Urteil vom 24.02.1981 folgten. Damit ist nunmehr grundsätzlich davon auszugehen, dass Personen, die sowohl am Besitz- als auch am Betriebsunternehmen beteiligt sind, eine durch gleichgerichtete Interessen geschlossene Personengruppe bilden. Die persönliche Voraussetzung einer Betriebsaufspaltung ist danach erfüllt, soweit diese Personengruppe beide Gesellschaften beherrscht, d.h. in der Lage ist, in beiden Gesellschaften ihren Willen durchzusetzen. Hierzu genügt die **einfache Mehrheit** in beiden Gesellschaften. Unterschiedliche Beteiligungsverhältnisse innerhalb der beherrschenden Personengruppe in beiden Unternehmen schließen die Annahme eines einheitlichen geschäftlichen Betätigungswillens nicht aus.

Die Formel vom einheitlichen geschäftlichen Betätigungswillen und der Versuch einer Konkretisierung durch die 50 % übersteigende Beteiligung einer Personengruppe an beiden Unternehmen können jedoch nicht das letzte Wort sein. Die beiderseitige Mehrheitsbeteiligung ist lediglich eine Vermutung für das Bestehen einer Betriebsaufspaltung, eine Vermutung, die grundsätzlich widerlegbar ist.

So kommt eine Zusammenrechnung der Anteile verschiedener Personen etwa nicht in Betracht, wenn **ständige Interessengegensätze** innerhalb der geschlossenen Personengruppe nachgewiesen werden können. Temporär auftretende Streitfälle, z.B. durch vereinzelte konträre Stimmabgaben bei Gesellschafterversammlungen, können die Addition der Anteile nicht verhindern. Den Steuerpflichtigen obliegt es, die Interessenkollissionen durch konkrete Tatsachen zu belegen. Der Nachweis einer konkreten Interessenkollision kann dabei z.B. durch Rechtsstreitigkeiten zwischen der Personengruppe angehörenden Personen oder durch dauernde konträre Stimmabgaben bei Abstimmungen innerhalb der Gesellschafterversammlung erbracht werden.

Auf eine generelle Zusammenrechnung von Anteilen der an beiden Gesellschaften beteiligten Gesellschafter verzichtet die Rechtsprechung von sich aus, wenn die Beteiligungen der betroffenen Gesellschafter an beiden Unternehmen extrem entgegengesetzt sind. Der IV. Senat hat zwar in einem Urteil vom 24.02.1994 bei einem Beteiligungsverhältnis von 50 : 50 an der Besitzgesellschaft bzw. von 98 : 2 an der Betriebsgesellschaft entschieden, die unterschiedlichen Beteiligungsquoten würden der Annahme eines einheitlichen geschäftlichen Betätigungswillens nicht entgegenstehen; er bestätigt allerdings in diesem Urteil die ältere Rechtsprechung z.B. vom 02.08.1972, wohingegen extrem entgegengesetzte Beteiligungsverhältnisse vorliegen sollen, wenn bei zwei Gesellschaftern A und B der Anteil des A am Besitzunternehmen 90 % und am Betriebsunternehmen 10 % beträgt, während es sich bei B genau umgekehrt verhält.

Anhand von einfach konstruierten Beispielen soll die Voraussetzung der personellen Verflechtung veranschaulicht werden:

Beispiele:

Fall I

Gesellschafter	Besitzgesellschaft	Betriebsgesellschaft
A	40 %	40 %
B	40 %	40 %
C	20 %	20 %

Es besteht Personen- und Beteiligungsidentität. Die Gesellschafter A, B und C stellen eine durch gleichgerichtete Interessen geschlossene Personengruppe dar. Diese Personengruppe hält alle Anteile sowohl an der Besitz- als auch an der Betriebsgesellschaft. Der einheitliche geschäftliche Betätigungswille liegt somit lt. Rechtsprechung vor.

Fall II

Gesellschafter	Besitzgesellschaft	Betriebsgesellschaft
A	40 %	15 %
B	40 %	25 %
C	20 %	60 %

Es liegt Personen-, aber keine Beteiligungsidentität vor. Die Anteilseigner A, B und C sind trotzdem eine geschlossene Personengruppe. Diese Personengruppe verfügt über alle Anteile in der Besitz- und Betriebsgesellschaft. Der einheitliche geschäftliche Betätigungswille ist damit gegeben.

Fall III

Gesellschafter	Besitzgesellschaft	Betriebsgesellschaft
A	25 %	60 %
B	20 %	---
C	30 %	40 %
D	25 %	---

Hier besteht ein Fall von Beherrschungsidentität. Die aus den Beteiligten A und C bestehende Personengruppe besitzt in beiden Gesellschaften die (einfache) Mehrheit. Die personelle Voraussetzung einer Betriebsaufspaltung liegt damit vor.

Fall IV

Gesellschafter	Besitzgesellschaft	Betriebsgesellschaft
A	40 %	20 %
B	30 %	20 %
C	30 %	15 %
D	---	45 %

Wieder kann Beherrschungsidentität angenommen werden. A, B und C werden als geschlossene Personengruppe betrachtet. Diese Gruppe hat die (einfache) Mehrheit in beiden Gesellschaften inne. Von der Rechtsprechung wird deshalb ein einheitlicher geschäftlicher Betätigungswille angenommen.

Fall V

Gesellschafter	Besitzgesellschaft	Betriebsgesellschaft
A	---	60 %
B	100 %	40 %

Es existiert **kein** einheitlicher geschäftlicher Betätigungswille, da der die Besitzgesellschaft beherrschende Gesellschafter B nicht in der Lage ist, seinen Willen auch in der Betriebsgesellschaft durchzusetzen.

Fall VI

Gesellschafter	Besitzgesellschaft	Betriebsgesellschaft
A	50 %	---
B	---	50 %
C	50 %	50 %

Die personelle Voraussetzung einer Betriebsaufspaltung ist **nicht** gegeben. Der Gesellschafter C verfügt weder in der Besitz- noch in der Betriebsgesellschaft über die einfache Mehrheit.

Besonders fraglich war die personelle Verflechtung dann, wenn bei der Besitzpersonengesellschaft eine (gesetzliche oder vertragliche) Einstimmigkeitsabrede besteht; hier stellt sich das Problem, ob durch Aufnahme eines Minderheitsgesellschafters die steuerlichen Auswirkungen der Betriebsaufspaltung vermieden werden können. Eine klassische Betriebsaufspaltung liegt nach nunmehr ständiger Rechtsprechung des BFH grundsätzlich (Ausnahme hierzu z.B. BFH vom 01.07.2003) wegen fehlender personeller Verflechtung nicht vor, wenn „an der Betriebsgesellschaft nicht alle Gesellschafter der Besitz-Personengesellschaft beteiligt sind und die Beschlüsse der Besitz-Personengesellschaft einstimmig gefasst werden müssen" (BFH vom 11.05.1999). Dies gilt zumindest, wenn sich die Einstimmigkeit auf sog. Grundlagengeschäfte bezieht.

7.3.6   Qualifikation der Einkünfte der Besitzgesellschafter

Liegen die Verflechtungsvoraussetzungen zwischen der Besitzpersonen- und der Betriebskapitalgesellschaft vor, so wird von der Gewerblichkeit des Besitzunternehmens ausgegangen. Die nach dem äußeren Erscheinungsbild vermögensverwaltende Tätigkeit des Besitzunternehmens wird als gewerbliche Tätigkeit qualifiziert. Die Besteuerung unterscheidet sich dann grundsätzlich nicht von der bei anderen gewerblichen Personengesellschaften. Das auf Gesellschaftsebene ermittelte Ergebnis wird den Gesellschaftern als Einkünfte aus Gewerbebetrieb zugeordnet und der Einkommensteuer unterworfen.

Die Verflechtung zwischen den beiden Unternehmen, insbesondere der einheitliche geschäftliche Betätigungswille, soll die Gewerblichkeit der Besitzpersonengesellschaft begründen. Es wird also nicht auf die originäre Tätigkeit der Besitzgesellschaft, die zweifellos vermietender/verpachtender Art ist, abgestellt, sondern auf die zugleich bestehende Beteiligung der Gesellschafter des Besitzunternehmens an der Betriebsunternehmung und auf die Art der Nutzung der überlassenen Wirtschaftsgüter beim Betriebsunternehmen. Die zunächst jedenfalls nicht erfüllte Voraussetzung der Gewerblichkeit, nämlich die Teilnahme am allgemeinen wirtschaftlichen Verkehr, wird auf dem Wege einer gemeinsamen Betrachtung der verflochtenen Unternehmen als gegeben angesehen. Die gemeinsame Betrachtung beider Unternehmen führt auch dazu, davon auszugehen, dass die Tätigkeit des Besitzunternehmens den Rahmen privater Vermögensverwaltung überschreitet.

Mit der Behandlung der Besitzpersonengesellschaft als Gewerbebetrieb lösen sich Rechtsprechung und Finanzverwaltung von einer Grundwertung des deutschen Steuerrechts, da nicht an die zivilrechtliche Vertragsgestaltung angeknüpft wird, sondern die **wirtschaftlichen Verhältnisse** der beiden die Betriebsaufspaltung bildenden Unternehmen herangezogen werden.

Die Qualifikation als Einkünfte aus Gewerbebetrieb gilt nach Urteilen des BFH vom 24.01.1968 und 13.10.1977 zunächst für die **Pachteinnahmen** aus der Betriebsgesellschaft für die Überlassung von Wirtschaftsgütern. Nun kann die Besitzgesellschaft ggf. darüber hinaus Wirtschaftsgüter an Dritte verpachten, und es stellt sich die Frage, ob auch hier Gewerblichkeit besteht. Da es sich bei der Tätigkeit der Besitzpersonengesellschaft aufgrund der steuerrechtlichen Tatbestandsvoraussetzungen um eine gewerbliche handelt, greift der „**Bazillus der Gewerblichkeit**" auf **alle** weiteren Tätigkeiten der Besitzgesellschaft über. Dementsprechend sind die Einnahmen aus der

Verpachtung an Dritte ebenso wie Gewinnausschüttungen der Betriebskapitalgesellschaft Einkünfte aus Gewerbebetrieb.

Äußerst umstritten war lange Zeit die Frage, ob auch die Einkünfte jener Gesellschafter, die ausschließlich am Besitzunternehmen beteiligt sind, entsprechend dem heutigen Verständnis der Betriebsaufspaltung Einkünfte aus Gewerbebetrieb darstellen. Der IV. Senat des BFH hat bereits frühzeitig im Urteil vom 02.08.1972 entschieden, die Besitzpersonengesellschaft könne als einheitliches Gebilde auch hinsichtlich ihrer Tätigkeit nur einheitlich beurteilt werden. Danach ist die steuerliche Einordnung der Besitzgesellschaft als Gewerbebetrieb von der Mehrheit der Gesellschafter („Sowohl-als-auch-Gesellschafter") abhängig. Diese als **„Mitgefangen-Mitgehangen-Theorie"** bzw. **„Abfärbetheorie"** bezeichnete Meinung wurde auch vom BVerfG am 15.07.1974 bestätigt. In der Tat ist die Qualifikation der Einkünfte von **„Nur-Besitzgesellschaftern"** als Einkünfte aus Gewerbebetrieb zwingend. Zwar sind es die persönlichen Verflechtungen der „Sowohl-als-auch-Gesellschafter", die zur Gewerblichkeit der Besitzgesellschaft führen, aber dennoch wird dadurch die **Tätigkeit der Gesellschaft** als gewerblich qualifiziert. Die Besitzgesellschaft ist entweder mit der Betriebsgesellschaft verflochten, oder sie ist es nicht. Greifen die Voraussetzungen der Betriebsaufspaltung, so sind durch die gemeinsame Betrachtung beider Unternehmen auch bei der Besitzgesellschaft die Gewerbevoraussetzungen erfüllt. Aus dem „Neuen Steuerrecht der Personengesellschaft" folgt zwingend, dass den verschiedenen Gesellschaftern einer Personengesellschaft nur Einkünfte innerhalb einer Einkunftsart vermittelt werden können.

Die Qualifikation von Tätigkeitsvergütungen der Besitzgesellschafter ist unproblematisch, soweit es sich um Vergütungen für die Geschäftsführung beim Besitzunternehmen handelt. Hier greift die allgemeine Regelung gemäß § 15 Abs. 1 S. 1 Nr. 2 EStG. Da die wirtschaftliche Betätigung aber im Wesentlichen von der Betriebskapitalgesellschaft ausgeht, fällt auch die Geschäftsführertätigkeit vornehmlich bei der Betriebskapitalgesellschaft an. Der BFH hat im Urteil vom 09.07.1970 entschieden, dass diese Vergütung des Besitzgesellschafters für die Geschäftsführung bei der Betriebskapitalgesellschaft beim Gesellschafter nicht Einkünfte aus Gewerbebetrieb, sondern **Einkünfte aus nichtselbständiger Arbeit** sind. Die Rechtsprechung sieht in der Geschäftsführertätigkeit eine originäre Leistung des Gesellschafters, die nicht im Zusammenhang mit der Betriebsaufspaltung zu sehen ist. Dieser Beurteilung ist zuzustimmen, es sei denn, man kommt zu der Überzeugung, dass der Besitzgesellschafter die Geschäfte der Betriebskapitalgesellschaft nur deshalb führt, um seine Position in der Besitzpersonengesellschaft zu stärken. Die Doppelgesellschaft ist indes eine Trennung des Bestandes an wesentlichen Betriebsgrundlagen von der eigentlichen gewerblichen Tätigkeit in der Betriebsgesellschaft. Wenn nun aber aufgrund gemeinsamer Betrachtung beider Unternehmen die im Grunde als Vermietung und Verpachtung zu qualifizierende Tätigkeit der Besitzgesellschaft zur gewerblichen Tätigkeit wird, so bedeutet dies nicht, dass man mit der Gewerblichkeit weiter gehen müsse als in dem Fall, in dem auch die wesentlichen Betriebsgrundlagen in der gewerblichen

Betriebskapitalgesellschaft wären. In diesem Falle aber wären die Einkünfte des Gesellschaftergeschäftsführers der Kapitalgesellschaft Einkünfte aus nichtselbständiger Arbeit. Sinnvollerweise kann die Betriebsaufspaltung i.d.R. daran nichts ändern. Damit bestehen die steuerlichen Nachteile bei Gesellschaftergeschäftsführervergütungen, wie sie sich etwa bei der GmbH & Co. KG ergeben, im Falle der Doppelgesellschaft nicht.

7.3.7 Betriebsvermögen und Gewinnermittlung der Besitz-personengesellschaft

Zum (gewerblichen) Betriebsvermögen der Besitzgesellschaft zählen sämtliche Wirtschaftsgüter des Gesamthandvermögens. Hinzu treten die Sonderbetriebsvermögen der Gesellschafter. Fraglich ist, wie weit der Kreis der dem Sonderbetriebsvermögen zugehörigen Wirtschaftsgüter zu ziehen ist, welche Wirtschaftsgüter im Einzelnen einen Beitrag zur Förderung des Gesellschaftszwecks der Besitzgesellschaft leisten.

Hält die Besitzpersonengesellschaft Anteile an der Betriebskapitalgesellschaft, dann liegen die Anteile im Betriebsvermögen des Besitzunternehmens. Dies kann z.B. geschehen, wenn die Besitzgesellschaft bei der Aufspaltung das Umlaufvermögen gegen Gewährung von Gesellschaftsanteilen auf die Betriebsgesellschaft überträgt. Erwerben dagegen Gesellschafter der Besitzpersonengesellschaft die Anteile an der Betriebskapitalgesellschaft, so nimmt der BFH z.B. im Urteil vom 23.07.1981 Sonderbetriebsvermögen II an, wenn die Anteile der Durchsetzung des einheitlichen geschäftlichen Betätigungswillens dienen. Sind die Gesellschafter des Besitzunternehmens nämlich gleichzeitig an dem Betriebsunternehmen beteiligt, werden die Belange der Besitzpersonengesellschaft gestärkt. Zum Betriebsvermögen des Besitzunternehmens zählen ferner alle Wirtschaftsgüter, welche die Besitzpersonengesellschaft der Betriebskapitalgesellschaft zur Nutzung überlässt. Dabei kann es sich gemäß BFH-Urteil vom 21.09.1977 sowohl um Wirtschaftsgüter handeln, die eine wesentliche Betriebsgrundlage darstellen, als auch um Gegenstände, welche die sachliche Verflechtung zwischen den beiden Unternehmen nicht begründen.

Befinden sich die an die Betriebsgesellschaft verpachteten Wirtschaftsgüter dagegen im Eigentum eines Gesellschafters der Besitzpersonengesellschaft und stellt der Gesellschafter diese Gegenstände unmittelbar der Betriebskapitalgesellschaft aufgrund eines Miet- bzw. Pachtvertrages zur Verfügung, wird gemäß BFH-Urteil vom 15.05.1975 und - differenziert - vom 13.10.1998 die Nutzungsüberlassung i.d.R. als mittelbarer Beitrag zur Förderung des Gesellschaftszweckes des Besitzunternehmens angesehen - zumindest dann, wenn die Nutzungsüberlassung seitens des Gesellschafters primär von den Interessen der Besitzgesellschaft bestimmt ist. Die Wirtschaftsgüter sind somit Sonderbetriebsvermögen bei der Besitzpersonengesellschaft. Gemäß Rechtsprechung kann es nämlich keinen Unterschied machen, ob der Mitunternehmer der Besitzpersonengesellschaft Wirtschaftsgüter mit der Vereinbarung überlässt, diese dem Betriebsunternehmen zu verpachten, oder ob er dies unmittelbar tut.

Handelt es sich bei dem verpachteten Wirtschaftsgut indes um eine **wesentliche** Betriebsgrundlage, so ist zu prüfen, ob eine „neue" Betriebsaufspaltung zwischen dem Gesellschafter und der Betriebsgesellschaft entsteht.

7.4 Die einkommensteuerliche Behandlung der GmbH & Co. KGaA

7.4.1 Zivilrechtliche Charakterisierung der GmbH & Co.KGaA

Mit dem Beschluss des BGH vom 24.02.1997 ist es zivilrechtlich geklärt, dass eine GmbH als persönlich haftender Gesellschafter einer KGaA in Frage kommt. Zwingend ist hierbei, dass aus der Firma der Gesellschaft ersichtlich wird, dass es sich um eine Gesellschaft ohne natürlichen Vollhafter handelt. Unter der Bezeichnung GmbH & Co. KGaA versteht man eine KGaA, bei der entweder eine GmbH oder eine GmbH & Co. KG (diese Form der GmbH & Co. KGaA wird hier nicht weiter behandelt) die Rolle des Komplementärs übernimmt.

Wird eine GmbH als einziger Komplementär einer KGaA ins Handelsregister eingetragen, so wird damit eine GmbH & Co. KGaA konstitutiv ins Leben gerufen. Neben der Haftungsbeschränkung wird ein weiterer Vorteil gegenüber der KGaA darin gesehen, dass der Komplementär als juristische Person nicht sterben kann und damit der Fortbestand des Unternehmens weniger gefährdet erscheint. Ein Nachteil entsteht der GmbH & Co. KGaA allerdings dadurch, dass § 4 MitbestG Anwendung findet. Somit muss sie - im Unterschied zur „normalen" KGaA - über einen mitbestimmten Aufsichtsrat und einen Arbeitsdirektor verfügen.

7.4.2 Steuerliche Besonderheiten der GmbH & Co. KGaA

Die Besteuerung der GmbH & Co. KGaA verläuft analog zur Besteuerung der KGaA. Die Einkünfte der GmbH sind hierbei schon alleine aufgrund ihrer Rechtsform Einkünfte aus Gewerbebetrieb (§ 2 Abs. 2 GewStG i.V.m. § 8 Abs. 2 KStG).

Genau wie die GmbH als Komplementär der GmbH & Co. KG, muss sich auch die GmbH als Komplementär der GmbH & Co. KGaA einer natürlichen Person als Geschäftsführer bedienen. Auch hier kann dies ein fremder Dritter sein, oder die GmbH beauftragt einen ihrer Gesellschafter mit der Geschäftsführung der GmbH & Co. KGaA. Unabhängig von der gewählten Konstruktion erzielen die natürlichen Personen aufgrund ihrer Geschäftsführungstätigkeit grundsätzlich Einkünfte aus nichtselbständiger Arbeit. Handelt es sich allerdings um einen GmbH-Gesellschafter, welcher gleichzeitig Kommanditaktionärsanteile der (GmbH & Co.) KGaA hält, stellt sich die Situation anders dar:

Zunächst ist hierbei die Frage zu klären, ob bei einer GmbH & Co. KGaA Sonderbetriebsvermögen (SBV) vorliegen kann. SBV I könnte z.B. dann gegeben sein, wenn die Komplementär-GmbH der KGaA Wirtschaftsgüter überlässt. Es könnte sich hierbei aber auch um Betriebsvermögen der GmbH handeln. Materielle Konsequenz kann diese Unterscheidung aufgrund unterschiedlicher Hebesätze haben, wenn sich die Unternehmenssitze der GmbH und der GmbH & Co. KGaA in unterschiedlichen Kommunen befinden. Mit seiner Entscheidung vom 18.07.1979 qualifiziert der BFH für Mitunternehmerschaften § 15 EStG als Zurechnungs- und nicht als bloße Deklarationsnorm. Damit handelt es sich konsequenterweise bei den überlassenen Wirtschaftsgütern um SBV I und nicht um Betriebsvermögen der GmbH. Besteht indes die Möglichkeit der Existenz von SBV I bei einer KGaA, obwohl diese gesellschaftsrechtlich eine Kapitalgesellschaft ist, was durch § 15 Abs. 1 S. 1 Nr. 3 EStG auch der Fall wäre, wenn ein Komplementär als natürliche Person der KGaA ein Wirtschaftsgut überlassen würde, so muss nach der sogenannten mitunternehmerischen Betrachtungsweise auch SBV II vorliegen können. Die GmbH-Anteile des GmbH-Gesellschafters, der gleichzeitig Kommanditaktionär ist, wären demnach dem SBV II zuzuordnen. Einkünfte aus Sondervergütungen (also z.B. für die Geschäftsführung) wären dementsprechend – in Analogie zur gesicherten Rechtsprechung bei einer GmbH & Co. KG – als Einkünfte aus Gewerbebetrieb zu qualifizieren. Einzige Ausnahme hiervon wäre der Fall, dass die GmbH einen eigenen wirtschaftlichen Geschäftsbetrieb von nicht untergeordneter Bedeutung unterhält, der mit dem Geschäftsbetrieb der KGaA zudem nicht wirtschaftlich verflochten ist. Diese sogenannte mitunternehmerische Betrachtungsweise übersieht allerdings, dass der Kommanditaktionär anders als der Kommanditist einer GmbH & Co. KG gar kein Mitunternehmer ist. Nach der somit zu favorisierenden sogenannten kapitalistischen Betrachtungsweise ist in diesem Fall somit kein SBV II möglich und die an den Kommanditaktionär gezahlten Vergütungen werden der jeweiligen Einkunftsart zugeordnet.

8 Steuerbelastungsvergleich ausgewählter Rechtsformen

8.1 Vorgehensweise und Darstellung des Berechnungsbeispiels

Nachdem in den vorangegangenen Kapiteln die Besteuerungsmethodik ausgewählter Rechtsformen qualitativ dargestellt wurde, umfasst der abschließende Teil einen quantitativen Steuerbelastungsvergleich ausgewählter Rechtsformen. Dieser wird mit Hilfe einer kasuistischen Veranlagungssimulation durchgeführt. Es werden eine „reine" Personengesellschaft (OHG), eine „reine" Kapitalgesellschaft (GmbH) und die in der Praxis gängigsten Mischformen GmbH & Co KG und (klassische) Betriebsaufspaltung gegenübergestellt. Aus Gründen der besseren Übersichtlichkeit wird nur auf die laufende Besteuerung eingegangen, und dies auch nur, soweit sie zu einer unterschiedlichen Belastung bei den in den Vergleich einbezogenen Rechtsformen führt. Unbeachtet bleiben zudem die Belastungswirkungen anderer, nicht aus dem jeweiligen Unternehmen resultierender Einkünfte auf die Progression der Einkommensbesteuerung der Gesellschafter. Steuervorauszahlungen werden ebenso außer Acht gelassen. Bereits an dieser Stelle sei zudem der Hinweis erlaubt, dass trotz erheblicher steuerlicher Belastungsunterschiede der einzelnen Rechtsformen in der Bundesrepublik Deutschland, die außersteuerlichen Entscheidungsmerkmale der einzelnen Gesellschaftsformen bei einer Rechtsformwahl niemals unberücksichtigt bleiben sollten. Zudem ist es wichtig, bereits hier darauf hinzuweisen, dass – obwohl im nachfolgenden Belastungsvergleich auch unterschiedliche Szenarien durchgespielt werden – aufgrund eines Steuerbelastungsvergleichs keine generalisierenden Aussagen getroffen werden können. So werden zwar Tendenzen für die eine oder andere Rechtsform je nach Ausgangssituation erkennbar sein; in Anbetracht im konkreten Fall individueller Voraussetzungen – die sich zudem im Zeitablauf ändern können – bleibt eine Rechtsformwahl allerdings stets eine Einzelfallentscheidung.

Ausgangsdaten:

Drei ledige natürliche Personen (A, B und C) planen den gemeinsamen Betrieb eines gewerblich tätigen Unternehmens. Als ein wichtiges Kriterium stellt sich der Frage der steuergünstigsten Rechtsform. A stellt der Gesellschaft ein Darlehen i.H.v. 500.000 € (Zins: 4,5 % p.a.) zur Verfügung. B erhält eine Geschäftsführungsvergütung i.H.v. 100.000 € p.a. und C stellt dem Betrieb bewegliche Wirtschaftsgüter zur Verfügung, für die er einen Pachtzins i.H.v. 12.000 € p.a. erhält. **Nach** Abzug aller Betriebsausgaben (also auch der - im Übrigen angemessenen - Sondervergütungen) wird der Betrieb voraussichtlich einen Gewinn in Höhe von 1.000.000 € p.a. erzielen; um die steuerliche

Wirkung abzubilden, wird an einigen Stellen zum Vergleich ein Gewinn von 20.000 € angenommen. Über die Höhe etwaiger Ausschüttungen ist noch keine endgültige Entscheidung gefallen. In Anbetracht der unterschiedlichen Kapitalausstattung einigen sich die zukünftigen Gesellschafter auf eine Beteiligungsquote von 60:30:10. Die Gesellschafter erzielen keinerlei Einkünfte neben denjenigen aus der Gesellschaft und haben keine Versicherungen, welche zu Vorsorgeaufwendungen im Sinne des § 10 Abs. 1 Nr. 2a EStG führen würden.

Zur Ermittlung der Gewerbesteuer wird ein Hebesatz von 400 % unterstellt.

Der Belastungsvergleich bezieht sich – wie oben bereits angesprochen – nur auf die laufende Ertragsteuerbelastung. Daher werden die Einkommensteuer, die Körperschaftsteuer, die Gewerbesteuer und der Solidaritätszuschlag berücksichtigt. Da nur die Einkommensteuer in den vorliegenden Kapiteln behandelt wurde, werden die Berechnungen an entsprechender Stelle intensiv erläutert. Hierbei kann jedoch nicht auf alle Einzelheiten näher eingegangen werden.

Einheitlicher Veranlagungszeitraum ist 2008. Es wird nur die Steuerbelastung für eine Periode berechnet. Um die Steuerbelastung der unterschiedlichen Rechtsformen miteinander vergleichen zu können, folgt daraus die Prämisse, dass ausgeschüttete Dividenden im Jahr der wirtschaftlichen Zugehörigkeit und nicht erst im darauf folgenden Jahr versteuert werden. Im Folgenden wird in vollen Euro-Beträgen gerechnet, die Dezimalstellen werden abgeschnitten. Auf eine gegebenenfalls anzustellende Günstigerprüfung im Rahmen des § 10c Abs. 5 EStG wird aus Vereinfachungsgründen verzichtet.

8.2 Quantitativer Belastungsvergleich

8.2.1 Personengesellschaft

Als stellvertretendes Beispiel für die Darstellung der Steuerbelastung von Personengesellschaften wird eine OHG gewählt.

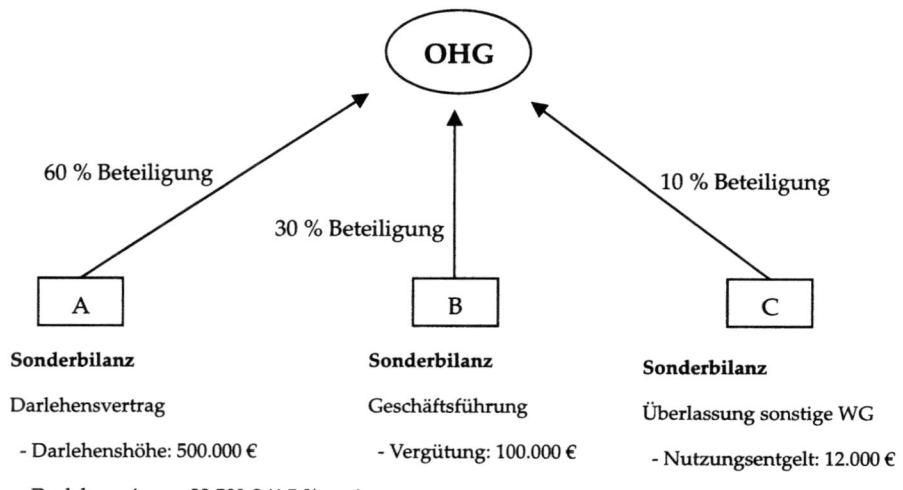

8.2.1.1 Fall A: Handelsbilanzgewinn von 1 Million Euro

Berechnung der Gewerbesteuer:

Gewerbeertrag	
Gewinn vor Gewerbesteuer	1.000.000 €
+ Sonderbetriebseinnahmen/-ausgaben	134.500 €
(Tätigkeitsvergütungen 100.000 €	
Zinsen für Darlehen 22.500 €	
Vergütungen für Überlassung 12.000 €)	
- Freibetrag § 11 Abs. 1 Nr. 1 GewStG	24.500 €
= Gewerbeertrag	1.110.000 €
- Gewerbesteuer*	**155.400 €**
Steuermessbetrag	38.850 €

* Die Berechnung der Gewerbesteuer bei Personengesellschaften erfolgt durch Multiplikation des Steuermessbetrags mit dem in der jeweiligen Gemeinde erhobenen Hebesatz. Im Beispiel errechnet sich die Gewerbesteuer wie folgt: GewSt = m*h*Gewerbeertrag = 0,035*4*1.110.000 € = 155.400 €. Nach Inkrafttreten der Unternehmensteuerreform 2008 ist die Gewerbesteuer nicht länger von ihrer Bemessungsgrundlage abzugsfähig, § 4 Abs. 5b EStG. Diese Regelung dient der Kompensation der aus der Senkung der Steuermesszahl für alle Rechtsformen auf 3,5 Prozent (§ 11 Abs. 2 GewStG) resultierenden Mindereinnahmen.

Einkünfteermittlung auf Ebene der Gesellschafter:

Dem gesamthänderischen Kern der Gesellschaft verbleibt ein Gewinn i.H.v. 1.000.000 € (Steuerbilanzgewinn 1. Stufe). Dieser ist anteilig auf die Gesellschafter zu verteilen. Abgesehen von den Gewinnanteilen sind den Gesellschaftern noch ihre Sondervergütungen hinzuzurechnen, § 15 Abs. 1 Nr. 2 EStG. Da es sich bei der Gesellschaft laut Fallbeschreibung um ein gewerblich tätiges Unternehmen handelt, gelten alle den Gesellschaftern aus der Gesellschaft zufließenden Erträge als Einkünfte aus Gewerbebetrieb, § 15 Abs. 3 Nr. 1 EStG.

A

Gewinn der oHG	1.000.000 €
Anteil des A am Gewinn (60 %)	600.000 €
+/- Sonderbilanz (Darlehenszinsen)	22.500 €
Einkünfte aus Gewerbebetrieb	**622.500 €**

B

Gewinn der oHG	1.000.000 €
Anteil des B am Gewinn (30 %)	300.000 €
+/- Sonderbilanz (Geschäftsführungsvergütung)	100.000 €
Einkünfte aus Gewerbebetrieb	**400.000 €**

C

Gewinn der oHG	1.000.000 €
Anteil des C am Gewinn (10 %)	100.000 €
+/- Sonderbilanz (Mietzins Wirtschaftsgut)	12.000 €
Einkünfte aus Gewerbebetrieb	**112.000 €**

Berechnung der Einkommensteuer und des Solidaritätszuschlags:

A

Einkünfte aus Gewerbebetrieb	622.500 €
Summe/Gesamtbetrag der Einkünfte	**622.500 €**
- Sonderausgaben/Pauschbetrag, § 10c Abs.1 EStG	36 €
zu versteuerndes Einkommen	**622.464 €**

tarifliche Einkommensteuer, § 32a Abs. 1 Nr. 5 EStG i.V.m. § 32a Abs. 1 Satz 6 EStG	264.694 €
- Steuerermäßigung nach § 35 Abs. 1 Nr. 2 EStG	88.578 €
(zur Berechnung der Steuerermäßigung s.u.)	
festzusetzende Einkommensteuer	**176.116 €**
Bemessungsgrundlage Soli	176.116 €
Solidaritätszuschlag*	**9.686 €**

* Der Solidaritätszuschlag beträgt hier gemäß § 4 S. 1 i.V.m. § 3 SolzG 5,5 % der Einkommensteuer.

B

Einkünfte aus Gewerbebetrieb	400.000 €
Summe/Gesamtbetrag der Einkünfte	**400.000 €**
- Sonderausgaben/Pauschbetrag, § 10c Abs. 1 EStG	36 €
zu versteuerndes Einkommen	**399.964 €**
tarifliche Einkommensteuer, § 32a Abs. 1 Nr. 5 EStG i.V.m. § 32a Abs. 1 Satz 6 EStG	164.569 €
- Steuerermäßigung nach § 35 EStG Abs. 1 Nr. 2 EStG	44.289 €
festzusetzende Einkommensteuer	**120.280 €**
Bemessungsgrundlage Soli	120.280 €
Solidaritätszuschlag	**6.615 €**

C

Einkünfte aus Gewerbebetrieb	112.000 €
Summe/Gesamtbetrag der Einkünfte	**112.000 €**
- Sonderausgaben/Pauschbetrag, § 10c Abs. 1 EStG	36 €
zu versteuerndes Einkommen	**111.964 €**
tarifliche Einkommensteuer, § 32a Abs. 1 Nr. 4 EStG i.V.m. § 32a Abs. 1 Satz 6 EStG	39.110 €
- Steuerermäßigung nach § 35 EStG Abs. 1 Nr. 2 EStG	14.763 €
festzusetzende Einkommensteuer	**24.347 €**
Bemessungsgrundlage Soli	24.347 €
Solidaritätszuschlag	1.339 €

Berechnung der Steuerermäßigung gemäß § 35 EStG:

Wie in Kapitel 4.2.5 erläutert, vermindert sich die tarifliche Einkommensteuer um das 3,8fache des anteiligen Gewerbesteuer-Messbetrags. Die detaillierte Berechnung wird im Folgenden beispielhaft für A abgebildet:

Der Gewerbesteuer-Messbetrag beträgt wie oben dargestellt 38.850 €. Der Anteil des A hieran beträgt 60 %, also 23.310 €. Die Berechnung des Steuerermäßigungshöchstbetrags erfolgt gemäß § 35 Abs. 1 Satz 2 EStG wie folgt: (Summe der positiven gewerblichen Einkünfte / Summe aller positiven Einkünfte) * geminderte tarifliche Steuer. Hierdurch wird grundsätzlich eine Höchstbetragsberechnung notwendig, auf die im vorliegenden Fall aber verzichtet werden kann, da A ausschließlich Einkünfte aus Gewerbebetrieb erzielt.

Maximaler Ansatz § 35 Abs. 1 Nr. 2 EStG	
Gewerbesteuer-Messbetrag	23.310 €
x Faktor	3,8
= maximaler Ansatz	88.578 €
relevante Einkünfte § 35 EStG	622.500 €
ggfs. Gesamtbetrag der Einkünfte i.S.d. § 2 Abs. 3 EStG	622.500 €
x tarifliche Einkommensteuer	264.694 €
= Anteil an tarifl. Einkommensteuer	
(maximal tarifl. Einkommensteuer)	264.694 €
Vergleich mit maximalem Ansatz	88.578 €
Steuerermäßigung § 35 EStG	88.578 €

Berechnung der Gesamtsteuerbelastung:

Gewerbesteuer	155.400 €
Einkommensteuer A	176.116 €
Solidaritätszuschlag A	9.686 €
Einkommensteuer B	120.280 €
Solidaritätszuschlag B	6.615 €
Einkommensteuer C	24.347 €
Solidaritätszuschlag C	1.339 €
Gesamt	**493.783 €**

8.2.1.2 Fall B: Handelsbilanzgewinn von 0,02 Millionen Euro

Im Folgenden wird ein niedrigerer Handelsbilanzgewinn unterstellt. Ziel der Untersuchung ist die Beantwortung der Frage, ob die Vorteilhaftigkeitsanalyse zu einem anderen Ergebnis führt, wenn weniger ertragsstarke Unternehmen miteinander verglichen werden.

Berechnung der Gewerbesteuer:

Gewinn vor Gewerbesteuer	20.000 €
+ Sonderbetriebseinnahmen/-ausgaben	134.500 €
- Freibetrag § 11 Abs. 1 Nr. 1 GewStG	24.500 €
= Gewerbeertrag	130.000 €
Steuermessbetrag	**4.550 €**
Gewerbesteuer	**18.200 €**

Einkünfteermittlung der Gesellschafter:

A

Gewinn der oHG	20.000 €
Anteil des A am Gewinn (60 %)	12.000 €
+/- Sonderbilanz	22.500 €
Einkünfte aus Gewerbebetrieb	**34.500 €**

B

Gewinn der oHG	20.000 €
Anteil des B am Gewinn (30 %)	6.000 €
+/- Sonderbilanz	100.000 €
Einkünfte aus Gewerbebetrieb	**106.000 €**

C

Gewinn der oHG	20.000 €
Anteil des C am Gewinn (10 %)	2.000 €
+/- Sonderbilanz	12.000 €
Einkünfte aus Gewerbebetrieb	**14.000 €**

Berechnung der Einkommensteuer und des Solidaritätszuschlags:

A

Einkünfte aus Gewerbebetrieb	34.500 €
Summe/Gesamtbetrag der Einkünfte	**34.500 €**
- Sonderausgaben/Pauschbetrag	36 €
Einkommen/zu versteuerndes Einkommen	**34.464 €**

Tarifliche Einkommensteuer	7.276 €
- Steuerermäßigung nach § 35 EStG*	7.276 €
festzusetzende Einkommensteuer	**0 €**
Bemessungsgrundlage Soli	0 €
Solidaritätszuschlag	**0 €**

* Der anteilige Messbetrag des A beträgt 2.730 € (0,6 * 4.550 €). Der maximale Ansatz gemäß § 35 EStG würde dementsprechend 10.374 € (3,8 * 2.730 €) betragen. Durch die Begrenzung auf die anteilige tarifliche Einkommensteuer verbleibt es aber bei einer Steuerermäßigung um nur 7.276 €. Der Anrechnungsüberhang i.H.v. 3.098 € verfällt wirkungslos.

B

Einkünfte aus Gewerbebetrieb	106.000 €
Summe/Gesamtbetrag der Einkünfte	**106.000 €**
- Sonderausgaben/Pauschbetrag	36 €
Einkommen/zu versteuerndes Einkommen	**105.964 €**
tarifliche Einkommensteuer	36.590 €
- Steuerermäßigung nach § 35 EStG	5.187 €
festzusetzende Einkommensteuer	**31.403 €**
Bemessungsgrundlage Soli	31.403 €
Solidaritätszuschlag	**1.727 €**

C

Einkünfte aus Gewerbebetrieb	14.000 €
Summe/Gesamtbetrag der Einkünfte	**14.000 €**
- Sonderausgaben/Pauschbetrag	36 €
Einkommen/zu versteuerndes Einkommen	**13.964 €**
tarifliche Einkommensteuer	1.286 €
- Steuerermäßigung nach § 35 EStG	1.286 €
festzusetzende Einkommensteuer	**0 €**
Bemessungsgrundlage Soli	0 €
Solidaritätszuschlag	**0 €**

Durch die Steuerermäßigung nach § 35 EStG kommt es zur steuerfreien Vereinnahmung der Einkünfte bei A. Diese auf den ersten Blick paradox erscheinende Situation ergibt sich aus dem Wortlaut des § 35 Abs. 2 S. 2 EStG. Der Anteil eines Mitunternehmers am Gewerbesteuer-Messbetrag richtet sich hiernach nach seinem Anteil am Gewinn der Mitunternehmerschaft nach Maßgabe des allgemeinen Gewinnverteilungsschlüssels. Ausdrücklich wird die Berücksichtigung der Vorabgewinnanteile ausgeschlossen. Da A 60 % des Gesamthands-Gewinns zusteht, entfallen auch 60 % des Gewerbesteuer-Messbetrags auf ihn, obwohl er im Verhältnis z.B. zu B einen wesentlich kleineren Anteil am Gesamtgewinn erhält. Will man diese Situation lösen und zu einer „gerechten" Aufteilung der Steuerentlastung gelangen, so muss eine entsprechende Abrede im Gesellschaftsvertrag erfolgen. Beispielsweise könnte A zugunsten von B auf einen Teil der Zinszahlung verzichten.

Berechnung der Gesamtsteuerbelastung:

Gewerbesteuer	18.200 €
Einkommensteuer A	0 €
Solidaritätszuschlag A	0 €
Einkommensteuer B	31.403 €
Solidaritätszuschlag B	1.727 €
Einkommensteuer C	0 €
Solidaritätszuschlag C	0 €
Gesamt	**51.330 €**

8.2.2 Kapitalgesellschaft

Als stellvertretendes Beispiel für die Darstellung der Steuerbelastung von Kapitalgesellschaften wird eine GmbH gewählt.

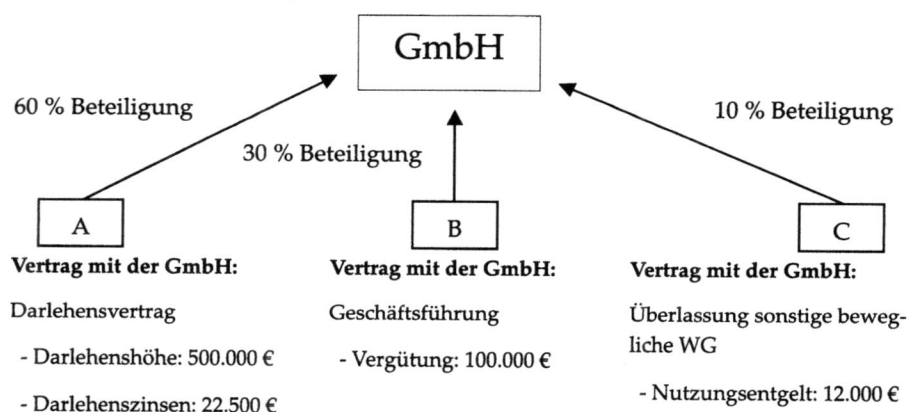

8.2.2.1 Thesaurierung

8.2.2.1.1 Fall A: Handelsbilanzgewinn von 1 Million Euro

Anders als bei Personengesellschaften gilt bei Kapitalgesellschaften das Trennungsprinzip. Zunächst muss daher die Steuerbelastung bei der Gesellschaft errechnet werden (Gewerbesteuer, Körperschaftsteuer und Solidaritätszuschlag) und im Anschluss daran die Steuerbelastung der Gesellschafter.

Berechnung der Gewerbesteuer:

Gewinn vor Gewerbesteuer	1.000.000 €
+ Summe Hinzurechnungen*	0 €
= **Gewerbeertrag**	1.000.000 €
Steuermessbetrag	35.000 €
Gewerbesteuer	**140.000 €**

* Der Gewinn aus Gewerbebetrieb ist um ein Viertel der Summe aus Schuldzinsen (§ 8 Nr. 1a) GewStG) und 20 % der Mietzinsen für die Benutzung von beweglichen Wirtschaftsgütern des Anlagevermögens (§ 8 Nr. 1d) GewStG), soweit die Summe den Betrag von 100.000 € übersteigt, zu erhöhen. Bei der Personengesellschaft unterbleibt die Hinzurechnung, da die Beträge bei der Gewinnermittlung nach § 7 GewStG nicht abgezogen werden, sondern als Sondervergütungen zu 100 % im Gesamtgewinn enthalten sind.

Berechnung der Körperschaftsteuer und des Solidaritätszuschlags:

Gewinn	1.000.000 €
= **Summe der Einkünfte**	**1.000.000 €**
= **zu versteuerndes Einkommen**	**1.000.000 €**
Körperschaftsteuer*	**150.000 €**
Berechnung Solidaritätszuschlag	
Bemessungsgrundlage Soli	150.000 €
Solidaritätszuschlag	**8.250 €**

* Gemäß § 23 Abs. 1 KStG beträgt der KSt-Satz ab dem VZ 2008 15 % des zu versteuernden Einkommens. Die Gewerbesteuer beträgt 140.000 € (GE*m*h = 1.000.000 € *0,035*4), ist aber seit Einführung der Unternehmensteuerreform 2008 nicht länger als Betriebsausgabe abzugsfähig, § 4 Abs. 5b) EStG

Berechnung der Einkommensteuer und des Solidaritätszuschlags:

A

Einkünfte aus Kapitalvermögen	
Darlehenszinsen	22.500 €
- Werbungskosten/Pauschbetrag, § 9a Satz 1 Nr. 2 EStG	51 €
- Sparerfreibetrag, § 20 Abs. 4 Satz 1 EStG	750 €
Einkünfte	21.699 €
Summe/Gesamtbetrag der Einkünfte	**21.699 €**
- Sonderausgaben/Pauschbetrag	36 €
Einkommen/zu versteuerndes Einkommen	**21.663 €**

Einkommensteuer	3.310 €
Bemessungsgrundlage Soli	3.310 €
Solidaritätszuschlag	**182 €**

B

Einkünfte aus Nichtselbständiger Arbeit	
Bruttoarbeitslohn	100.000 €
- Werbungskosten/Pauschbetrag, § 9a Satz 1 Nr.1a) EStG	920 €
Einkünfte	99.080 €
Summe/Gesamtbetrag der Einkünfte	**99.080 €**
- Vorsorgeaufwendungen*	4.684 €
- Sonderausgaben/Pauschbetrag	36 €
Einkommen/zu versteuerndes Einkommen	**94.360 €**
Einkommensteuer	**31.717 €**
Bemessungsgrundlage Soli	31.717 €
Solidaritätszuschlag	**1.744 €**

* Werden keine höheren Vorsorgeaufwendungen nachgewiesen, so wird für Steuerpflichtige, welche Arbeitslohn beziehen, eine Vorsorgepauschale gemäß § 10c Abs. 2 EStG abgezogen. Zur Berechnung der Vorsorgepauschale muss eine Höchstbetragsrechnung durchgeführt werden. B bezieht einen Bruttoarbeitslohn i.H.v. 100.000 €. Auf die Günstigerprüfung des § 10c Abs. 5 EStG wird verzichtet.

Berechnung der Vorsorgepauschale für B:

19,9 % * 100.000 € * 50 %, § 10c Abs. 2 EStG	9.950 €
davon 32 % gemäß § 10c Abs. 2 Satz 4 EStG	3.184 €
+ 11 % des Arbeitslohns, maximal 1.500 €, § 10c Abs. 2 Satz 2 Nr.2 EStG	1.500 €
Insgesamt	**4.684 €**

C

Einkünfte aus Vermietung und Verpachtung	12.000 €
Summe/Gesamtbetrag der Einkünfte	**12.000 €**
- Sonderausgaben/Pauschbetrag	36 €
Einkommen/zu versteuerndes Einkommen	**11.964 €**
Einkommensteuer	**808 €**
Bemessungsgrundlage Soli	808 €
Solidaritätszuschlag, § 3 Abs. 3 SolZG	**0 €**

Berechnung der Gesamtsteuerbelastung:

Gewerbesteuer	140.000 €
Körperschaftsteuer	150.000 €
Solidaritätszuschlag GmbH	8.250 €
Einkommensteuer A	3.310 €
Solidaritätszuschlag A	182 €
Einkommensteuer B	31.717 €
Solidaritätszuschlag B	1.744 €
Einkommensteuer C	808 €
Solidaritätszuschlag C	0 €
Gesamt	**336.011 €**

8.2.2.1.2 Fall B: Handelsbilanzgewinn von 0,02 Millionen Euro

Auf eine detaillierte Berechnung der Steuerbelastung auf Gesellschaftsebene wird verzichtet; das Berechnungsschema gleicht obiger Darstellung unter Beachtung eines divergierenden Handelsbilanzgewinns. An der Steuerbelastung auf Gesellschafterebene ändert sich - aufgrund der Thesaurierung auf Gesellschaftsebene - durch den niedrigeren Handelsbilanzgewinn nichts.

Berechnung der Gesamtsteuerbelastung:

Gewerbesteuer	2.800 €
Körperschaftsteuer	3.000 €
Solidaritätszuschlag GmbH	165 €
Einkommensteuer A	3.310 €
Solidaritätszuschlag A	182 €
Einkommensteuer B	31.717 €
Solidaritätszuschlag B	1.744 €
Einkommensteuer C	808 €
Solidaritätszuschlag C	0 €
Gesamt	**43.726 €**

8.2.2.2 Vollausschüttung

8.2.2.2.1 Fall A: Handelsbilanzgewinn von 1 Million Euro

Auf Gesellschaftsebene führt eine Gewinnausschüttung aufgrund des einheitlichen Körperschaftsteuersatzes bei Thesaurierung und Ausschüttung seit Einführung des Halbeinkünfteverfahrens in § 3 Nr. 40 EStG zu keiner steuerlichen Veränderung. Zur Berechnung der Belastung wird an dieser Stelle daher auf den vorherigen Gliederungspunkt verwiesen.

Einkünfteermittlung der Gesellschafter:

Die Gewinnausschüttung setzt sich zusammen aus der Differenz zwischen dem Gewinn der GmbH und den steuerlichen Belastungen auf Gesellschaftsebene.

Gewinn GmbH	1.000.000 €
- Gewerbesteuer	140.000 €
- Körperschaftsteuer	150.000 €
- Solidaritätszuschlag	8.250 €
Ausschüttungsfähiger Gewinn	**701.750 €**

Der ausschüttungsfähige Gewinn wird der Gewinnverteilungsquote entsprechend verteilt: A erhält somit z.B. 701.750 € * 0,6 = 421.050 €.

Die Ausschüttungen der GmbH werden bei den Gesellschaftern als Einkünfte aus Kapitalvermögen qualifiziert, § 20 Abs. 1 Nr. 1 EStG. Wie in Kapitel 4.5 gezeigt, führt das seit dem Veranlagungszeitraum 2001 anzuwendende Halbeinkünfteverfahren gemäß § 3 Nr.40d) EStG zur hälftigen Freistellung derartiger Kapitalerträge.

Berechnung der Einkommensteuer und des Solidaritätszuschlags:

A

Einkünfte aus Kapitalvermögen	
Ausschüttungen (60 % des ausschüttungsfähigen Gewinns)	421.050 €
- 50 %, § 3 Nr. 40d) EStG	210.525 €
Darlehenszinsen (Kap.gesell.)	22.500 €
- Werbungskosten/Pauschbetrag	51 €
- Sparerfreibetrag	750 €
Summe/Gesamtbetrag der Einkünfte	**232.224 €**
- Sonderausgaben/Pauschbetrag	36 €
Einkommen/zu versteuerndes Einkommen	**232.188€**
Einkommensteuer	**89.604 €**
Bemessungsgrundlage Soli	89.604€
Solidaritätszuschlag	**4.928 €**

B

Einkünfte aus Nichtselbständiger Arbeit	
Bruttoarbeitslohn	100.000 €
- Werbungskosten/Pauschbetrag, § 9a Satz 1 Nr. 1a) EStG	920 €
Einkünfte	99.080 €
Einkünfte aus Kapitalvermögen	
Ausschüttungen (30 % des ausschüttungsfähigen Gewinns)	210.525 €
- 50 %, § 3 Nr. 40d) EStG	105.262 €
- Werbungskosten/Pauschbetrag	51 €
- Sparerfreibetrag	750 €
Einkünfte	104.462 €
Summe/Gesamtbetrag der Einkünfte	**203.542 €**
- Vorsorgeaufwendungen	4.684 €
- Sonderausgaben/Pauschbetrag	36 €
Einkommen/zu versteuerndes Einkommen	**198.822 €**
Einkommensteuer	**75.591 €**
Bemessungsgrundlage Soli	75.591 €
Solidaritätszuschlag	**4.157 €**

C

Einkünfte aus Kapitalvermögen	
Ausschüttungen (10 % des ausschüttungsfähigen Gewinns)	70.175 €
- 50 %, § 3 Nr. 40d) EStG	35.087 €
- Werbungskosten/Pauschbetrag	51 €
- Sparerfreibetrag	750 €
Einkünfte	34.287 €
Einkünfte aus Vermietung und Verpachtung	12.000 €
Summe/Gesamtbetrag der Einkünfte	**46.287 €**
- Sonderausgaben/Pauschbetrag	36 €
Einkommen/zu versteuerndes Einkommen	**46.251 €**
Einkommensteuer	**11.590 €**
Bemessungsgrundlage Soli	11.590 €
Solidaritätszuschlag	**637 €**

Berechnung der Gesamtsteuerbelastung:

Gewerbesteuer	140.000 €
Körperschaftsteuer	150.000 €
Solidaritätszuschlag GmbH	8.250 €
Einkommensteuer A	89.604 €
Solidaritätszuschlag A	4.928 €
Einkommensteuer B	75.591 €
Solidaritätszuschlag B	4.157 €
Einkommensteuer C	11.590 €
Solidaritätszuschlag C	637 €
Gesamt	**484.757 €**

8.2.2.2.2 Fall B: Handelsbilanzgewinn von 0,02 Millionen Euro

Die Steuerbelastung errechnet sich entsprechend der obigen Beispiele. Auf eine detaillierte Darstellung wird an dieser Stelle daher verzichtet.

Berechnung der Gesamtsteuerbelastung:

Gewerbesteuer	2.800 €
Körperschaftsteuer	3.000 €
Solidaritätszuschlag GmbH	165 €
Einkommensteuer A	4.531 €
Solidaritätszuschlag A	249 €
Einkommensteuer B	32.264 €
Solidaritätszuschlag B	1.774 €
Einkommensteuer C	808 €
Solidaritätszuschlag C	0 €
Gesamt	**45.591 €**

8.2.3   GmbH & Co. KG

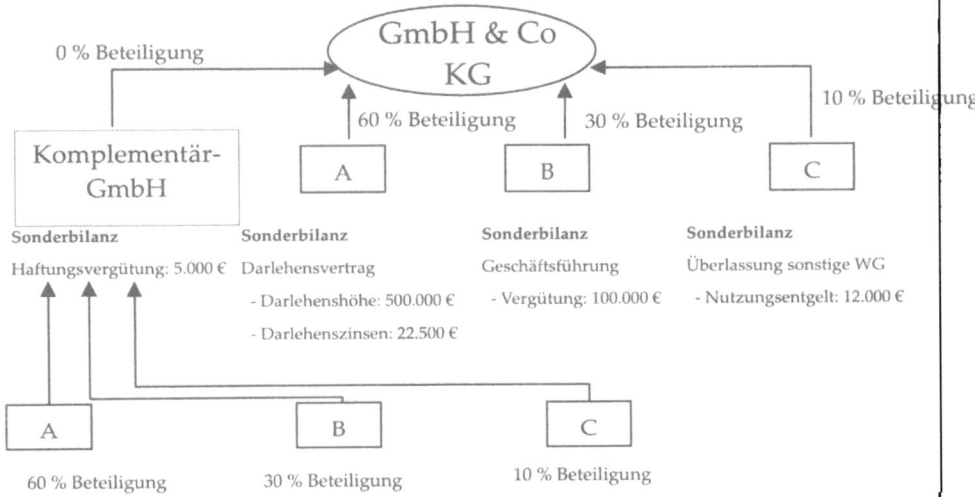

Bei den folgenden Berechnungen wird die Thesaurierung der Haftungsvergütung bei der Komplementär-GmbH unterstellt. Ferner wird angenommen, dass die Haftungsvergütung an die GmbH nicht vom Handelsbilanzgewinn abgezogen ist. Daher muss sie bei der Ermittlung des Steuerbilanzgewinns 2. Stufe auch nicht wieder hinzugerechnet werden.

8.2.3.1   Fall A: Handelsbilanzgewinn von 1 Million Euro

Berechnung der Gewerbesteuer der (GmbH & Co) KG:

Gewinn vor Gewerbesteuer	1.000.000 €
+ Sonderbetriebseinnahmen	134.500 €
= endgültiger Gewinn § 7 GewStG	**1.134.500 €**
= Gewerbeertrag	**1.134.500 €**
abgerundet, §11 Abs.1 Satz 3 GewStG	1.134.500 €
- Freibetrag § 11 Abs.1 Nr.1 GewStG	24.500 €
= steuerpflichtiger Gewerbeertrag	**1.110.000 €**
Steuermessbetrag	38.850 €
Gewerbesteuer	**155.400 €**

Die Gewerbesteuerbelastung auf Ebene der (GmbH & Co) KG ist also - wie nicht anders zu erwarten - identisch zu der der OHG.

Gewerbesteuer der Komplementär-GmbH:

Da die Haftungsvergütung der Komplementär-GmbH bereits im Gewerbeertrag gemäß § 7 GewStG der (GmbH & Co) KG enthalten ist, findet auf Ebene der Komplementär-GmbH eine Kürzung nach § 9 Nr. 2 GewStG statt. Da die GmbH ansonsten keinerlei Einkünfte erzielt, entrichtet sie keine Gewerbesteuer.

Berechnung der Körperschaftsteuer und des Solidaritätszuschlags der Komplementär-GmbH:

zu versteuerndes Einkommen (§ 23 Abs.1 KStG)	5.000 €
= Körperschaftsteuer	**750 €**
Bemessungsgrundlage Soli	750 €
Solidaritätszuschlag	**41 €**

Berechnung der Einkommensteuer und des Solidaritätszuschlags der Kommanditisten:

Da die Komplementär-GmbH ihre Gewinne thesauriert, ändert sich wenig im Vergleich zur oben dargestellten Steuerberechnung bei der OHG. Da die GmbH keinen anderen Geschäftszweck besitzt, als die Haftung der GmbH & Co KG zu übernehmen, werden die Anteile der Kommanditisten an der Komplementär-GmbH dem SBV II zugeordnet. Die Frage, ob B die Geschäftsführungsvergütung direkt von der (GmbH & Co) KG oder als angestellter Geschäftsführer von der GmbH erhält, ändert die Qualifizierung der Geschäftsführungsvergütung als Einkünfte aus Gewerbebetrieb nicht.

Einziger Unterschied ist, dass der Anteil aller Kommanditisten am Steuerbilanzgewinn 1. Stufe um die Haftungsvergütung der Komplementär-GmbH i.H.v. 5.000 € reduziert ist. Auf eine detaillierte Berechnung kann an dieser Stelle verzichtet werden. Die Ergebnisse sind der folgenden Tabelle zu entnehmen:

Berechnung der Gesamtsteuerbelastung:

Gewerbesteuer (GmbH & Co) KG	155.400 €
Körperschaftsteuer GmbH	750 €
Solidaritätszuschlag GmbH	41 €
Einkommensteuer A	174.766 €
Solidaritätszuschlag A	9.612 €
Einkommensteuer B	119.605 €
Solidaritätszuschlag B	6.578 €
Einkommensteuer C	24.137 €
Solidaritätszuschlag C	1.327 €
Gesamt	**492.216 €**

8.2.3.2 Fall B: Handelsbilanzgewinn von 0,02 Millionen Euro

Aus Gründen der Vergleichbarkeit wird im Folgenden ein Handelsbilanzgewinn von 0,02 Millionen Euro der GmbH & Co KG auf seine steuerliche Belastung hin untersucht.

Berechnung der Gewerbesteuer der (GmbH & Co) KG:

Gewinn vor Gewerbesteuer	20.000 €
+ Sonderbetriebseinnahmen	134.500 €
= endgültiger Gewinn § 7 GewStG	**154.500 €**
= Gewerbeertrag	**154.500 €**
abgerundet, § 11 Abs.1 Satz 3 GewStG	154.500 €
- Freibetrag § 11 Abs.1 Nr. 1 GewStG	24.500 €
= steuerpflichtiger Gewerbeertrag	**130.000 €**
Steuermessbetrag	4.550 €
Gewerbesteuer	**18.200 €**

Die Gewerbesteuer i.H.v. 18.200 € ist gemäß § 4 Abs. 5b) EStG nicht als Betriebsausgabe abzugsfähig und mindert daher nicht den steuerpflichtigen Gewerbeertrag. Die Gewerbesteuerbelastung auf Ebene der (GmbH & Co) KG entspricht auch hier der Belastung bei der Personengesellschaft.

Gewerbesteuer der Komplementär-GmbH:

Da die Haftungsvergütung der Komplementär-GmbH bereits im Gewerbeertrag gemäß § 7 GewStG der (GmbH & Co) KG enthalten ist, findet auf Ebene der Komplementär-GmbH eine Kürzung nach § 9 Nr. 2 GewStG statt. Da die GmbH ansonsten keinerlei Einkünfte erzielt, entrichtet sie keine Gewerbesteuer.

Berechnung der Körperschaftsteuer und des Solidaritätszuschlags der Komplementär-GmbH:

zu versteuerndes Einkommen (§ 23 Abs.1 KStG)	5.000 €
= Körperschaftsteuer	**750 €**
Bemessungsgrundlage Soli	750 €
Solidaritätszuschlag	**41 €**

Berechnung der Einkommensteuer und des Solidaritätszuschlags der Kommanditisten:

Entsprechend dem Ergebnis bei einem Handelsbilanzgewinn von 1 Million Euro wird auch hier auf die analoge Berechnung bei der Personengesellschaft verwiesen.

8

Berechnung der Gesamtsteuerbelastung:

Gewerbesteuer (GmbH & Co) KG	18.200 €
Körperschaftsteuer GmbH	750 €
Solidaritätszuschlag GmbH	41 €
Einkommensteuer A	0 €
Solidaritätszuschlag A	0 €
Einkommensteuer B	30.773 €
Solidaritätszuschlag B	1.692 €
Einkommensteuer C	0 €
Solidaritätszuschlag C	0 €
Gesamt	**51.456 €**

8.2.4 Betriebsaufspaltung

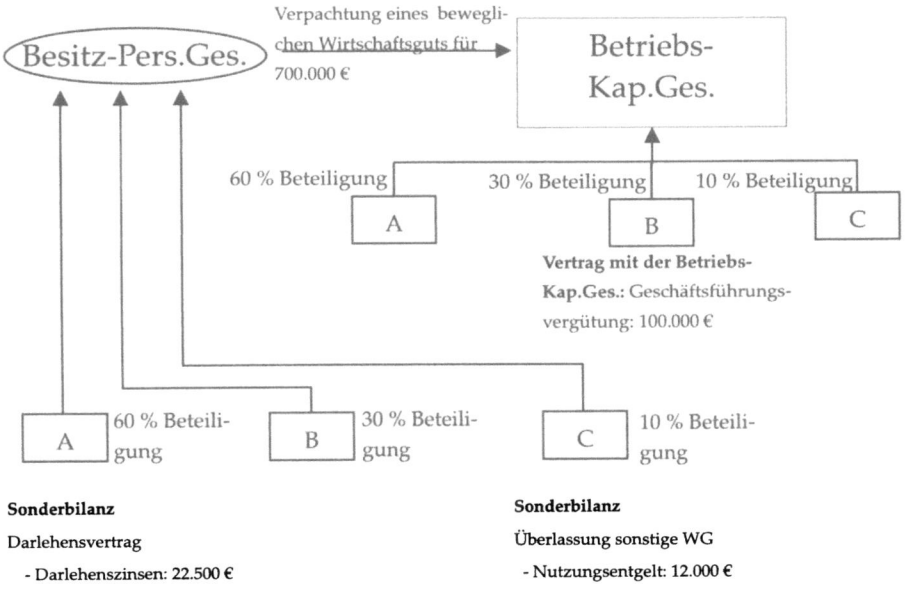

Sonderbilanz

Darlehensvertrag

- Darlehenszinsen: 22.500 €

Sonderbilanz

Überlassung sonstige WG

- Nutzungsentgelt: 12.000 €

Anteilseigner der Besitzpersonengesellschaft und der Betriebskapitalgesellschaft sind im gleichen Verhältnis die Gesellschafter A, B und C. Die personelle Verflechtung im Sinne von H 15.7 Abs. 6 EStR ist daher durch Beherrschungsidentität gegeben. Die Verpachtung wesentlicher Wirtschaftsgüter stellt die Voraussetzung der sachlichen Verflechtung dar.

In der folgenden Berechnung wird eine periodengleiche Vollausschüttung der Gewinne der Kapitalgesellschaft unterstellt.

8.2.4.1 Fall A: Handelsbilanzgewinn von 1 Million Euro

Berechnung der Gewerbesteuer der Betriebskapitalgesellschaft:

Vorläufiger Gewinn	1.000.000 €
- Pachtzahlung	700.000 €
Gewinn vor Gewerbesteuer	300.000 €
= endgültiger Gewinn § 7 GewStG	**300.000 €**
Hinzurechnungen	
Miet-/ Pachtzinsen*	10.000 €
= Gewerbeertrag	**310.000 €**
abgerundet	310.000 €
= Steuerpflichtiger Gewerbeertrag	**310.000 €**
Steuermessbetrag	10.850 €
Gewerbesteuer	**43.400 €**

* Die Hinzurechnung der Pachtzinsen gemäß § 8 Nr. 1 Bst. d) GewStG berechnet sich wie folgt: 0,2* 700.000 € = 140.000 € abzüglich Freibetrag von 100.000 € = 40.000 €; davon 25 % = 10.000 €.

Berechnung der Körperschaftsteuer und des Solidaritätszuschlags der Betriebskapitalgesellschaft:

Vorläufiger Gewinn	1.000.000 €
- Pachtzahlung	700.000 €
- Gewerbesteuer	43.400 €
= Bilanzielles Ergebnis	256.000 €
+ Gewerbesteuer, § 4 Abs. 5b EStG	43.400 €
zu versteuerndes Einkommen (§ 23 I KStG)	300.000 €
= Körperschaftsteuer	**45.000 €**
Bemessungsgrundlage Soli	45.000 €
Solidaritätszuschlag	**2.475 €**

Berechnung der Gewerbesteuer der Besitzpersonengesellschaft:

Gewinn vor Gewerbesteuer,	909.125 €
davon: GA von Betriebsgesellschaft*,	209.125 €
davon: Miet-/Pachtzins von Betriebsgesell-	
schaft	700.000 €
+ Zinsen für Darlehen	22.500 €
+ Vergütungen für Überlassung von WG	12.000 €
= endgültiger Gewinn § 7 GewStG	**943.625 €**
Kürzungen	
Gewinn aus Anteilen an Kap.Ges **	209.125 €
- Summe der Kürzungen	209.125 €
= Gewerbeertrag	**734.500 €**
abgerundet	734.500 €
- Freibetrag § 11 GewStG	24.500 €
= steuerpflichtiger Gewerbeertrag	**710.000 €**
Steuermessbetrag	24.850 €
Gewerbesteuer	**99.400 €**

* Da sich die Kapitalgesellschaftsanteile im SBV II der Personengesellschaft befinden, sind deren Gewinnausschüttungen in der gewerbesteuerlichen Ausgangsgröße enthalten. Daher als Ausgangsgröße „Gewinn vor Gewerbesteuer" 909.125 € (700.000 € + 209.125 €). Die Differenz zwischen dem Handelsbilanzgewinn der Betriebskapitalgesellschaft nach Abzug des Pachtzinses und deren Steuerbelastung ergibt den Betrag von 209.125 € (1.000.000 € - 700.000 € - 43.400 € - 45.000 € - 2.475 € = 209.125 €).

** Durch die Kürzungsvorschrift § 9 Nr. 2a GewStG wird eine gewerbesteuerliche Doppelbelastung vermieden, da die Gewinnausschüttung schon bei der Betriebskapitalgesellschaft der Gewerbesteuer unterlegen hat.

Steuerpflichtiger Gewinn der Besitzpersonengesellschaft:

Bilanzielles Ergebnis	600.600 €
+ Gewerbesteuer	99.400 €
= Steuerpflichtiger (Gesamthands-)Gewinn	**700.000 €**

Einkünfte aus Gewerbebetrieb der Gesellschafter:

A

Anteil am Gesamthandsgewinn der Besitzpersonengesellschaft (60 %)	420.000 €
Sondervergütung (Darlehenszinsen)	22.500 €
Anteil an der Gewinnausschüttung der Betriebskapitalgesellschaft (60 %), davon 50 % steuerpflichtig*	62.737 €
Einkünfte aus Gewerbebetrieb	**505.237 €**

* 209.125 € *0,6*0,5 = 62.737 €

B

Anteil am Gesamthandsgewinn der Besitzpersonengesellschaft (30 %)	210.000 €
Anteil an der Gewinnausschüttung der Betriebskapitalgesellschaft (30 %), davon 50 % steuerpflichtig	31.368 €
Einkünfte aus Gewerbebetrieb	**241.368 €**

C

Anteil am Gesamthandsgewinn der Besitzpersonengesellschaft (10 %)	70.000 €
Sondervergütung (Mietzins)	12.000 €
Anteil an der Gewinnausschüttung der Betriebskapitalgesellschaft (10 %), davon 50 % steuerpflichtig	10.456 €
Einkünfte aus Gewerbebetrieb	**92.456 €**

Berechnung der Einkommensteuer und des Solidaritätszuschlags der Gesellschafter:

A

Einkünfte aus Gewerbebetrieb	505.237 €
Summe/Gesamtbetrag der Einkünfte	**505.237 €**
- Sonderausgaben/Pauschbetrag	36 €
Einkommen/zu versteuerndes Einkommen	**505.201 €**
Tarifliche Einkommensteuer	211.926 €
- Steuerermäßigung nach § 35 EStG*	56.658 €
Einkommensteuer	**155.268 €**
Bemessungsgrundlage Soli	155.268 €
Solidaritätszuschlag	**8.539 €**

* Da der Gewerbeertrag der Besitzpersonengesellschaft um die Gewinnausschüttungen der Betriebskapitalgesellschaft gekürzt wurde, wird für diesen Teil kein Einkommensermäßigungspotenzial im Sinne des § 35 EStG vermittelt. Eine Minderung der Gewerbesteuervorbelastung auf Ebene der Betriebskapitalgesellschaft findet daher nicht statt. Diese Konsequenz ist unabhängig davon, ob sich die Anteile an der Betriebskapitalgesellschaft im Betriebsvermögen der Besitzpersonengesellschaft befinden oder (wie in unserem Beispiel) im SBV der Gesellschafter.

B

Einkünfte aus Gewerbebetrieb	241.368 €
Einkünfte aus Nichtselbstständiger Arbeit	
Bruttoarbeitslohn	100.000 €
- Werbungskosten/Pauschbetrag	920 €
Einkünfte	99.080 €
Summe/Gesamtbetrag der Einkünfte	**340.448 €**
- Vorsorgeaufwendungen	4.684 €
- Sonderausgaben/Pauschbetrag	36 €
Einkommen/zu versteuerndes Einkommen	**335.728 €**
Tarifliche Einkommensteuer	135.663 €
- Steuerermäßigung nach § 35 EStG	28.329 €
Einkommensteuer	**107.334 €**
Bemessungsgrundlage Soli	107.334 €
Solidaritätszuschlag	**5.903 €**

Die Geschäftsführungsvergütung wird gemäß der Ausführungen in Kapitel 7.3.6 nicht in Einkünfte aus Gewerbebetrieb umqualifiziert.

C

Gewerbebetrieb	92.456 €
Summe/Gesamtbetrag der Einkünfte	**92.456 €**
- Sonderausgaben/Pauschbetrag	36 €
Einkommen/zu versteuerndes Einkommen	**92.420 €**
Tarifliche Einkommensteuer	30.902 €
- Steuerermäßigung nach § 35 EStG	9.443 €
Festzusetzende Einkommensteuer	**21.459 €**
Bemessungsgrundlage Soli	21.459 €
Solidaritätszuschlag	**1.180 €**

Berechnung der Gesamtsteuerbelastung:

Gewerbesteuer Besitzpers.Ges.	99.400 €
Gewerbesteuer Betriebskap.Ges.	43.400 €
Körperschaftsteuer Betriebskap.Ges.	45.000 €
Solidaritätszuschlag Betriebskap.Ges.	2.475 €
Einkommensteuer A	155.268 €
Solidaritätszuschlag A	8.539 €
Einkommensteuer B	107.334 €
Solidaritätszuschlag B	5.903 €
Einkommensteuer C	21.459 €
Solidaritätszuschlag C	1.180 €
Gesamt	**489.958 €**

8.2.4.2   Fall B: Handelsbilanzgewinn von 0,02 Millionen Euro

Annahme: Der Pachtzins für den Teilbetrieb beträgt 10.000 €.

Berechnung der Gewerbesteuer der Betriebskapitalgesellschaft:

Vorläufiger Gewinn	20.000 €
- Pachtzahlung	10.000 €
Gewinn vor Gewerbesteuer	10.000 €
= endgültiger Gewinn § 7 GewStG	**10.000 €**
Hinzurechnungen	
Miet-/ Pachtzinsen	0 €
= Gewerbeertrag	**10.000 €**
abgerundet	10.000 €
= steuerpflichtiger Gewerbeertrag	**10.000 €**
Steuermessbetrag	350 €
Gewerbesteuer	**1.400 €**

* Die Hinzurechnung der Pachtzinsen gemäß § 8 Nr. 1 Bst. d) GewStG unterbleibt, da die Pachtzinsen in Höhe von 0,2* 10.000 € = 2.000 € den Freibetrag gemäß § 8 Nr. 1 GewStG von 100.000 € nicht übersteigen.

Berechnung der Körperschaftsteuer und des Solidaritätszuschlags der Betriebs-kapitalgesellschaft:

Vorläufiger Gewinn	20.000 €
- Pachtzahlung	10.000 €
- Gewerbesteuer	1.400 €
= Bilanzielles Ergebnis	8.600 €
+ Gewerbesteuer, § 4 Abs. 5b EStG	1.400 €
zu versteuerndes Einkommen (§ 23 Abs. 1 KStG)	10.000 €
= Körperschaftsteuer	**1.500 €**
Bemessungsgrundlage Soli	1.500 €
Solidaritätszuschlag	**82 €**

Berechnung der Gewerbesteuer der Besitzpersonengesellschaft:

Gewinn vor Gewerbesteuer	17.018 €
davon: GA von Betriebsgesellschaft	7.018 €
davon: Miet/Pachtzins von Betriebsgesell-schaft	10.000 €
+ Zinsen für Darlehen	22.500 €
+ Vergütungen für Überlassung von WG	12.000 €
= endgültiger Gewinn § 7 GewStG	**51.518 €**
Kürzungen	
Gewinn aus Anteilen an Kap.Ges.	7.018 €
- Summe der Kürzungen	7.018 €
= Gewerbeertrag	**44.500 €**
abgerundet	44.500 €
- Freibetrag § 11 GewStG	24.500 €
= steuerpflichtiger Gewerbeertrag	**20.000 €**
Steuermessbetrag	700 €
Gewerbesteuer	**2.800 €**

Steuerpflichtiger Gewinn der Besitzpersonengesellschaft:

Bilanzielles Ergebnis	7.200 €
+ Gewerbesteuer	2.800 €
= Steuerpflichtiger (Gesamthands-)Gewinn	**10.000 €**

Einkünfte aus Gewerbebetrieb der Gesellschafter:

A

Anteil am Gesamthandsgewinn der Besitzpersonengesellschaft (60 %)	6.000 €
Sondervergütung (Darlehenszinsen)	22.500 €
Anteil an der Gewinnausschüttung der Betriebskapitalgesellschaft (60 %), davon 50 % steuerpflichtig	2.105 €
Einkünfte aus Gewerbebetrieb	**30.605 €**

B

Anteil am Gesamthandsgewinn der Besitzpersonengesellschaft (30 %)	3.000 €
Anteil an der Gewinnausschüttung der Betriebskapitalgesellschaft (30 %), davon 50 % steuerpflichtig	1.053 €
Einkünfte aus Gewerbebetrieb	**4.053 €**

C

Anteil am Gesamthandsgewinn der Besitzpersonengesellschaft (10 %)	1.000 €
Sondervergütung (Mietzins)	12.000 €
Anteil an der Gewinnausschüttung der Betriebskapitalgesellschaft (10 %), davon 50 % steuerpflichtig	351 €
Einkünfte aus Gewerbebetrieb	**13.351 €**

Berechnung der Einkommensteuer und des Solidaritätszuschlags der Gesellschafter:

A

Einkünfte aus Gewerbebetrieb	30.605 €
Summe/Gesamtbetrag der Einkünfte	**30.605 €**
- Sonderausgaben/Pauschbetrag	36 €
Einkommen/zu versteuerndes Einkommen	**30.569 €**
Tarifliche Einkommensteuer	5.990 €
- Steuerermäßigung nach § 35 EStG	1.596 €
Einkommensteuer	**4.394 €**
Bemessungsgrundlage Soli	4.394 €
Solidaritätszuschlag	**242 €**

B

Einkünfte aus Gewerbebetrieb	4.053 €
Einkünfte aus Nichtselbständiger Arbeit	
Bruttoarbeitslohn	100.000 €
- Werbungskosten/Pauschbetrag	920 €
Einkünfte	99.080 €
Summe/Gesamtbetrag der Einkünfte	**103.133 €**
- Vorsorgeaufwendungen	4.684 €
- Sonderausgaben/Pauschbetrag	36 €
Einkommen/zu versteuerndes Einkommen	**98.413 €**
Tarifliche Einkommensteuer	33.419 €
- Steuerermäßigung nach § 35 EStG	798 €
Einkommensteuer	**32.621 €**
Bemessungsgrundlage Soli	32.621 €
Solidaritätszuschlag	**1.794 €**

C

Gewerbebetrieb	13.351 €
Summe/Gesamtbetrag der Einkünfte	**13.351 €**
- Sonderausgaben/Pauschbetrag	36 €
Einkommen/zu versteuerndes Einkommen	**13.315 €**
Tarifliche Einkommensteuer	1.127 €
- Steuerermäßigung nach § 35 EStG	266 €
Festzusetzende Einkommensteuer	**861 €**
Bemessungsgrundlage Soli	861 €
Solidaritätszuschlag	**47 €**

Berechnung der Gesamtsteuerbelastung:

Gewerbesteuer Besitzpers.Ges.	2.800 €
Gewerbesteuer Betriebskap.Ges.	1.400 €
Körperschaftsteuer Betriebskap.Ges.	1.500 €
Solidaritätszuschlag Betriebskap.Ges.	82 €
Einkommensteuer A	4.394 €
Solidaritätszuschlag A	242 €

Einkommensteuer B	32.621 €
Solidaritätszuschlag B	1.794 €
Einkommensteuer C	861 €
Solidaritätszuschlag C	47 €
Gesamt	**45.741 €**

8.2.5 Vergleichende Ergebnisübersicht

Fall A: Steuerbelastung bei 1 Million Euro Handelsbilanzgewinn:

	Personen-gesellschaft	Kapitalge-sellschaft (Thesaurie-rung)	Kapitalge-sellschaft (Vollaus-schüttung)	GmbH & Co. KG	Betriebs-aufspal-tung
Steuerbelastung Gesellschaft (GmbH & Co. KG / Besitzpersonen-gesellschaft)	155.400 €	298.250 €	298.250 €	155.400 €	99.400 €
Steuerbelastung Gesellschaft (Komplementär-GmbH / Betriebs-Kapitalgesellschaft)				791 €	90.875 €
Steuerbelastung Gesellschafter	338.383 €	37.761 €	186.507 €	336.025 €	299.683 €
Summe	**493.783 €**	**336.011 €**	**484.757 €**	**492.216 €**	**489.958 €**
Rang	5	1	2	4	3

Fall B: Steuerbelastung bei 0,02 Millionen Euro Handelsbilanzgewinn:

	Personen-gesellschaft	Kapitalge-sellschaft (Thesaurie-rung)	Kapitalge-sellschaft (Vollaus-schüttung)	GmbH & Co. KG	Betriebs-aufspal-tung
Steuerbelastung Gesellschaft (GmbH & Co. KG / Besitzpersonen-gesellschaft)	18.200 €	5.965 €	5.965 €	18.200 €	2.800 €
Steuerbelastung Gesellschaft (Komplementär-GmbH / Betriebs-Kapitalgesellschaft)				791 €	2.982 €
Steuerbelastung Gesellschafter	33.130 €	37.761 €	39.626 €	32.465 €	39.959 €
Summe	**51.330 €**	**43.726 €**	**45.591 €**	**51.456 €**	**45.741 €**
Rang	4	1	2	5	3

8.3 Ergebniserläuterung und Gestaltungsempfehlungen

Die Ergebnisübersicht des vorhergehenden Abschnitts zeigt je nach Handelsbilanzgewinn unterschiedliche relative Steuerbelastungen der untersuchten Rechtsformen. Im Folgenden werden die Hauptursachen hierfür dargestellt:

Wird die **Steuerbelastung der Kapitalgesellschaft mit der der Personengesellschaft verglichen,** so stellt man fest, dass bei hohem Handelsbilanzgewinn die Personengesellschaft sowohl in Gestalt der GmbH & Co KG als auch in Gestalt der oHG steuerlich ungünstiger erscheint als die Kapitalgesellschaft sowohl bei Thesaurierung als auch bei vollständiger Ausschüttung ihrer Gewinne. Die Vorteilhaftigkeit der Kapitalgesellschaft gegenüber der Personengesellschaft resultiert aus dem niedrigen Körperschaftsteuersatz und dem Halbeinkünfteverfahren des § 3 Nr.40 Bst.d) EStG. Die Anrechnung der Gewerbesteuer bei der Beteiligung an einer Personengesellschaft im Rahmen des § 35 EStG und der Gewerbesteuerfreibetrag für Personengesellschaften kann den aus dem progressiven Einkommensteuersatz resultierenden Nachteil nicht kompensieren. Auch bei einem niedrigen Handelsbilanzgewinn der Gesellschaft dreht sich das Belastungsverhältnis im vorliegenden Beispielfall nicht um; die Erträge der vollausschüttenden Kapitalgesellschaft werden steuerlich geringer belastet als diejenigen der Personengesellschaft. Weitere Gründe für die Vorteilhaftigkeit der Kapitalgesellschaft im Rechtsformvergleich sind die bisher unerwähnt gebliebenen steuerlichen Vorteile der Kapitalgesellschaft: Die Vergütungen der schuldrechtlichen Verträge zwischen Gesellschaft und Gesellschaftern (Darlehenszinsen, Geschäftsführungsvergütung und Pachtzinsen) sind bei der Kapitalgesellschaft aufgrund des Trennungsprinzips als Betriebsausgabe von der Steuerbemessungsgrundlage abzugsfähig. Außerdem werden diese Vergütungen bei der Kapitalgesellschaft anders als in der Mehrzahl der Fälle bei der Personengesellschaft (Ausnahme: reine vermögensverwaltende Tätigkeit und keine gewerbliche Prägung der Personengesellschaft) entsprechend ihrer Einkunftsart qualifiziert. Letzteres bewirkt die Anwendung der entsprechenden Freibeträge gemäß § 9a EStG und der Vorsorgepauschale für die Einkünfte aus nichtselbständiger Arbeit eines Gesellschafter-Geschäftsführers.

Für Gesellschafter mit niedrigen Einkünften ist die Beteiligung an einer Personengesellschaft regelmäßig günstiger, da Gesellschafter von Personengesellschaften vom progressiven Einkommensteuertarif, dem Grundfreibetrag sowie der Anrechnung der Gewerbesteuer profitieren. Der obige Beispielfall stellt jedoch eine Ausnahme dar, da die hohen Sonderbetriebseinnahmen des Gesellschafters B die genannten Vorteile der Personengesellschaft bei niedrigen Erträgen (Handelsbilanzgewinn i.H.v. 20.000 €) überkompensieren. Die Sonderbetriebseinnahmen sind auch Grund dafür, dass die prozentuale Abweichung der klassischen Personengesellschaft im Vergleich zur vollausschüttenden Kapitalgesellschaft bei einem geringen handelsbilanziellen Gewinn die prozentuale Abweichung bei einem Handelsbilanzgewinn von 1 Mio. € übersteigt.

Dieser Effekt ist auch maßgeblich für die Einordnung der **GmbH & Co. KG**. Die Steuerbelastung der GmbH & Co. KG ist sowohl bei einem Handelsbilanzgewinn von einer Million Euro als auch bei einem niedrigen Handelsbilanzgewinn höher als die Belastung einer vollausschüttenden Kapitalgesellschaft. Durch die Gewinnthesaurierung bei der Komplementär-GmbH konnte jedoch ein steuerlicher Vorteil gegenüber der oHG bewirkt werden. Bei niedrigem Handelsbilanzgewinn werden die Erträge der GmbH & Co KG am stärksten von allen untersuchten Rechtsformen belastet. Die Vorteile der Personengesellschaft entfalten kaum Wirkung, da die Steuerbemessungsgrundlage niedrig ist und die Vorteile der Kapitalgesellschaft - Komplementär-GmbH - kommen aufgrund der Umqualifizierung der Einkünfte aus der Vergütung der schuldrechtlichen Verträge in Einkünfte aus Gewerbebetrieb nicht zum Tragen.

Anders verhält es sich bei der Steuerbelastung der **Betriebsaufspaltung**: Die Einkünfte aus nichtselbständiger Arbeit des B sind nicht in Einkünfte aus Gewerbebetrieb umzuqualifizieren. Dadurch sind die Vorsorgepauschale und der Arbeitnehmerpauschbetrag abzugsfähig. Bei einem hohen Ertrag wirkt sich dieser Vorteil nur geringfügig aus. Bei einem niedrigen Handelsbilanzgewinn von 20.000 € wird die Bemessungsgrundlage durch den Abzug der Vorsorgepauschale und des Arbeitnehmerpauschbetrags jedoch relativ stark verringert. Die Betriebsaufspaltung schneidet daher besser ab als die Personengesellschaften in der Rechtsform der (GmbH & Co) KG und der oHG. Hierdurch wird deutlich, dass mittels Kombination jeweils der steuerlichen Vorteile der Personengesellschaft und der Kapitalgesellschaft eine sehr geringe Steuerlast erzielt werden kann.

Die unterschiedlichen Aussagen der in den vorigen Abschnitten durchgeführten Steuerbelastungssimulation verdeutlichen die Wichtigkeit der Betrachtung des Einzelfalls und die geringe Aussagekraft pauschaler Aussagen bei der Rechtsformwahl. Tendenziell schneidet die Kapitalgesellschaft bei hohen Vergütungen für schuldrechtliche Verträge zwischen den Gesellschaftern und der Gesellschaft und bei relativ hohen Erträgen besser ab. Vorteilhaft ist die Personengesellschaft vor allem bei niedrigen Erträgen und in den Fällen, in denen die Steuerermäßigung des § 35 EStG in vollem Umfang nutzbar ist. Die Umqualifizierung der Einkünfte der Gesellschafter in Einkünfte aus Gewerbebetrieb muss nicht zwangsläufig ein Nachteil sein. Zwar gehen die Freibeträge der einzelnen Einkunftsarten gemäß § 9a EStG und die Vorsorgepauschale verloren, andererseits kann es durch die Ermäßigung gemäß § 35 EStG zu einer Kompensation der tatsächlich entrichteten Gewerbesteuer kommen. Bei gestalterischen Überlegungen sollte auch der Progressionseffekt berücksichtigt werden. Die Einkommensteuer unterliegt im Gegensatz zur Körperschaftsteuer einem progressiven Tarif. Bei hohen Steuerbemessungsgrundlagen vergrößert sich dadurch der Thesaurierungsvorteil der Kapitalgesellschaft. Die Steuerbelastung der Kapitalgesellschaft wächst nur proportional zur Steuerbemessungsgrundlage, die Steuerbelastung der Personengesellschaft verläuft progressiv. In einer mehrperiodigen Steuerbelastungskalkulation würde der Thesaurierungsvorteil im Zeitpunkt der Ausschüttung der thesaurierten Gewinne auf einen positiven Steuerstundungseffekt reduziert werden. Voraussetzung eines positiven Steuerstundungseffekts (bei konstanten Steuersätzen) ist hierbei allerdings eine Verzinsung der Gewinne während der Phase der Thesaurierung.

Literaturverzeichnis

I. Monographien

BLÜMICH, WALTER, Einkommensteuergesetz, Körperschaftsteuergesetz, Gewerbesteuergesetz: Kommentar, München 2004, Loseblattsammlung, Stand: Februar 2008

BRÖNNER, HERBERT, Die Besteuerung der Gesellschaften, des Gesellschafterwechsels und der Umwandlungen, 17. Aufl., Stuttgart 1999

FUISTING, BERNHARD, Grundzüge der Steuerlehre, Berlin 1902

HABERSTOCK, LOTHAR/BREITHECKER, Volker, Einführung in die Betriebswirtschaftliche Steuerlehre, 14. Aufl., Berlin 2008

HEINHOLD, MICHAEL U.A., Lehrbuch Besteuerung der Gesellschaften: Rechtsformen und ihre steuerliche Behandlung, Herne, Berlin 2004

HERRMANN, CARL/HEUER, GERHARD/RAUPACH, ARNDT, Einkommensteuer- und Körperschaftsteuergesetz: Kommentar, 21. Aufl., Köln 1996, Loseblattsammlung, Stand: März 2004

JACOBS, OTTO H./SCHEFFLER, WOLFRAM, Steueroptimale Rechtsform, 2. Aufl., München 1995

JACOBS, OTTO H./SCHEFFLER, WOLFRAM, Unternehmensbesteuerung und Rechtsform, 3. Aufl., München 2002

KAMINSKI, BERT/STRUNK, GÜNTHER, Grundlagen der Besteuerung unternehmerischer Tätigkeiten, 2. Aufl., Neuwied, Kriftel, 2007

KNOBBE-KEUK, BRIGITTE, Bilanz- und Unternehmenssteuerrecht, 9. Aufl., Köln 1993

KÖNIG, ROLF; SURETH, CAREN, Besteuerung und Rechtsformwahl, 3. Aufl., Herne, Berlin 2002

KUßMAUL, HEINZ, Betriebswirtschaftliche Steuerlehre, 4. Aufl., München, Wien 2006

MOXTER, ADOLF, Bilanzlehre Band I: Einführung in die Bilanztheorie, 3. Aufl., Wiesbaden 1984

MOXTER, ADOLF, Bilanzrechtsprechung, 6. Aufl., Tübingen 2007

ROSE, GERD, Betrieb und Steuer - Band 1, Die Ertragsteuern, 18. Aufl., Berlin 2004

ROSE, GERD, Betrieb und Steuer - Band 4, Abgabenordnung mit Finanzgerichtsordnung, 4. Aufl., Bielefeld 2003

ROSE, GERD, Unternehmenssteuerrecht, 2. Aufl., Berlin 2004

ROSE, GERD/GLORIUS-ROSE, CORNELIA, Unternehmen: Rechtsformen und Verbindungen; ein Überblick aus betriebswirtschaftlicher, rechtlicher und steuerlicher Sicht, 2. Aufl., Köln, 2001

SCHANZ, GEORG VON, Der Einkommensbegriff und die Einkommensteuergesetze, in: Finanzarchiv, 13. Jahrgang, 1. Band, 1896

SCHEFFLER, WOLFRAM, Besteuerung von Unternehmen, Band I, 10. Aufl., Heidelberg 2007

SCHMIDT, LUDWIG, Einkommensteuergesetz: Kommentar, 27. Aufl., München 2008

SCHNEELOCH, DIETER, Besteuerung und betriebliche Steuerpolitik, Band I, 3. Aufl., München 2003

SCHNEIDER, DIETER, Steuerlast und Steuerwirkung: Einführung in die steuerliche Betriebswirtschaftslehre, München, Wien 2001

TIPKE, KLAUS, Die Steuerrechtsordnung - Band II, Köln 2003

TIPKE, KLAUS/LANG, JOACHIM, Steuerrecht, 19. Aufl., Köln 2008

WEBER-GRELLET, HEINRICH, Steuern im modernen Verfassungsstaat, Köln 2001

WEHRHEIM, MICHAEL, Die Betriebsaufspaltung in der Finanzrechtsprechung, Wiesbaden 1989

WEHRHEIM, MICHAEL/RENZ, ANETTE, Die Steuerbilanz, München 2003

WELLISCH, DIETMAR, Besteuerung von Erträgen, München 2002

ZIMMERMANN, HORST/HENKE, KLAUS-DIRK, Finanzwissenschaft, 9. Aufl., München 2005

ZIMMERMANN, REIMAR/HOTTMANN, JÜRGEN U.A., Die Personengesellschaft im Steuerrecht, 9. Aufl., Achim 2007

II. Zeitschriften

Kessler, W./Ortmann-Babel, M./Zipfel, L., Unternehmensteuerreform 2008: Geplante Änderungen im Überblick, in: BB 2007, S. 523 ff.

Korezkij, L., Der neue § 35 Abs. 1 S. 2 EStG: Ein „Nichtanwendungsgesetz" oder eine gesetzgeberische Panne?, in: DStR 2008, S. 491 ff.

Siegel, T., Zu Diagnose und Therapie bei § 34a EStG, in: FR 2008, S. 663 ff.

III. Entscheidungen/Erlasse

Bayrisches OLG vom 16.2.1912, in: OLGZ, 27. Band, 2. Hj. 1913, S. 331

BFH vom 22.8.1951 IV 147/50 U, in: BStBl. III 1951, S. 183

BFH vom 26.2.1957 I 196/56 U, in: BStBl. III 1957, S. 160

BFH vom 3.8.1961 IV 79/60 U, in: BStBl. III 1961, S. 518

BFH vom 17.3.1966 IV 233, 234/65, in: BStBl. III 1966, S. 171

BFH vom 10.6.1966 VI B 31/63, in: BStBl. III 1966, S. 598

BFH vom 24.1.1968 I 76/64, in: BStBl. II 1968, S. 354

BFH vom 21.3.1968 IV R 166/67, in: BStBl. II 1968, S. 579

BFH vom 27.3.1968 I 154/65 U, in: BStBl. II 1968, S. 522

BFH vom 25.4.1968 VI R 279/66, in: BStBl. II 1968, S. 741

BFH vom 3.2.1969 GrS 2/68, in: BStBl. II 1969, S. 291

BFH vom 28.11.1969 VI R 128/68, in: BStBl. II 1970, S. 185

BFH vom 3.12.1969 I 231/63, in: BStBl. II 1970, S. 223

BFH vom 12.3.1970 I R 108/66, in: BStBl. II 1970, S. 439

BFH vom 9.7.1970 IV R 16/69, in: BStBl. II 1970, S. 722

BFH vom 16.7.1970 IV 87/65, in: BStBl. II 1971, S. 182

BFH vom 19.10.1970 GrS 2/70, BStBl. II 1971, S. 17

BFH vom 08.02.1971, VI R 76/68, in: BStBl. II 1971, S. 368

BFH vom 8.11.1971 GrS 2/71, in: BStBl. II 1972, S. 63

BFH vom 23.2.1972 I R 159/68, in. BStBl. II 1972, S. 530

BFH vom 19.4.1972 I R 15/70, in: BStBl. II 1972, S. 634

BFH vom 2.8.1972 IV 87/65, in: BStBl. II 1972, S. 796

BFH vom 20.9.1973 IV R 41/69, in: BStBl. II 1973, S. 869

BFH vom 21.5.1974 VIII R 57/70, in: BStBl. II 1974, S. 613

BFH vom 7.10.1974 GrS 1/73, in: BStBl. II 1975, S. 168

BFH vom 11.12.1974 I R 260/72, in: BStBl. II 1975, S. 266

BFH vom 15.5.1975 IV R 89/73, in: BStBl. II 1975, S. 781

BFH vom 15.10.1975 I R 16/73, in: BStBl. II 1976, S. 188

Literaturverzeichnis

BFH vom 12.1.1977 I R 204/75, in: BStBl. II 1977, S. 357

BFH vom 3.2.1977 IV R 122/73, in: BStBl. II 1997, S. 346

BFH vom 28.4.1977 IV R 98/73, in: BStBl. II 1977, S. 728

BFH vom 21.9.1977 I R 40/74, in: BStBl. II 1978, S. 67

BFH vom 13.10.1977 IV R 174/74, in: BStBl. II 1978, S. 73

BFH vom 28.11.1977 GrS 2-3/77, in: BStBl. II 1978, S. 105

BFH vom 31.10.1978 VIII R 124/74, in: BStBl. II 1979, S. 108

BFH vom 17.11.1978 VI R 93/77, in: BStBl. II 1979, S. 146

BFH vom 24.11.1978 III R 121/76, in: BStBl. II 1979, S. 366

BFH vom 14.12.1978 I R 121/76, in: BStBl. II 1979, S. 188

BFH vom 6.3.1979 VIII R 110/74, in: BStBl. II 1979, S. 551

BFH vom 9.3.1979 VI R 141/77, in: BStBl. II 1979, S. 337

BFH vom 18.7.1979 I R 199/75, in: BStBl. II 1979, S. 750

BFH vom 1.8.1979 I R 111/78, in: BStBl. II 1980, S. 77

BFH vom 28.11.1979 I R 141/75, in: BStBl. II 1980, S. 162

BFH vom 5.12.1979 I R 184/76, in: BStBl. II 1980, S. 119

BFH vom 16.4.1980 VI R 7/77, in: BStBl. II 1980, S. 512

BFH vom 24.2.1981 VIII R 159/78, in: BStBl. II 1981, S. 379

BFH vom 1.4.1981 I R 27/79, in: BStBl. II 1981, S. 660

BFH vom 23.7.1981 IV R 103/78, in: BStBl. II 1982, S. 60

BFH vom 2.12.1981 VI R 167/79, in: BStBl. II 1982, S. 297

BFH vom 28.1.1982 IV R 100/78, in: BStBl. II 1982, S. 479

BFH vom 11.11.1982 IV R 117/80, in: BStBl. II 1983, S. 299

BFH vom 8.2.1983 VIII R 130/79, in: BStBl. II 1983, S. 54

BFH vom 21.6.1983 VIII R 237/80, in: BStBl. II 1983, S. 563

BFH vom 8.3.1984 I R 31/80, in: BStBl. II 1984, S. 623

BFH vom 2.5.1984 VIII R 276/81, in: BStBl. II 1984, S. 820

BFH vom 25.6.1984 GrS 4/82, in: BStBl. II 1984, S. 751

BFH vom 25.4.1985 IV R 36/82, in: BStBl. II 1985, S. 622

BFH vom 14.6.1985 VI R 150-152/82, in: BStBl. II 1985, S. 661

BFH vom 26.6.1985 IV R 149/83, in: BStBl. II 1985, S. 549

BFH vom 12.11.1985 VIII R 253/80, in: BFH/NV 1986, S. 361

BFH vom 7.8.1986 IV R 137/83, in: BStBl. II 1986, S. 910

BFH vom 14.6.1988 VIII R 387/83, in: BStBl. II 1989, S. 187

BFH vom 25.10.1988 VIII R 339/82, in: BFHE 154, S. 539

BFH vom 24.11.1988 VIII B 90/87, in: BStBl. II 1989, S. 145

BFH vom 13.4.1989 IV R 196/85, in: BStBl. II 1989, S. 614

BFH vom 11.5.1989 IV R 43/88, in: BStBl. II 1989, S. 797

BFH vom 21.6.1989 X R 14/88, in: BStBl. II 1989, S. 881

BFH vom 24.8.1989 IV R 135/86, in: BStBl. II 1989, S. 1014

BFH vom 31.10.1989 VIII R 374/83, in: BStBl. II 1990, S. 677

BFH vom 23.10.1990 VIII R 142/85, in: BStBl. II 1991, S. 401

BFH vom 6.3.1991 X R 57/88, in: BStBl. II 1991, S. 829

BFH vom 18.04.1991 IV R 13/90, in: BStBl. II 1991, S. 751

BFH vom 24.7.1992 VI R 126/88, in: BStBl. II 1993, S. 155

BFH vom 17.11.1992 VIII R 36/91, in: BStBl. II 1993, S. 233

BFH vom 16.12.1992 I R 105/91, in: BStBl. II 1993, S. 792

BFH vom 26.8.1993 I R 86/92, in: BStBl. II 1994, S. 168

BFH vom 22.9.1993 X R 37/91, in: BStBl. II 1994, S. 172

BFH vom 21.10.1993 IV R 87/92, in: BStBl. II 1994, S. 176

BFH vom 24.11.1993 X R 49/90, in: BStBl. II 1994, S. 591

BFH vom 24.2.1994 IV R 8-9/93, in: BStBl. II 1994, S. 466

BFH vom 16.6.1994 IV R 71/93, in: BStBl. II 1995, S. 559

BFH vom 7.12.1995 IV R 112/92, in: BStBl. II 1996, S. 367

BFH vom 7.3.1996 IV R 12/95, in: BFH/NV 1996, S. 736

BFH vom 23.4.1996 VIII R 13/95, in: BStBl. II 1998, S. 325

BFH vom 23.5.1996 IV R 87/93, in: BStBl. II 1996, S. 523

BFH vom 16.10.1997 IV R 19/97, in: BStBl. II 1998, S. 139

BFH vom 11.12.1997 IV R 4/95, in: BFH/NV 1998, S. 947

BFH vom 13.10.1998 VIII R 46/95, in: BStBl. II 1999, S. 357

BFH vom 15.10.1998 IV R 18/98, in: BStBl. II 1999, S. 286

BFH vom 4.2.1999 VIII B 31/98, in: BFH/NV 2000, S. 1076

BFH vom 11.5.1999 VII R 72/96, in: BStBl. II 2002, S. 722

BFH vom 19.5.1999 XI R 99/96, in: BStBl. II 2001, S. 64

BFH vom 11.8.1999 XI R 12/98, in: BStBl. II 2000, S. 229

BFH vom 18.5.2000 IV R 89/99, in: BStBl. II 2000, S. 625

BFH vom 23.5.2000 VIII R 11/99, in: DStR 2000, S. 1864

BFH vom 7.8.2000 GrS 2/99, in: BStBl. II 2000, S. 632

BFH vom 23.11.2000 IV R 48/99, in: BStBl. II 2001, S. 241

BFH vom 29.11.2000 I R 102/99, in: BStBl. II 2001, S. 195

BFH vom 10.12.2001 GrS 1/98, in: BStBl. II 2002, S. 291

BFH vom 16.10.2002 XI R 25/01, in: DStR 2003, S. 110

BFH vom 16.10.2002 XI R 89/00, in: BStBl. II 2003, S. 185

BFH vom 13.11.2002 VI R 28/02, in: DStR 2003, S. 586

BFH vom 4.12.2002 VI R 120/01, in: BStBl. II 2003, S. 403

BFH vom 17.12.2002 VI R 137/01, in: BStBl. II 2003, S. 407

BFH vom 23.1.2003 IV R 75/00, in: BStBl. II 2003, S. 464

BFH vom 27.5.2003 VI R 33/01, in: DB 2003, S. 1485

BFH vom 3.6.2003 IX R 15/01, in: BFH/NV 2003, S. 1321

BFH vom 1.7.2003 VIII R 24/01, in BStBl. II 2003, S. 757

BFH vom 28.8.2003 IV R 34/02, in: DStRE 2003, S. 1428

BFH vom 19.2.2004 VI R 135/01, in: BStBl. II 2004, S. 958

BFH vom 27.09.2006 X R 25/04, in: BStBl. II 2007, S. 694

BFH vom 26.09.2007 I R 58/06, in: BFH/NV 2008, S. 432 Nr. 3

BFH vom 10.01.2008 VI R 17/07, in: BStBl 2008 II S. 234

BGH vom 18.3.1974 II ZR 167/72, in: BGHZ 1974, Band 62, S. 216

BGH vom 3.11.1975 II ZR 67/73, in: BGHZ 65, S. 230

BGH vom 24.2.1997 II ZB 11/96, in: BGHZ 134, S. 392

BGH vom 29.1.2001 II ZR 331/00, in: BGHZ 146, S. 341

BMF vom 10.12.1985 IV B2-InvZ 1200-6/85, IV B2-S 1900-25/85, in: BStBl. I 1985, S. 683

BMF vom 26.11.1987 IV B2-S 2241-61/87, in: BStBl. I 1987, S. 765

BMF vom 28.4.1998 S 2241, in: BStBl. I 1998, S. 583

BMF vom 25.2.2000 IV C 2 – S 2171b – 14/00, in: BStBl. I 2000, S. 372

BMF vom 15.5.2002 IV A 5 – S 2296 a – 16/02, in: BStBl. I 2002, S. 533

BMF vom 5.8.2002 IV C 4 – S 222 295/02, in: BStBl. I 2002, S. 767

BMF vom 26.3.2004 IV A 6 – S 2240/ - 46/04, in: BStBl. I 2004, S. 434

BMF vom 25.10.2004 IV C 3 - S 2256 - 238/04, in: BStBl. I 2004, S. 1034

BMF vom 22.12.2005 IV C 1 - S 2252 - 343/05, in: BStBl. I 2006, S. 92

BMF vom 04.11.2005 IV C 8 - S 2227 - 5/05, in: BStBl. I 2005, S. 955

BMF vom 03.04.2007 V B 2 -S 2145/07/0002, in: BStBl. I 2007, S. 442

BMF vom 19.09.2007 V B 2 - S 2296 a/0, in: BStBl. I 2007, S. 701

BMF vom 21.12.2007 IV B 2 -S 2144/07/0002, in: BStBl. I 2008, S. 256

BVerfG vom 2.10.1968 1 BvF 3/65, in: BVerfGE 1968, 24. Band, S. 182

BVerfG vom 15.7.1974 1 BvR 500/72, in: HFR 1974, S. 459

BVerfG vom 6.3.2002 BvL 17/99, in: BStBl. II 2002, S. 618

BVerfG vom 9.3.2004 2 BvL 17/02, in: NJW 2004, S. 1022

BVerfG vom 26.10.2004 2 BvR 246/98, in: HFR 2005, S. 56

BVerfG vom 10.01.2008 2 BvR 294/06, in: DB 2008 S. 273 Nr. 6

FG Münster vom 18.2.1993 12 K 1569/91 F, in: EFG 1993, S. 719

FG München vom 28.9.1993 16 K 818/88, in: EFG 1994, S. 513

FG Münster vom 7.12.2000 3 K 4979/95, in: DStRE 2002, S. 486

FG Münster vom 5.12.2003 11 K 1478/02 F, in: INF 2004, S. 165

FM Niedersachsen vom 21.2.1974 G 1400-24-31 2, in: DB 1974, S. 506

OFD München, Vfg v. 12.12.2000 S. 2256-15 St 41, in: DStR 2001, S. 661

OFH vom 30.3.1949 III 6/49, in: StuW 1949, S. 857

Reichsgericht vom 4.7.1922 II B 2/22, in: RGZ 1922, 105. Band, S. 101

RFH vom 30.6.1922 II A 132/22, in: RFHE 1922, 10. Band, Nr. 23, S. 65

RFH vom 13.3.1929 I A 174-176/28, in: RStBl. 1929, S. 329

RFH vom 18.2.1933 I A 422/30, in: RStBl. 1933, S. 375

RFH vom 24.6.1937 IV A 20/36, in: RStBl. 1937, S. 1089

RFH vom 1.7.1942 VI 96/42, in: RStBl. 1942, S. 1081

RFH vom 16.11.1944 III 22/44, in: RStBl. 1945, S. 34

IV. Bundestagsdrucksachen

Entwurf eines Unternehmensteuerreformgesetzes 2008, BT-Drs. 16/4841

Gesetz zur verbesserten Einbeziehung der selbstgenutzten Wohnimmobilie in die geförderte Altersvorsorge (Eigenheimrentengesetz - EigRentG), BT-Drs. 16/8869

Stichwortverzeichnis

Steuer- und Gesellschaftsrecht

Sicher im neuen Recht beraten!

Die Unternehmensteuerreform 2008 führt zu tiefgreifenden Änderungen im Steuerrecht, welche weit über das Jahr 2008 Auswirkungen haben werden. Das Werk erläutert alle Änderungen der Reform und gibt wertvolle Gestaltungsempfehlungen für eine steueroptimale Beratung.

Siegfried Glutsch | Ines Otte | Bernd Schult
Das neue Unternehmensteuerrecht
Richtig beraten nach der Unternehmensteuerreform 2008
2008. 237 S. Br.
EUR 44,90
ISBN 978-3-8349-0675-5

Vereine steueroptimal beraten

Der Verein stellt besonders in Deutschland eine beliebte Form der Organisation von Freiwilligen dar. Ob Kleintierverein, TÜV, Automobilclubs oder die verschiedenen Verbandsorganisationen, alle sind als Verein organisiert. Seine Beratung in Steuerfragen ist ebenso vielfältig wie seine Formen. Das Werk erläutert praxisnah alle wichtigen Fragen von der Gründung bis zur wirtschaftlichen Betätigung.

Thomas Brinkmeier
Vereinsbesteuerung
Steuervorteile durch Gemeinnützigkeit
2008. 226 S. Br.
EUR 44,90
ISBN 978-3-8349-0438-6

Effektive Beratung bei Unternehmenskrisen

Die Abwendung einer Unternehmenskrise und der Insolvenz gehört zu den besonders anspruchsvollen Aufgaben in der Beratung. Präzise und effektive Beratung in Steuerfragen ist ein wesentlicher Teil der Lösung. Ein wertvolles Arbeitsmittel für jeden Berater im Steuer- und Insolvenzrecht.

Ziegenhagen, Andreas
Besteuerung in Krise und Insolvenz
2008. Ca. 250 S. Br.
Ca. EUR 49,90
ISBN 978-3-8349-0759-2

Änderungen vorbehalten. Stand: Juli 2008.
Erhältlich im Buchhandel oder beim Verlag.
Gabler Verlag · Abraham-Lincoln-Str. 46 · 65189 Wiesbaden · www.gabler.de

GABLER